Discover Your Soul's Karmic Mission

LUNAR NODES

月之南北交全書

從占星看今生業力之路

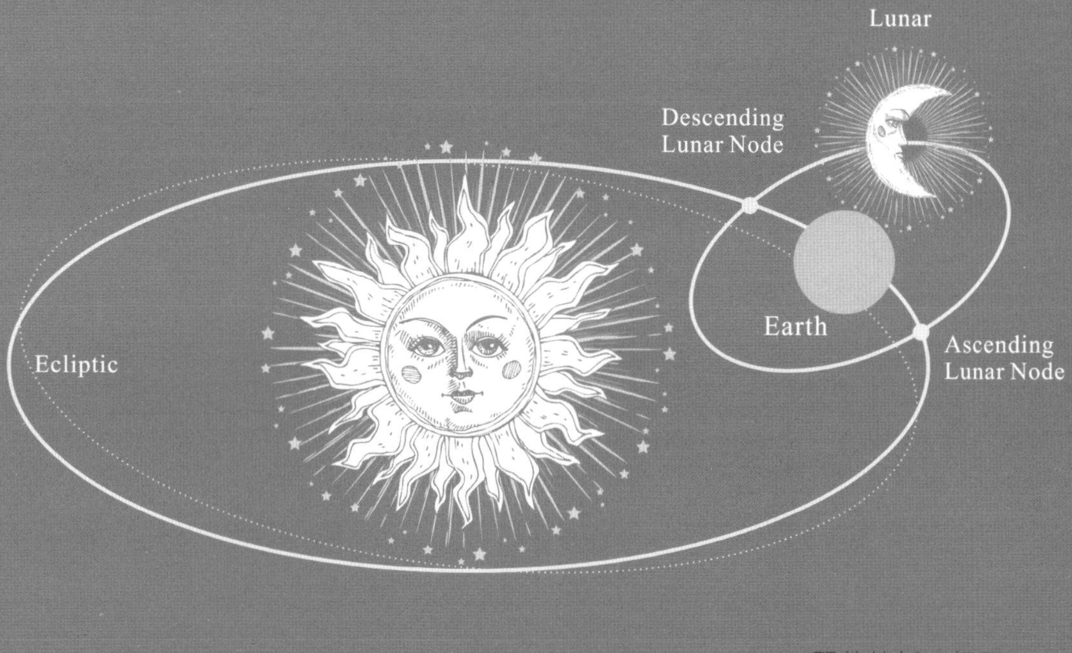

瑟萊絲托・提爾——著
Celeste Teal
韓沁林——譯

目錄

5 月交點所在的星座 89

6 你的業力控制行星 107

7

月交點的相位（一）115

8

月交點的相位（二）139

9

推運與月交點 165

13 月交點與雙人合盤 225

14 其他解讀訣竅 243

【插圖索引】

【自序】今生的命定之路和任務

在一張星盤的所有行星和各種不同的元素之中，月亮南北交點（lunar nodes，簡稱月交點）總是令我特別著迷，一次又一次地吸引我深入探究。當我在一九九〇年代初期開始研究太陽回歸時，月亮南北交點開始躍然紙上，揭露關於當時趨勢及事件的大量資訊。我開始做筆記，寫一些有關月亮南北交點的文章。前些日子，我赫然發現自己的每一本書裡，都會以不同的形式提到月交點。我至今為止的最後一本書《食相》（*Eclipses*），提到許多有關月交點的討論，因為食相就是根據月交點，而且必然是新月或滿月與它們排成一線時才會發生。當我完成那本書時，我手邊已有大量文稿是討論行運（transit）的月交點對出生星盤（簡稱本命盤）的影響、月交點在關係合盤（synastry）裡扮演的角色，以及更多相關內容。此後，我對月交點的好奇心又更強烈了。我很確定，月交點是象徵我們這一生的靈魂目的和靈性任務的關鍵。有許多可信的資料足以證明這一點。

我認為值得花點工夫把手邊已有的資訊加以整合，也許再加上更多研究，寫成一本書來介紹神祕的月交點。我想，寫一本完整介紹月交點的書似乎是個很棒的點子，藉此把所有的資訊整合在一起，以便可以隨時參考。我知道自己會使用這樣的一本書，別人應該也會認為這是有價值的。

為了完成這本書，我針對月交點做了更多深入廣泛的研究，都可以印證或補充我自己的發現。我甚至跨界研究印度吠陀占星學。吠陀占星學不僅把月交點視為行星，甚至認為它們是星盤中最具影響力的指標。這段知識的探索之旅値回票價。

我還發現，研究一大群具有某一種特別月交點位置的人們，也非常有幫助。如果這背後藏有任何特別的課題，當我們在研究一整群人時，理當會昭然若揭。AstroDatabank網站有相關資訊，篩選標準非常嚴格，僅在數百張公眾人物的星盤中挑出評價最高的資料。

你可以從這本書中學會如何把月交點當成獨立的工具，藉此發現自己的更多面向，更深入認識你的朋友和你關心的人。過去三十年來在研究占星學的過程中，我透過這種方法更加瞭解自己和我認識的每個人，沒有其他方法可以與其相比擬。我相信你也會有同感。月交點眞的能揭露我們今生的目的和任務。

有時一個靈魂會中斷自己的任務，或是任務被中止暫停。不過大部分的人都能完成任務，儘管這可能需要花上大半生以上的時間才能達成，必須努力付出，才能學會靈魂想要完成的功課。在這過程中，最基本的方式就是利用南交點的天賦轉化至北交點的方向，累積更多新的特質，然後再回饋給南交點。

我們可以看出一個靈魂在這一生是向上提升、還是選擇了一條比較容易的道路。有些人比較有喘息的空間，因爲他們在過去曾做過一些好事，可以在這一生享福。有些人則會有沉重的責任，或是被安排加入某一個任務，必須先累積很多的經驗才算合格。月交點蘊含許多業力的功課，它們代表在人生一小段旅程中，我們只能運用最少的自由意志。業力是宇宙精神中一種目標平衡的機制。上天的指引也與月交點有關，而這有時會由更高層的力量接管。有時會有意料之外的天降之福，有時則會要求我們貢獻某種服務。這大部分都是根據我們自己早已忘記的安排在進行。我們很難證實業力和神性宇宙的設計，只好透過這些原則的應用，讓你自行印證。

我們可以將北交點當作計時裝置。當一個月交點的相位形成時，我們可以透過出現的社交際遇或人際關係來收割自己的福報或償還某些虧欠。這可能是一個行運的月交點與本命盤的行星形成相位，行運的行星與本命盤的月交點形成相位，甚至可能是某個人的月交點與另一個人的行星形成相位。

北交點就像一只滿溢的杯子。來自更高層力量的禮物會降臨在我們身上，好的業力就是過去種下的善因，會獲得回報。南交點就像一只空杯子，期待我們能塡滿它。我們可以提供某一種服務，對另一個靈魂或是對地球的成長和演化付出貢獻，其中發生的大部分事情都只是自然過程。

現在我會開始整合書的內容，這都取自過去數年來我針對月交點蒐集的所有資料。當我在寫《食相》時，我沉迷於解開這道謎題，我讀了更多書，做了更多研究，爬梳我做的每一頁筆記。總而言之，我想與你分享我對月交點的研究，相信這也能幫助你。你可獲得許多，然後也能付出許多。對我個人的收穫而言，我終於完成了一些工作，可以讓我獲得解放，繼續向前走。當我開始寫這本書時，行運的南交點正通過我的火星，吸引我把精力投注於寫書的龐大計畫裡。

當行運形成的相位涉及北交點時，我們會感受到和諧的、令人振奮的、鼓勵的、自由的能量流動；而涉及南交點時，則會是狹隘的、抑制的，有時還會是複雜的。我們可以在月交點發現這些能量，可以在日常生活中運用它們，以完成靈魂的任務，邁向更高層次的靈魂演化。每一個你想了解的月交點相位，都有完整的章節介紹。

你若已具備一些占星學的知識，你將能從這本書獲益最多，但這本書的易於運用，也適合占星初學者。書末會附上術語整理。

現在就讓我們來享受一點認眞閱讀的樂趣，一起探索月交點。我相信在不久的將來，當你開始解讀任何一張星盤時，月交點將會是你第一個切入的重點。

1

解讀命運最重要的指標

當我們觀察一張星盤時，月亮南北交點是極具影響力的元素，但它們並不是實際的天體，在天上是看不到的。它們是隱形的影響力，代表更高層的力量或宇宙的力量，同時也代表業力的控制。

古代占星師非常重視月交點，他們利用月交點來預測食相。根據他們的知識和經驗，現代占星師相信，月交點象徵更高層的宇宙力量與人類的特別交易，也可以說是更高層力量與人類的互動。我們現在認爲月交點具有特別的業力和靈性意義，但在過去很長一段時間，月交點被許多占星師忽略，因爲它們並不是眞正的天體。只有印度占星師一直認爲月交點最能影響人類的事務，也是星盤中極具影響力的元素之一。其實在印度占星學的系統裡，咸信輪迴轉世是很平常的一件事，而每個人都有四種業力，南北月交點各掌管兩種業力。在我們開始深入討論之前，且先循序解釋這些在天上看不見的重要交點。

天上看不到的月亮南北交點

就天文學的角度來看，月交點是月亮通過黃道面的交叉點，黃道面會通過太陽的中央，其中包括地球的軌道。月亮圍繞著地球運轉的軌道則是另一個平面，這兩個平面會稍微靠向彼此。這兩個軌道平面的交錯會形成一個軸線，而交錯的點就是月亮南北交點。當月亮每個月繞行地球一圈時，有一半的時間在北黃緯，另一半時間在南黃緯，會跨越黃道兩次。北月交點就是當月亮從

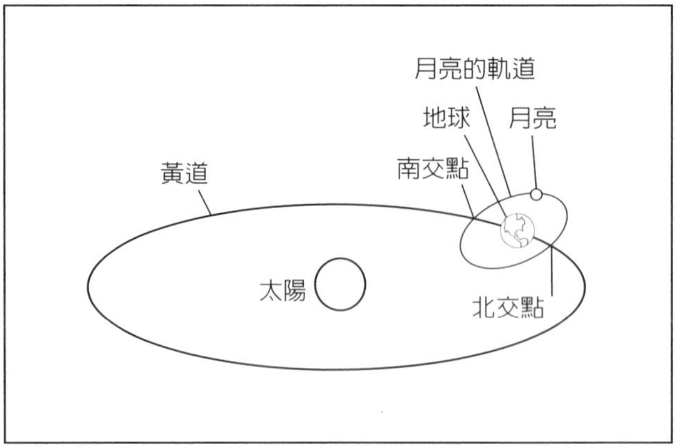

圖1　月亮南北交點

南黃緯跨越到北黃緯時，穿越黃道的交叉點；南月交點就是兩週後，當月亮從北黃緯回到南黃緯時，穿越黃道的交叉點。請參閱圖1標示的基本元素。

這兩個交點會在彼此的正對面，當地球繞著太陽運轉時，月交點的軸線會隨之轉動，所以一年內有兩次，月交點的軸線會與太陽一致（也就是指向太陽），此時就會形成食相。

計算月交點位置的兩種方法：精確和平均

我們不能完整預測月交點移動的速度，因爲每天都不一樣。我們可以用兩種運算方式來計算月交點的位置，分別是「精確」（True）和「平均」（Mean）。雖然這兩種運算方式得出的位置只有些微不同，但你終究會想知道兩者的差異。精確計算的方法能得出月亮跨越黃道時形成的月交點的精準位置。平均計算的方法則是根據平均速度推算月交點的位置。我們現在有電腦能輕易計算精確的月交點位置，但在此之前，都是使用平均的月交點。不過，現在有很多占星師開始使用精確的月交點。目前幾乎所有針對月交點的描述和介紹都是根據平均的月交點，但還是有人在討論，到底哪一種才是最好的。平均的月交點總是逆行，精確的月交點偶爾會順行，彷彿在左右搖擺。精確的月交點一個月只會有兩次「精確」，就是發生在月亮通過黃道時。在這兩次期間，它們的位置只是一種假設，主要是根據星體軌道的粗略位置計算得出，即使月亮的軌道其實會根據太陽的引力而改變。

所以不管是哪一種方法，整體而言，都帶有一些粗略的成分，而且得出的結果通常不會相差太多，差距大概只在一度以內。由於平均的月交點一直在逆行，所以要研究一張本命盤的業力和靈性意涵時，平均的月交點是最有意義的切入點。我們在計算「推運」（progression）時，若要把月交點當成一個計時工具，最準確的也是平均的月交點。如果你是使用軟體計算自己的星盤，我也會建議你用平均的方法。好的占星程式都會讓你自行選擇。你可以先檢查原始設定，確定你用的是自己想要的運算方法。

一條指出靈魂演進方向的軸線

月交點形成的軸線，不像星盤裡的上升點／下降點和宿命點／反宿命點，兩端之間會形成聯盟或夥伴的關係。月交點軸線比較像是一隻龍或一條蛇，代表一些經驗和事件可以賦予一個人特別的智慧。我們努力利用自己過去的經驗和知識才能獲得這些智慧，才能在演化的階梯上更上層樓。

月交點會在黃道逆行，在星盤上也是如此，這意味著它們總是以順時針方向前進，其他行星則是以逆時針的方向前進。北交點的倒退很緩慢，每年大概十九度，會在每個黃道星座停留約一年半。

就靈性的角度而言，有越來越多的占星師把月交點的軸線稱爲「命運的軸線」，而月交點的逆行就意味著現在發生的事情都源自於過去。今生的生命模式會被過去遺留下來的事物影響。我們都有某些特定的生命權利和責任。我們可以把月交點視爲一種通道，更高層的宇宙力量會透過月交點與其他的力量融合，跟人類互動。月交點意味著生命的因果發展。它們就像課題的會面點，這些課題與宿命有關，或是關乎自由意志。沒有人擁有完整的自由意志（或許已經開悟的瑜伽士或聖人除外），而北交點就像留下印記，象徵我們的哪一個生命領域帶有業力的成分。業力並非懲罰，而是實現責任，促成更深廣的靈性成長。月交點代表一些無法抗拒的命運力量。當月交點啓動星盤的能量時，就會發生一些經驗，挑戰我們的自由意志、理性或判斷，或是看似完全不受這些東西影響。無論是否希望發生這些事，你應該把這視爲更高層的力量正在介入或是推你一把，幫助你持續走在自己命運既定的道路上。

有些東西你必須透過月交點才能學會，這是星盤中其他元素無法做到的。月交點能解釋我們存在人世間背後的「原因」。它們解釋了我們這一世的目的。它們讓我們知道，星盤中其他元素爲什麼會有某些表現方式，因爲月交點代表一種特殊影響力，可能獨立運作，也可能對其他元素產生反作用。它們闡明了我們的業力功課和命定的任務，證明我們的人生受到業力強烈的影響，而我們早在踏上今生的旅途之前就已設定特定的目標。

我八歲時曾發生過一件事，當時我體驗到強烈的創傷。這件事本身並不如結果重要。但事件本身以及它所帶來的創傷是如此劇烈，當時我猜我根本已經脫離肉身，離開了地球。我的記憶裡有一段很長的斷層。接下來的好幾個小時我都不知道到底發生了什麼，直到很後面才有記憶。不過事後，我有一個很鮮明的「生前經驗」。我常在想，我那次造訪是否發生在記憶的斷層時期，或是當時恢復了部分的生前經驗：

我當時在另一個境界，天上的某一個地方，準備回到地球。我當時站在一個發光體前面——它其實比較像是一股能量，而非一種形狀。我們一起查看我需要面對的每一件事，還有一些我想做的事。我們透過精神感應溝通。它提醒我，我現在選擇了一個開頭非常困難的一生，可能會有很多痛苦和情感傷害，而這可能會持續很長一段時間。我必須承諾一件事，就是我會保持對生命的熱情，不被傷害打敗，因爲之後我會獲得豐富的回報。我清楚記得，我當時對於即將展開的一生興奮至極，彷彿整顆心都要爆炸了。我的靈魂因爲期待雀躍而跳動不已。我充滿了喜悅，迫不及待。就那個高居優勢的位置看來，每件事似乎都很容易，我幾乎毫不猶豫就答應了。

當時還有一些指示，告訴我在生命的某個時刻，我會被召喚實現特別的服務，那大概會是在世紀轉換的時候，而且會有一群人做類似的工作。我是一項重要團體任務的一份子，而這是最令人興奮的一部分。我放眼周遭，發現其他靈魂都面向我的右邊，我覺得他們也在等著個人的面試。跟我同一時間來到的人，並不一定和我擁有同樣的團體任務。他們有自己的任務，也有自己應許的承諾，但我們都爲了同樣的最高目的而努力，替這個令人讚歎的、純淨的能量源頭工作，感覺就像一種榮耀和特權。

我有很多年都沒有告訴別人這件事，其實我是說不出口。我的記憶是如此鮮明，但又這麼超現實，我年幼的心無法理解這其中透露的所有意義。但隨著時間過去，我慢慢懂了，許多事也顯得越來越合理。我常在想，到底是這段記憶剛好在當時進入我的腦海，還是我眞的去過天上一趟，因爲我當時非常需要上天的指引。不過我可以告訴你，這的確幫助我度過很多顚簸、艱辛、迷惘和難過的時刻。我總是能適應和面對，是因爲我記得曾經許下的承諾。

然後就在這個時候，我的人生出現了一個宿命般的轉彎，事情的腳步也加快了。一九九四年末，我透過一連串不可思議同時發生的事，認識了我的丈夫，他是如此神奇又美好。我倆一見鍾情，感覺馬上就認定了彼此。多虧了他，再加上條件改善，兩年內，我就可以全心投入鍾愛的占星學領域，爲占星師寫書。我最先寫的兩本書就是在世紀轉換時出版的。在過去十年，我發現我當時看到的一切，或是那次造訪提到的所有事情都發生了。這個揭露的源頭無論是什麼，都證明的確爲眞。儘管在當時，它並沒有告訴我，我未來會做些什麼事，我也不知道自己的天職會是在占星學領域。我必須在對的時間點，自己去發現這個安排。

無論如何，這個經驗強烈說服我，讓我相信我們的確有自己的特殊任務和業力服務，而我們在設計這整個計畫時，也的確擁有發言權。我們的靈魂不會死去。我相信很多人也會有類似的造訪或溝通，也可能和我的看法雷同，認爲每個人都有一個目的——即使你無法清楚地想起類似的超現實指導。

這解釋了我們之間的許多差異。甚至我們打從一出生就有不同的外貌，絕大部分都可以從月交點看出，而這也解釋了爲何有些人過得很輕鬆，其他人卻是如此困難。過得困難的人其實被要求在這一生承擔更多的功課，償還許多業力的債，做出個人演化的大躍進。這也可能是一種靈性渴望，想在某個時間點完成一些特別的目標，所以靈魂需要一些苦難和磨練，就像一路努力才能獲得某種榮耀，才有資格參與特定的目標。這在一開始都需要很多經驗。

這也許是因爲永存不滅的靈魂在每一世都需要充滿活力的、新生的精神，才會選擇一個肉身作爲工具，而這個工具必須在地球上短暫停留的時間內，完成當下的任務。在奧祕占星學裡，月亮象徵靈魂，太陽代表精神。月交點就是解開這些奧祕的鑰匙，提供靈魂、精神和肉體三者所有的資訊。這是很合理的，因爲月交點本來就是月亮、太陽和地球三者關係的結果。

月交點不僅能定義我們預期的任務，光是它在本命盤的位置，就能說出我們呱呱落地後一生的遭遇。月交點軸線顯示我們與過去的連結，同時指向未來。軸線的南端（也就是南交點），透露我們這一生帶來的東西：我們的資產和責任，我們累積的好的和壞的業力。南交點就像我們拎到這一世的皮箱，裡面有我們擁有的一切。我們可以透過南交點的星座，看出我們的本質和天生的性格特徵，而這都會透過我們的行爲舉止清楚呈現。這些都是習慣性的自然表現，都是根據之前的成功或過去的失敗。我們在南交點星座的本質這一塊，已經累積了多世的經驗，我們很容易繼續一些能利用累世特質的工作和行爲。就像一套舊睡衣，當我們穿上這些舊衣服時，會有某種舒適感，即使有一些我們比較不喜歡的點，也許是褪色了，沒有彈性了，布料也不新了。對這些舊衣服，我們的印象當然不會太好。天生的傾向是很習慣性的，很不幸的是，我們會表現出南交點星座一些比較不討喜的特質，而這正是最糟糕的事。當一個人強烈地表現出南交點星座的負面特質，意味著他或她走向了極大的不幸、挫敗和悔恨。我們可以把南交點視爲一個弱點。我曾把南交點比喻成流沙，因爲它意味著我們留在身後的足跡，誘惑我們走回頭路，但最後只會墜入黑洞。

我們現在的目標和計畫是，獲得南交點正對面的星座的正面特質，也就是北交點所在的位置。北交點代表未來，也代表我們在接下來的行程必須獲得的特質。北交點象徵的最高尙特質，就是我們瞄準達成的目標，而且是我們的確很興奮想要做到的事：做一些能彰顯這個星座的工作和行爲。南交點代表舒適圈，北交點則象徵全新的國度，所以需要一點勇氣去探險新的領地。這一定有挑戰，就像第一天上學。北交點會指引我們，但我們必須清楚地朝這個方向付出努力，才能吸引來宇宙已經替我們儲藏備好的所有賜福。向前走，就能獲得最豐富的幸福。

我們無法實際表現北交點的特質，除非我們去培養、去發展它們。終其一生，會有很多事件和環境將我們推向北交點。人生的經驗會鼓勵我們發展這些新的能力。當我們試著繼續走老路時，生命會報以不幸，這是要提醒我們自己的意圖和目的何在。我們可以運用自己帶來這一世的各種天賦，透過重新分配能量來完成北交點的任務。與南交點有關的本領，正是我們必須用來實現北交點象徵的任務的工具。有些人的轉化會比別人快，不過大部分的人都是終其一生透過一些個人挑戰，朝北交點的方向努力，然後才可能進入下一個階段。如果你有很強的自覺能力，就會發現自己仍會與南交點有些糾結——即使你很努力發展許多北交點的特質。有些南交點的特質可能會延續，因爲這早已成爲習慣。遺憾的是，有些人的進度有限，甚至完全沒有前進，但他們還會再有機會。我們最終都會達成目的。當我們要與靈性的天命相遇時，並沒有失敗這件事。

四種業力

前世未解決的所有事情都會被我們放進行李箱裡，帶到這一世。

我稍早提過，根據印度占星學的說法，業力有四種。首先就是前世業（Sanchita karma），就是我們從所有前世帶來的業力累積。第二種是隨伴業（Prarabdha karma），這只是一小部分的業力，代表我們準備好在今生體驗、也必須實現的業力。第三種是現世業（Kriyamana karma），也就是我們現在的行動、運用自由意志創造的業。第四種是阿含（Agama），這是我們透過運用想像和我們對未來的意念，爲自己的未來創造的業。

在吠陀占星學的系統，南交點被稱爲「計都」（Ketu），掌管前兩種業，主宰過去和業力的繼承。北交點被稱爲「羅睺」（Rahu），掌管後兩種業，主宰未來。

這些簡單的概念幫助我們理解月交點的功能，協助我們沿著最佳的路徑邁向啓蒙。南交點特別重要，因爲這是自由意志無用武之地的少數時間。有時發生的一些事情，其實是過去的自由意志運用的結果。就正面的角度而言，我們如何處理現在的事件，與我們未來的業力息息相關。當然，所有人都可以透過創意的想像，透過純正的意念，爲未來創造正面的業力。我們其實是用現在的想法在雕塑自己的未來！但如果我們能好好地創造後面兩種業力，的確可以抵銷或限制我們在消化過去負面業力時遭遇的損失（我們可以知道在哪些時期）。正面的努力一定會有獎賞，即使這些事件和發展可以追溯至北交點，有時還是會出人意料地看起來與自由意志無關。宇宙的力量會在特定的時間點（也能知道是哪些時間點），針對我們過去的善行賜福給我們，讓我們沉浸在幸福之中。

無論是南北交點或是由它們而生的事件，通常都會有別人的參與，還有我們與人的互動。我們會透過關係、與別人相遇來償還業債、提供服務或累積福分，同時享受好的業力。其實所有惹怒我們的人都是推手，幫助我們學習業力的功課，繼續向前。當我們認清這一點時，我們就開始知道該怎麼做了。

來到這一世的人都有一些未償還的債務，有些債務必須在這一世償還，同時還會伴隨一些累積的新債務。

你也許有上述的遭遇，或是你會聽到有些人宣稱自己不過是犯了微不足道的小罪，沒幾天就受到報應。這些人會說，自己造的業很快就會得到報應。的確如此。我相信如果一個人能意識到一種行為或一種念頭是錯的，可能不用花太多時間就會嘗到後果。一個人無意間犯的罪，或是沒有意識到自己做錯一件事，表示時機可能還不夠成熟，必須等到靈魂更進一步演化時才會付出代價。當一個人越有自覺能力，就必須擔負更多的責任。

有些人背負的債務比別人多。當我們被點名要還債時，可能會抗拒，然後就可能得面對一門困難的功課，也就是我們所謂的命運。自由意志會在此時發揮作用，我們可以選擇如何回應一個看似命中注定的經驗。

關於南北交點，人們有許多不同的說法和連結。

北交點的符號是☊，與山頂有關，代表一個提升的地方。印度占星師把北交點稱爲羅睺。西方占星師也將它稱爲Caput（拉丁文是「頭」的意思），但最爲人所知的就是「龍首」，一般咸信這是龍比較正面的部位，代表宇宙力量進入的地方，就像一只滿溢而出的杯子，而它的符號也會提醒我們這一點。當有天神的力量注入加持時，我們就可能會有收穫，特別是物質和世俗方面的收穫，但我們必須伸出手，必須把握機會。北交點蘊藏著我們回應新經驗的能力。這裡有預期，且這個點也代表吸收新的物質和支持的地方，就像提供我們新的食物。我們的內心多少知道自己應該做什麼，但這並不保證我們眞的會朝那個方向前進。此時就會創造出新的業力。

南交點的符號是☋，與山谷有關。印度占星師把它稱爲計都，西方稱它爲Cauda（拉丁文是「尾」的意思），但最爲人所知的就是「龍尾」，一般咸信這是龍比較脆弱的部位。它與犧牲和限制有關。人們一直把它與沼澤聯想在一起，就像廢棄物散落的地方。南交點代表我們擺脫過去力量的能力。其中可能有某些責任和理解，主要是針對欠下的債務，或是一些必須執行的永恆不朽的服務。南交點象徵釋放或撤空的需要，就如其符號的意涵，它代表一只必須被填滿的空杯子。宇宙對你有所期待。我們可以透過這個點，貢獻一些持續的影響力。

南北交點的功能就像雙向的流動，能互相補充。它們就像上下擺動的翹翹板，必須一起合作。我們會透過北交點獲得一些必須吸收的新資料，並且會在南交點作出犧牲，把自己奉獻給超越小我的某種力量。我們可以向內利用已經累積的經驗和知識，作出分享，回饋給更大的整體。這大部分都是一種本能和自然的過程。當一個人能善用自己的月交點和這種自然韻律時，就能獲得豐富的成就。

南北月交點兩者揭露了就整體而言，我們會如何與別人互動，以及我們與別人的連結。

接下來，你將可以從月交點看出自己在這一世有哪些任務，還有你的相貌和行爲舉止，而這主要都是根據它們在你本命星盤的位置。

2

月交點的特殊位置與意義

南北月交點的其中之一，會在你的一生發揮最明顯或最具主導性的影響力。如果你想知道自己的任務，首先必須知道月交點在你的星盤中的位置。（編按：大部分的讀者都已經有自己的出生星盤，如果你還沒有，請上「占星之門」官網點選「星座命盤」，即可查詢）。

你的任務和優勢線

前面已經提過，你的其中一個月交點會在人生中發揮比較明顯的影響力。如果南交點在星盤裡的位置比較有力，較占優勢，或是在一宮，代表你在這一世選擇了上坡的道路。你的慾望、任務和貢獻的動力，都勝過於你想要吸收和累積的程度。你在過去已經累積了很多經驗，你現在的計畫就是利用你已獲得的豐富知識，對這個世界做出持續的貢獻。即使如此，在適當的生命空檔和適當的生命領域，還是會有足夠的新元素進來，支持你達成任務。如果你曾覺得自己是個老靈魂，你很可能是對的。當你繼續往前走時，月交點的其他特色可以幫助你印證這一點。

如果是北交點的位置比較有力，落入一宮或是在天頂，你這一世就是要接受和吸收新的東西，累積新的經驗。就許多方面而言，這段旅途是比較容易的。環境條件對你有利，讓你這一生可以快速竄起。當有月交點的相位形成時，你仍有機會做出一些個人貢獻。很多人可能會認爲你這輩子有很多優勢，或是特別有福氣，但這多少都是你自己掙來的。其實別人可能不知道，你在利用自己的地位時也有掙扎。另一方面，如果你過度濫用自己的權力和富足，那麼你在生命的最後，還有下一世，可能必須償還大量的業債。你很可能是個比較年輕的靈魂。無論如何當你繼續往前走時，月交點的其他特色可以幫助你印證這一點。

當我在爲這本書做研究時，我讀到喬治・懷特（George White）在一九二七年的一些發現。二〇〇四年，「美國占星協會」（American Federation of Astrologers，AFA）重新出版了他的發現，刊登在《月亮的交點》（*The Moon's Nodes*）這本小書裡。

我很興奮地發現，懷特先生對於月交點在本命盤位置的看法，與我自己的發現十分吻合，我主要是根據月交點在每一年太陽回歸盤的位置。按照懷特先生的看法，他不會採用從上升點到下降點一條清楚的線來分隔星盤，而是用一條從二宮到八宮的線來劃分，這條線非常靠近第三宮和第九宮的宮頭，稱爲「優勢線」（Line of Advantage）。北交點落於這條線之上，是比較好的位置，意味著一個人在一生中會獲得比較多的幫忙與援助，而這都是由更高層的力量施展的。但是其實並沒有任何一個位置是「比較好」的位置。我們每個人都有專屬於自己的北交點位置，這是我們之前的參與、經驗、選擇和決定的自然結果。其實當我們的靈性演化提升時，南交點在天頂才是最好的位置。不過就表面上看來，當北交點位於優勢線之上時，顯然會有特定的物質和世俗好處。

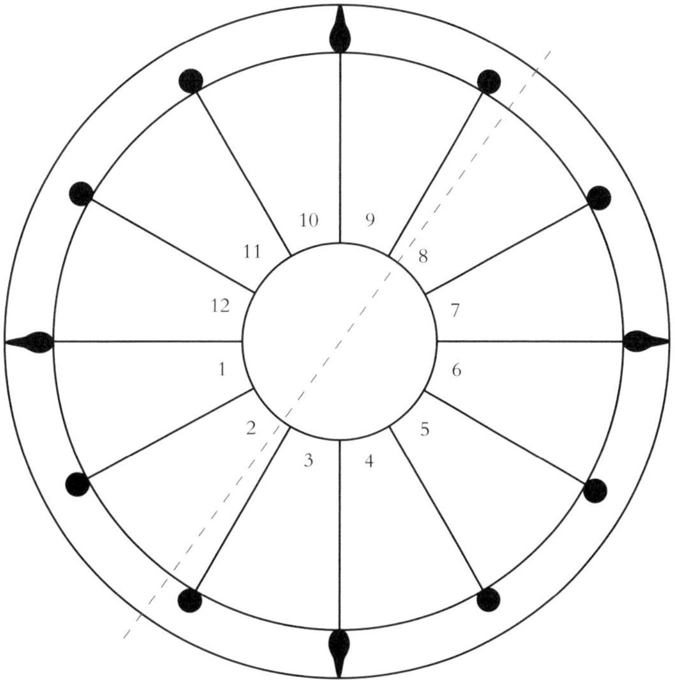

圖2　優勢線的位置

月交點位於天頂或頂部

月交點最顯著的一個位置就是在天頂（Midheaven），也就是十宮的宮頭。這代表公共地位。月交點位於十一宮，也代表月交點會在這一生發揮強烈的影響力。當我們討論到推運時，你就會更清楚原因了。九宮也是一個強勢的位置，接下來的敘述可以應用於月交點落於三個宮位——九宮、十宮和十一宮。越靠近十宮宮頭的月交點，影響力越強烈。

月交點位於星盤的頂部時，能獲得許多成功的資產和機會。這顯然是幸運因素，可以讓這些人出人頭地。他們的金錢來得很容易，成就能獲得拔擢，得到認同，也會與重要人物往來，建立關係。這些人通常出身富裕之家，家庭背景良好，父母通常會助他們一臂之力，幫助他們快速往上爬。他們通常都會表現得很有自信，十分外向。

有些名人的北交點在天頂，像是美國女演員梅莉·史翠普（Meryl Streep）、占星家西德尼·奧馬爾（Sydney Omarr）、美國棒球巨星馬克·麥奎爾（Mark McGwire）、加拿大女歌手席琳·狄翁（Celine Dion）、美國天文學家暨美國航太總署顧問卡爾·薩根（Carl Sagan）、義大利療癒者暨聖人畢奧神父（Padre Pio），以及電視節目《美國偶像》美麗又多才多藝的裁判寶拉·阿巴杜（Paula Abdul）。

除了運動員、演員和演藝人員（包括童星），還有很多政治家和皇室成員都有這些月交點位置。很多人天生就擔任領導人的角色，或是很年輕時就已準備好成爲領導人。他們可能必須活出或保護某種明確的形象。這些人很有魅力，能吸引群眾，尤其是女性，所以很容易成爲權威。他們剛好能對大眾的需求感同身受，也會用一種自在、可靠的態度看待這些需求。他們很優雅、很有風格，還帶有一種天生的尊貴之感。無論是醫生、魔術師、音樂家、或是很不巧的是惡名昭彰的罪犯，這些人通常都是他們所屬領域的箇中翹楚。

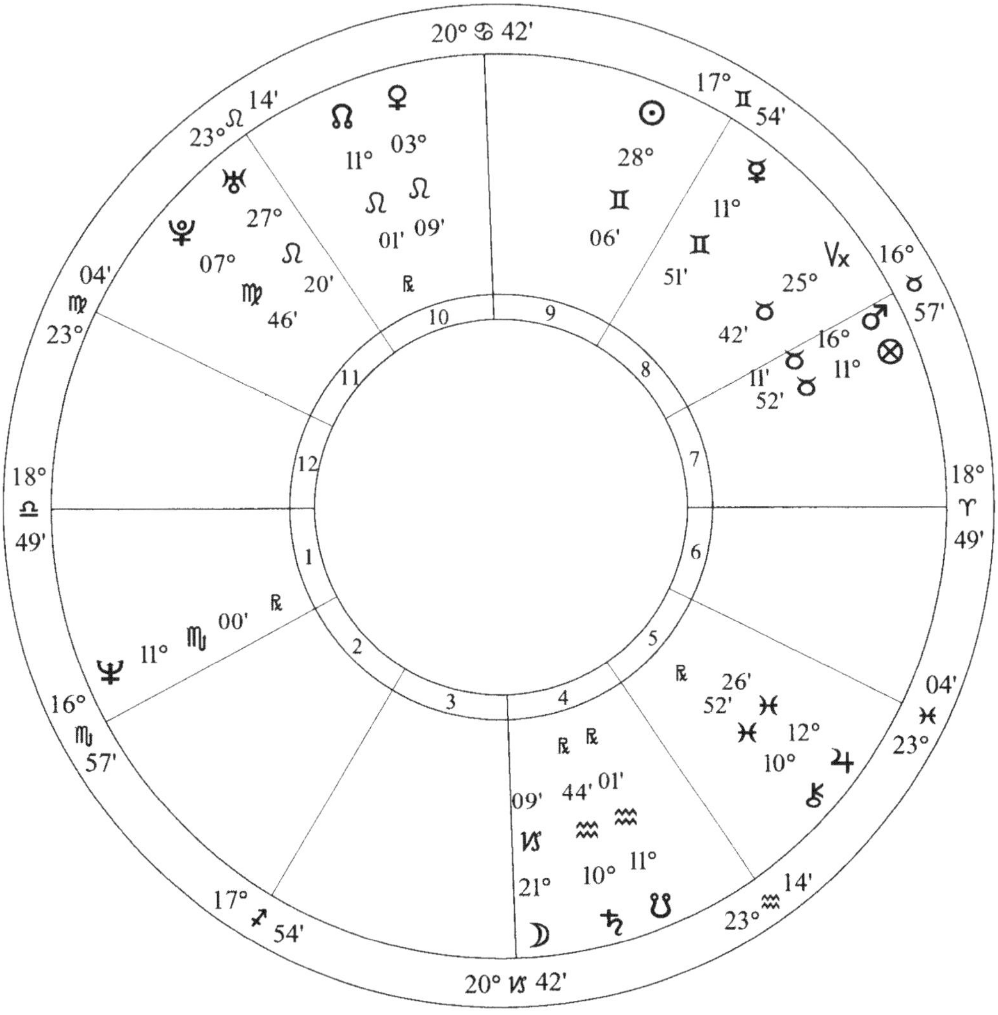

圖3　寶拉．阿巴杜的出生星盤

一九六二年六月十九日，下午兩點三十二分，加州洛杉磯

如果是南交點靠近天頂，這些人年幼時常會遇到挫折，必須很努力才能在這個世界上留下一席之地。他們必須努力奮鬥，沒有什麼是輕易送上門的。他們的父母可能很貧窮，或是沒有受過教育。窘困的條件或環境會對他們造成負面影響，或是讓他們因此背負沉重的責任。這些人只能透過勤奮的努力，保持決心不脫離正軌，才能獲得額外的好處。

這裡有幾個例子，像是美國演員丹佐．華盛頓（Denzel Washington），以及《Ms.》雜誌創辦人、編輯、作家和女性主義者葛洛莉雅．史坦能（Gloria Steinem）。丹佐．華盛頓出生在一個嚴格的家庭，父母在他很小的時候就離婚了，他十幾歲時就必須開始兼差工作。（不過他的星盤中也有緩和的力量，像是太陽與北交點合相，這會助他一臂之力，比較容易有成就。）史坦能女士的母親有心智障礙，在她很小時，父親就拋棄家庭。她跟母親角色互換，她照顧了母親很多年，爲母親的心智狀況分配藥物，其中包括母親的幻覺症狀。史坦能的早年很像吉普賽人，因爲時常搬家，以致她在每一所學校上課的時間都很短暫。

我們不太容易發現南交點靠近天頂的人，他們顯然不像北交點在星盤頂部的人這麼容易被發現。這些人可能背負沉重的負擔，無法輕易成爲公眾人物。當這些人眞的成爲公眾人物時，很難馬上贏得壓倒性的人氣，也無法輕易擄獲人心。他們常會提倡某種目標，或是發起一些活動，但通常是不受歡迎、令人不愉快、或是主流比較無法接受的。他們在幕後支持的運動多少都有一些爭議性，這可能是他們任務的一部分。這些人通常都比較不迷人、比較不世故或不文雅。有些人會有點粗魯。即使是維多利亞女王的第四個孩子艾佛列德王子（Prince Alfred）也不例外，他的南交點就是在星盤頂部，也以壞脾氣和不夠圓滑出名。還有一些這個位置的人會讓人覺得他們很憤怒、善變或別有私心。

你要記住，許多這個位置的人都是老靈魂，他們除了有更艱困的考驗、更沉重的責任，有些人可能會更安於自己的老方式，展現過去的負面傾向。

整體而言，他們是比較內向的一群人。在很多例子中，他們的自信心低落，也比較容易有壓力。許多有這個相位的人在靈性上的收穫勝過於物質，因爲他們會很努力地改進。這顯然就是他們的人生計畫，對所有有這個相位的人而言，靈性成長都是一個機會。當然，他們之中也有很多傑出人士，在他們的一生之中做出很有價值的貢獻。美國演員凱文・柯斯納（Kevin Costner）、美國前第一夫人貝蒂・福特（Betty Ford）、法國微生物學家路易・巴斯德（Louis Pasteur）和美國電影導演喬治・盧卡斯（George Lucas），都是南交點在十宮。

然而，這些人常常帶有一些憂傷或悲劇性格，深藏於他們的家庭血脈之中，而且無論他們投入什麼樣的活動，這都會是一股推力。美國前參議員羅伯特・甘迺迪（Robert F. Kennedy）的妻子埃瑟爾・甘迺迪（Ethel Kennedy）就是一例。

跟北交點在星盤頂部之人的輕鬆愉快相比，南交點在這個位置的人看起來通常比較嚴肅。在一張星盤中，如果南交點是最具影響力的元素，代表這個人非常容易被過去吸引，常常要回頭看，才能理解一切；北交點的人則比較喜歡忘記過去，創造未來。當一個人放下現在、活在過去時，多少都會耗損精力，而南交點的人很容易有這種表現，所以這多少會讓他們的努力打折扣。他們是比較老的靈魂，要考慮的事情比較多；北交點在星盤頂部的人要分心的事比較少，通常是比較年輕的靈魂。

還有一件事要注意：如果剛好有一個行星與月交點合相，故事就更複雜了。貼近月交點的行星可能會讓月交點更有影響力，或是在某些方面改變月交點的影響力。這個行星會在翹翹板的一邊添加更多重量。我們之後會更仔細深入討論這種狀況的生命任務，但如果沒有行星靠近任何一個月交點，則通常是位於優勢線上方的月交點比較重要，也較具有影響力。

我再舉一些惡名昭彰的人物爲例，他們的南交點就正落在天頂。例如發動九一一恐怖攻擊的法國恐怖份子撒迦利亞・穆薩維（Zacharias Moussaoui）和人稱「山姆之子」的美國連續殺人犯大衛・伯克維茲（David Berkowitz）。就整體觀察而言，北交點與天頂合相的人帶有健康和「討喜」的特質，而南交點與天頂合相的人通常沒有。他們可能帶有一些罪惡的特質，或是有些墮落，就像一些妓院老鴇、色情片女星或爭議性人物。我能想到的例子是色情片女星琳達・拉芙蕾絲（Linda Lovelace）、《好色客》發行人賴瑞・佛林特（Larry Flynt）和好萊塢老鴇海蒂・弗萊斯（Heidi Fleiss），這只是其中少數的例子。甚至是丹佐・華盛頓，他在《黑潮麥爾坎》（*Malcolm X*）裡扮演憤怒的美國非裔領袖麥爾坎X，還有帶有一點邪惡的、極有魅力的艾爾・帕西諾（Al Pacino），也在演藝生涯中扮演過許多放蕩墮落的角色。不過在艾爾・帕西諾的出生星盤裡，木星距離南交點不遠，這爲南交點的影響力增添了不少美化效果，也有助於中和負面影響。

如果北交點不是位於天頂，但能與天頂形成好相位（關係），也是有利的。如果北交點位於星盤的下半部，好相位也能改善條件。你可以檢查一下，北交點是否與天頂形成三分相，與天頂相隔四個星座。當事人在獲得肯定和接納之前，還是會很辛苦，必須背負責任。這是環境所逼，不過會有更多的協助（來自更高層的力量），幫助當事人去面對任務，同時在年輕時學會許多功課，因此獲得力量和自信。

我們必須認識的相位包括合相——☌，這代表北交點和天頂並列在一起；六分相——⚹，這代表兩者距離六十度；四分相——□，這代表相隔三個星座或九十度；還有三分相——△，這代表相隔四個星座或一百二十度。星盤一圈是三百六十度，十二星座每個各占三十度。合相的力量是最強的，三分相和六分相是友善的關係，四分相則會製造挑戰。容許度代表準確相位能容許的差距度數。當你在討論月交點的相位時，

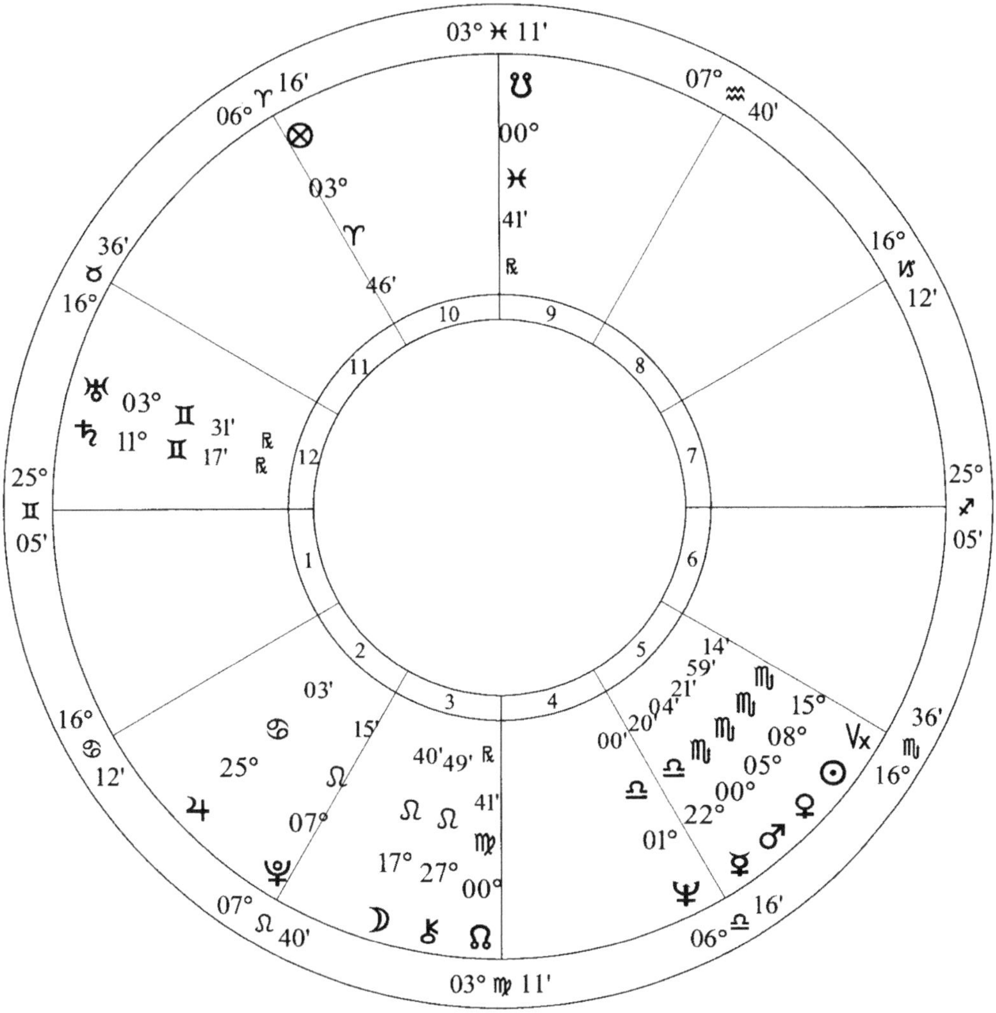

圖4　賴瑞．佛林特的出生星盤

一九四二年十一月一日，晚上九點十分，肯塔基州薩利爾斯維爾市

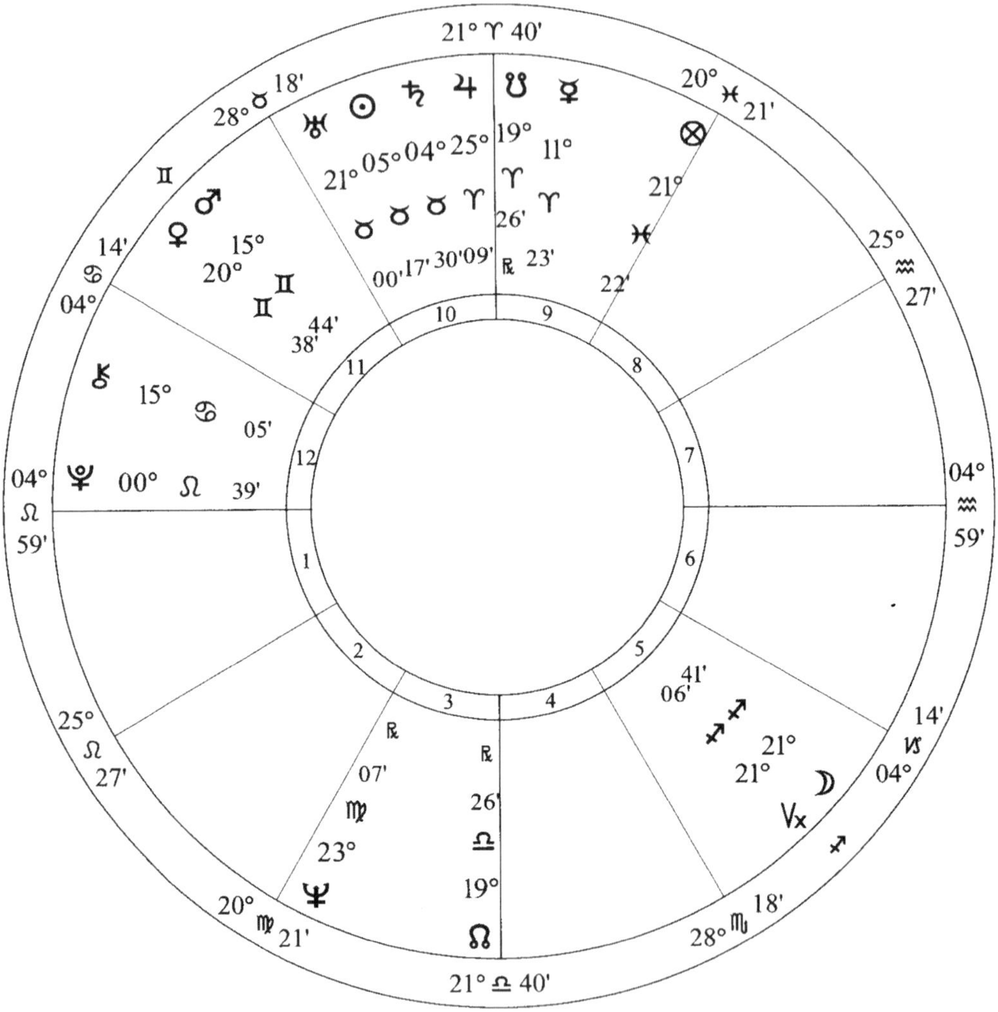

圖5　艾爾·帕西諾的出生星盤

一九四〇年四月二十五日，上午十一點零二分，紐約曼哈頓

容許度可以拉寬一點。月交點與天頂相位的容許度可以從三到五度，六分相的容許度比較少。

如果北交點位於星盤的頂部，與天頂形成緊密的六分相，代表兩者距離兩個星座，這就像再享受一次好處，首先是北交點位於星盤頂部的好處，其次是透過好相位帶來的好處。美國慈善家泰瑞莎．海恩茲．克里（Teresa Heinz Kerry）的北交點位於八宮，這是共同資源和繼承的宮位，北交點其實有點低於優勢線，但是與天頂形成六分相——她繼承了美國富豪海恩茲的財產。

月交點位於上升點

上升點是一宮的開始，象徵自我和肉體。上升點和天頂，以及位於它們對面的下降點和天底，常被稱爲「基本點」，這四個基本點可以在星盤中形成一個十字形狀，都代表私人敏感的領域。

當月交點落在上升點和下降點（一宮與七宮的宮頭）時，人生顯然特別帶有命中注定的意味。這些人的一生必須活出天意。換言之，更高層的宇宙力量會對他們的一生有極大的影響力。有時候一些事件和環境，都歸因於神性力量的介入。他們的生命似乎都是由更高層的力量控制，我們甚至可以看出這些人最常在哪個生命領域遇到這些強大的宇宙暗流，然後隨波逐流。這個靈魂會經歷許多學習的經驗，只是在等待時間到來，與萬物再度結合，融爲一體。

有這個位置的名人包括小約翰．甘迺迪（John Fitzgerald Kennedy Jr.）、美國詩人歌手吉米．莫里森（Jim Morrison）、英國伊麗莎白女王（Queen Elizabeth）和美國前第一夫人賈桂琳．甘迺迪．歐納西斯（Jackie Kennedy Onassis）。小約翰．甘迺迪的北交點位於上升點，其他三人則是南交點位於上升點。他們的人生似乎都是命中注定，或是被命運觸動。後面兩位女士的北交點位於七宮宮頭，這是「他者」的宮位，她

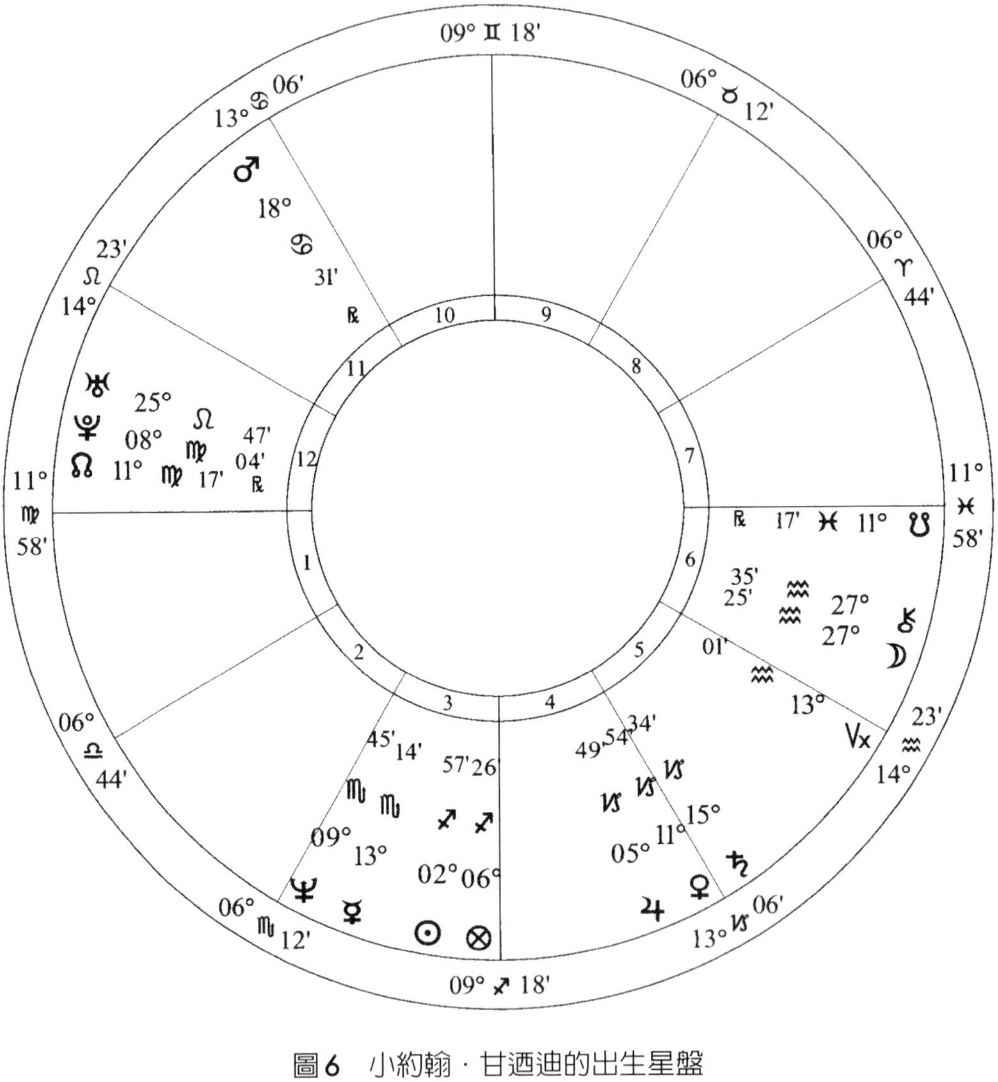

圖6　小約翰·甘迺迪的出生星盤

一九六〇年十一月二十五日，中午十二點二十二分，華盛頓特區

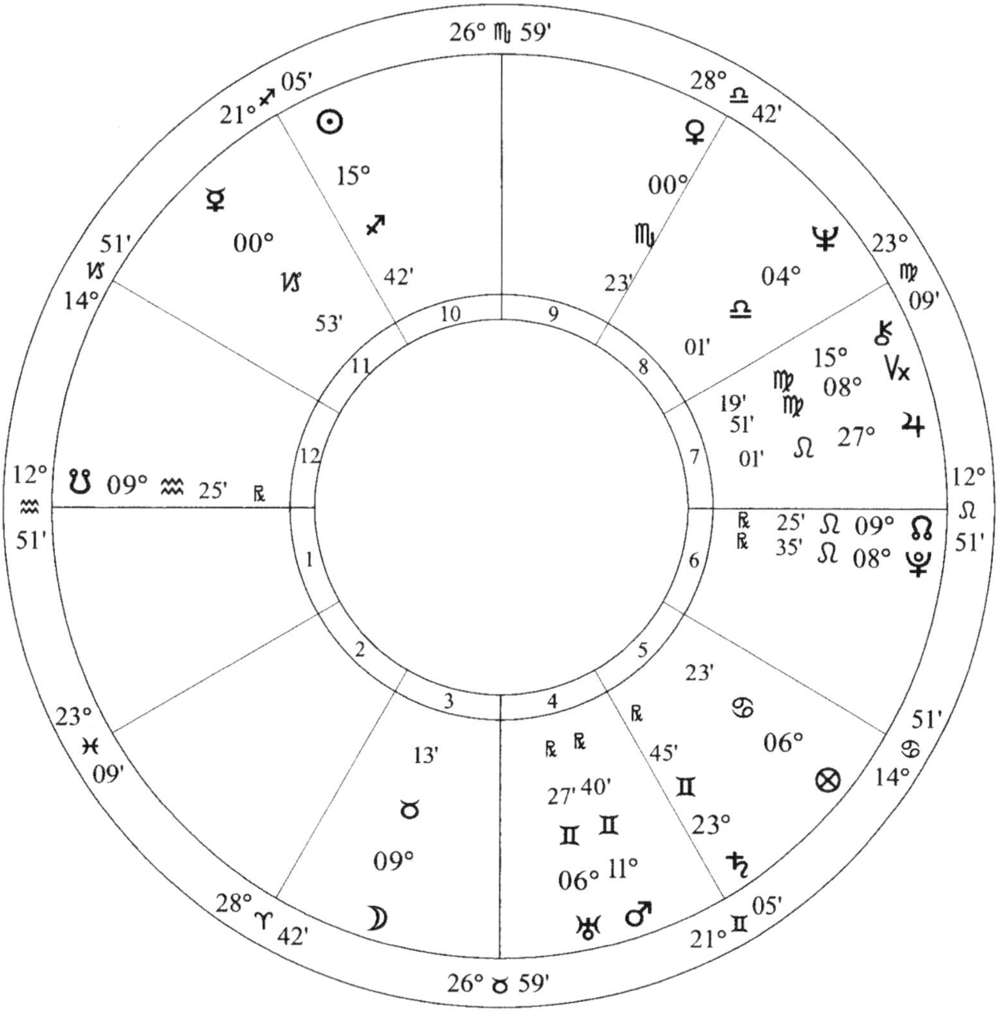

圖7　吉米·莫里森的出生星盤

一九四三年十二月八日，上午十一點五十五分，佛羅里達州墨爾本市

們人生任務的絕大部分都是要爲了伴侶犧牲自己，而她們也優雅地達成這個任務。南交點在上升點代表極度的自我受限，這些人可能爲伴侶或其他人許下過多的承諾。

由於這個位置帶有命運的意味，所以當我們看到這樣的星盤時要很謹慎，特別是小嬰兒的星盤，這有時會有身體的疾病或問題。月交點落在任何一個基本點的人都會有這種可能性。彷彿命運和天命可能在任何時候介入，就像小約翰·甘迺迪的例子，他的一生和死亡特別帶有宿命的意味。

門戶（the Doors）樂團主唱吉米·莫里森爲自己的一生畫下悲劇句點，這似乎反映了南交點位於上升點帶有更多的負面意涵。他交出了所有的自己。還記得那只空杯子嗎？他讓自己完全淹沒，重返至永恆的大海（譯註：二〇一三年，莫里森被人發現死於巴黎住處的浴缸裡）。也許他的任務因這些自毀的行徑戛然而止。他沒有被驗屍解剖，就被宣布死因是心臟衰竭。他死後留下許多未解的謎團，有人猜測他是死於海洛因和酒精過量。自殺可能是任務縮短的最佳象徵之一。美國女歌手珍妮絲·賈普林（Janis Joplin）就因爲藥物過量早逝，她也是南交點位於上升點。

南交點與上升點合相的人都擁有豐富的情感，特別容易感傷。這種特徵顯而易見。他們很清楚生命是如此地稍縱即逝。這些人與過去緊密連結，也可能是過去的意識狀態使然，所以他們對二元論很有興趣，像是生與死、黑暗與光明、以及善與惡等。

他們的正面表現包括讓人們知道如何活得更快樂、更健康、更充實。他們常會投入一些公平公正的議題，也可能參與一些自己信仰的運動，成爲其中活躍的倡議者。他們當中有很多人會透過一些管道，帶給別人療癒。他們可能是神祕學者、科學家或展現奇蹟的人。作家、電影導演、演員和歌手也是這一類的人。電台主持人迪克·克拉克（Dick Clark）透過音樂療癒了許多人的心。他的南交點在上升點，北交點在下降點與凱龍（Chiron）合相，落在代表音樂的金牛座。

許多南交點落在上升點的人可能會經歷很多試煉，花了很長的時間才能被外界接受。有這個位置的人，在人生早年可能不受到重視，被人忽略。南交點與上升點合相可能會有好幾段婚姻，狀況常是「你無法跟他們過日子」，或是「你沒有他們就活不下去」。

北交點與上升點合相的人會揚名立萬，常會爆紅，一夕成名。他們會因一些令人難忘或與眾不同的特質或風格而被冠上綽號。這些人可能在一些領域從事精準或嚴格的工作，像是科學、占星學、設計、藝術、文學、插圖或娛樂圈。北交點在上升點（合相或在附近）和其他人最明顯的差異，也許就是他們不會擁護別人，只會爲自己出頭，而這似乎理應如此。他們正在學習自我宣傳，發展個人的力量。

北交點靠近上升點的人，言行舉止比較外向，也比較有自信；南交點靠近上升點的人則比較內向，比較容易沮喪，比較容易害怕，或是因爲低自尊而受苦。

如果不是正好落在上升點，月交點與上升點形成好的相位，也是有利的特色。他們會被賦予比一般人更多的勇氣與精力去面對人生的任何阻礙。這種性格絕對是加分的。安潔莉娜·裘莉（Angelina Jolie）的北交點在五宮，與上升點形成三分相，西班牙畫家畢卡索（Pablo Picasso）也有這個相位。老虎伍茲（Tiger Woods）的北交點在三宮宮頭，與上升點形成六分相。

北交點落在星盤頂部，但與上升點形成四分相，優勢就會減少。四分相是有壓力的九十度角，或是相距三個星座；若是南交點位於星盤頂部，狀況就會更糟糕，當事人必須經歷沉重的試煉。女演員及歌手茱蒂·嘉蘭（Judy Garland）才華洋溢卻命運多舛，在《綠野仙蹤》裡扮演桃樂絲（Dorothy），她就有這個相位。

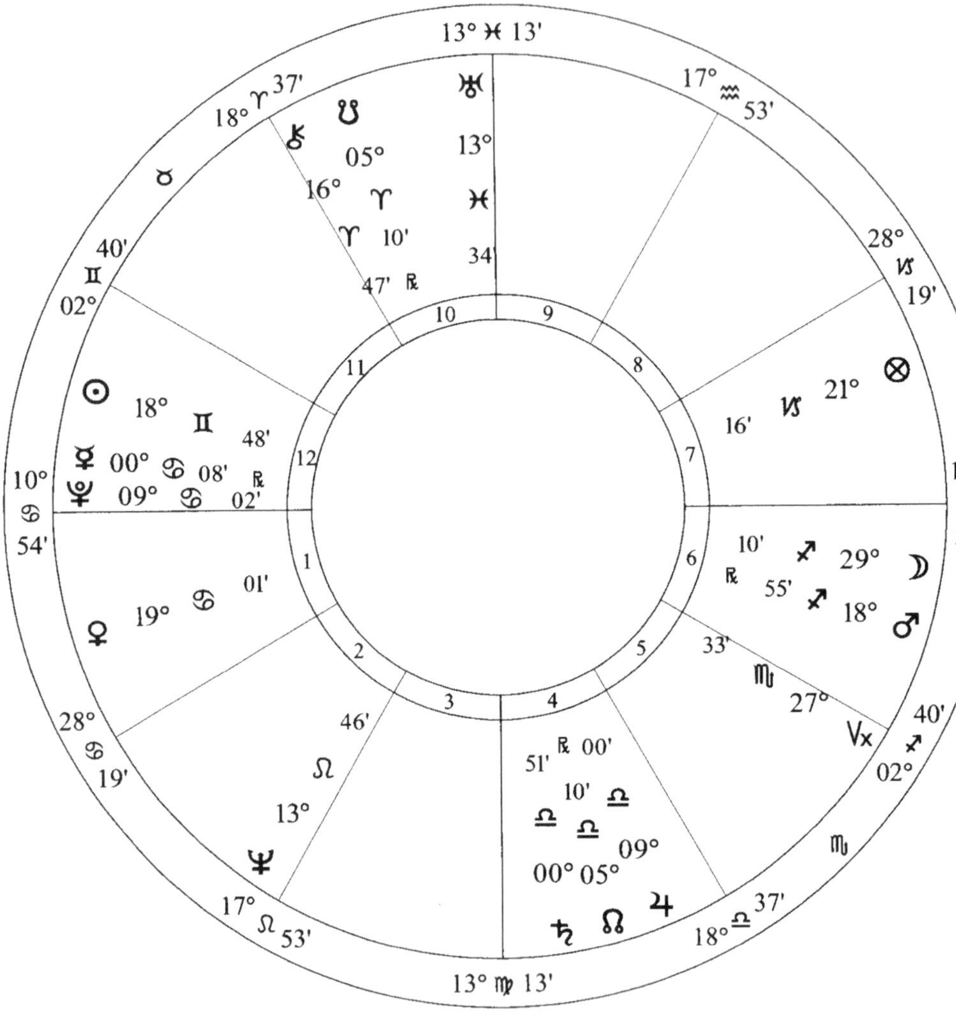

圖8　茱蒂·嘉蘭的出生星盤

一九二二年六月十日，早上六點，密西根州大湍流市

月交點對身材外表的影響

月交點也會影響身高。整體而言，北交點在一宮、靠近上升點或在天頂，身高會比較高。如果北交點和另一個行星落在上升點，就特別準確。這種相位的人會四肢修長，身材瘦長，像小約翰．甘迺迪就是冥王星與北交點合相，落在上升點。如果北交點在天頂，與上升點形成好相位，這個人通常也比較高。但是在星盤頂部的北交點如果與上升點形成四分相，就不會比較高，甚至反而比較矮。落在星盤頂部的北交點即使只是與上升點形成四十五度的半四分相，身高也會顯著減少。落在頂部的北交點如果受到其他行星的干擾而形成四分相，也會限制身高的可能性。如果北交點與重要的行星形成好幾個四分相，可能會完全抵銷影響力。

南交點如果落在一宮或是上升點，並且沒有其他的行星陪伴，身高可能會偏矮。如果有一個行星與南交點合相，落在上升點，便可以增加身高，會比沒有行星助力的狀況下更高。南交點位於星盤頂部時，身高通常比較矮，特別是南交點與上升點形成四分相。星盤頂部的南交點如果與上升點形成好的相位，可能會抵銷一些身高比較矮的影響力。舉個例子，星盤頂部的南交點如果與上升點形成六分相，可能會增加身高。同樣地，如果有一個行星加入星盤上方的北交點，甚至是南交點，都可以增加身高。美國知名變裝皇后露波（RuPaul）的身高將近一百九十五公分，就是冥王星與北交點合相，即使他的南交點是在天頂。冥王星是極端的行星，而北交點是賦予身高的行星。克林．伊斯威特（Clint Eastwood）的身高一百九十三公分，火星與北交點合相，所以即使他的南交點在天頂，這個相位仍讓他的身高突出。

月亮也對身材或身高有特別的影響力。通常如果月亮與其中一個月交點相伴，身高和身材都會增加。

當我們在討論身高時，也要考慮我們一開始提到跨越二宮和八宮的優勢線。

當然，這裡有些通則可以用來判斷身高和外表，上升星座和一宮的特殊之處也要列入考慮。當在星盤上

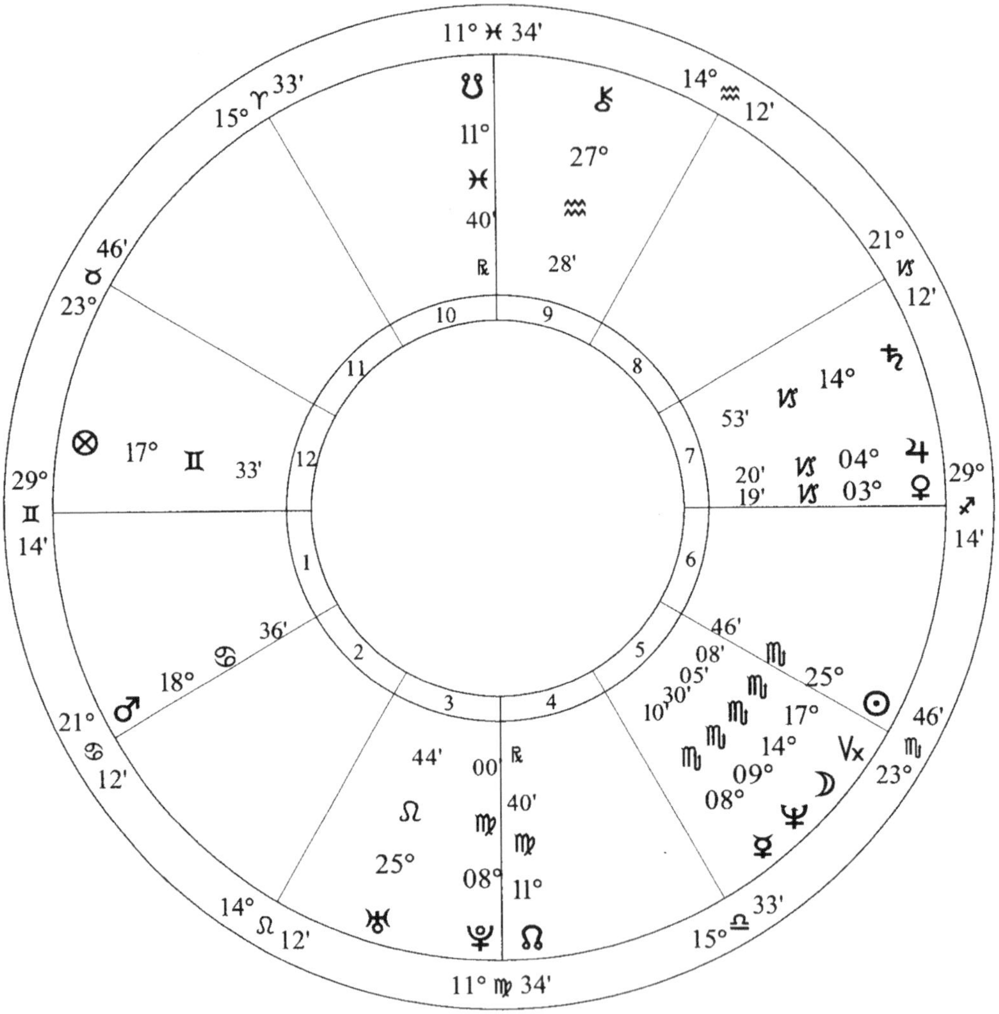

圖9　露波的出生星盤

一九六〇年十一月十七日，下午六點五十二分，加州聖地牙哥市

半部有一些顯著有力的行星，通常會增加身高；如果大部分的行星都落在星盤的下半部，意味著身高較矮，因爲這有一些強化或抵銷的因素。

舉個例子，如果北交點位於星盤頂部，還有許多行星都在頂部，身高會比較高。如果南交點在星盤頂部，大部分的行星也位於頂部，這可以增加身高，但不會像前者那麼高。

傑森·亞歷山大（Jason Alexander）在《歡樂單身派對》中飾演矮胖的喬治·柯斯坦薩（George Costanza），他就是南交點在牡羊座，這等於雙重強調身高矮（編註：他的身高約一百六十四公分），一是因爲南交點在一宮，再加上是牡羊座，這是一宮與上升點的天生宮位。他雖然有很多行星與北交點合相，但是個子還是很矮。他的北交點如果沒有助力，個子可能更矮。畢卡索也只有一百六十二公分，他的南交點位於星盤頂部，但是行星都位於星盤的下半部。電視明星愛德華·艾斯納（Ed Asner）也很矮壯，他的南交點靠近上升點，大部分的行星都位於星盤的下半部。

屢創紀錄的義大利深海潛水員翁伯托·帕利札里（Umberto Pelizzari）的南交點與上升點合相，但是位於射手座，由體積最大的行星木星主宰，木星以擴張的影響力著稱。此外，他的南交點與金星六分相，金星是幸運星，再加上他大部分的行星都靠近天頂，他的身高有一百八十八公分。因此，我們可以看到，如果位於上升點的南交點與一個幸運的行星（太陽、木星或金星）形成好的相位，就會有這種減輕的效果，特別是結合了一些額外的特徵。

你只要記得，北交點比較高瘦，南交點比較矮壯，越靠近上升點的行星，影響力越強。

你也要考慮行星的本質，北交點落於上升點，木星會擴張體格；土星則是剛好相反，會導致體格縮限。如果土星和南交點落於上升點，或是土星落在上升點，南交點位於星盤的頂部，都會有這種現象。當有許多

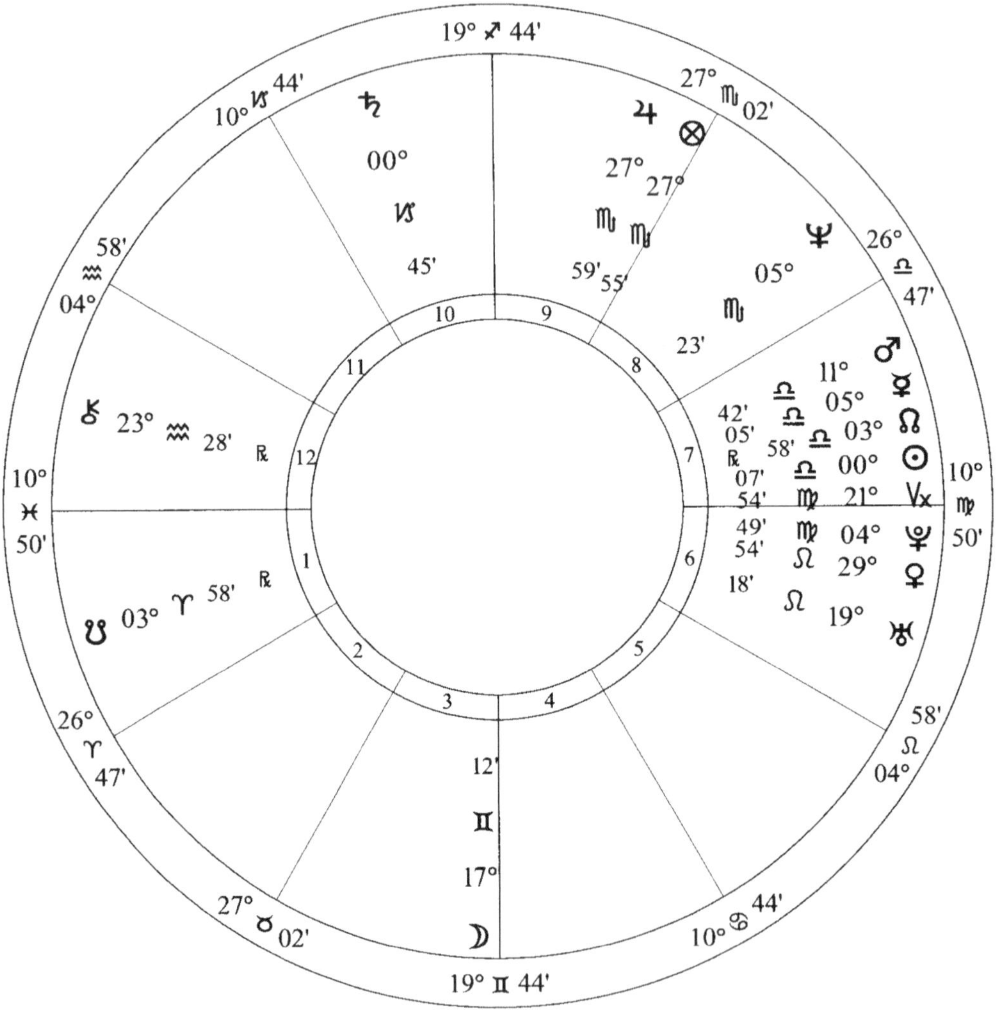

圖10　傑森．亞歷山大的出生星盤

一九五九年九月二十三日，早上六點零四分，紐澤西州紐沃克市

行星落在星盤的下半部時，更是明顯。

我們還有一種方法可以判斷天生的體型和身材高矮，這主要是看月亮。本命盤的月亮階段可以看出一個人是偏苗條或偏胖壯。如果月亮正趨近太陽，與太陽合相時正好是新月，體型就會比較苗條，反映出最理想的新月形狀。新月之後，月亮仍只露出一小部分，所以這個階段的月亮仍偏向苗條。隨著月亮增加的階段，體重可能就越有份量。當月亮接近滿月時，會比較圓滿，所以身材也可能更圓潤。滿月是豐滿圓實的，所以在這個階段出生的人，先天身材也會有這個傾向。在滿月之後，月亮仍很飽滿，但是在光線中慢慢衰減，所以只要注意飲食和運動，會更容易控制體重。

如果你能結合月亮和月交點，就會對一些爲體重奮鬥的人有一些驚人的發現。他們的月交點可能有某種傾向，但是月亮階段透露的訊息剛好相反，所以這些人總想要秀出內在那個苗條的自己，但很困難。我不禁想到美國脫口秀名嘴歐普拉（Oprah Winfrey）。她的北交點在一宮，但是有行星落在月交點軸的兩端，這讓她有很好的胃口，體型容易擴大。她出生在殘月的階段，通常傾向苗條。不過，她的月亮和上升點都是在射手座，由最大的行星木星主宰，所以這又增加了一些因素，讓她的體型偏向厚壯。這種種因素可以解釋她的體重增增減減，讓她很難眞正減重。她可能正在應付一場終生的戰役，這可能是她生命的任務之一，激勵他人永不放棄。當然還有些人，無論再怎麼努力都無法變胖。星盤也許可以揭露原因，月亮和月交點都同意站在苗條這一邊，而這就是命運選擇的結果。

我們還可以根據月交點判斷其他的外表特徵，包括天生缺陷、身體疾病、或是比較容易發生意外，這通常是南交點與上升點合相。其他的星盤元素可能也有同樣的傾向。我已經看過一些南交點與上升點合相的人有染上毒癮或發生意外的傾向。你要記住一個很有用的重點：上升點和一宮描述身體，而南交點就像一只空

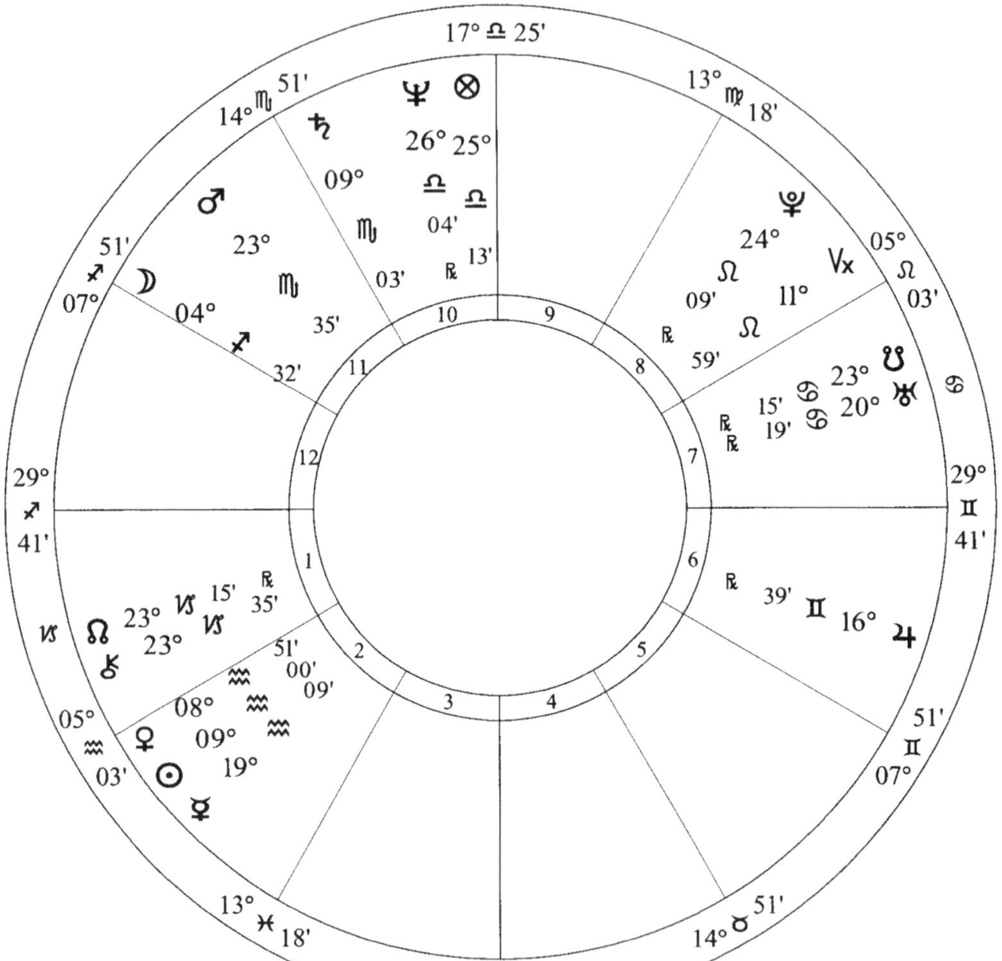

圖11　歐普拉的出生星盤

一九五四年一月二十九日，早上四點三十分，密西西比州柯修斯科市

杯子，所以有時會損失或犧牲某種身體特質，甚至一出生時就欠缺某個身體部位。

南交點靠近上升點的人，眼神都有種催眠作用，或是能夠洞悉人心。我們可以在吉米．莫里森和珍妮絲．賈普林身上印證這一點。這些人能對別人產生非常強大的催眠作用，他們本身就帶著一種神祕感。

北交點在一宮或是與上升點形成良好的相位，通常非常貌美或長相很好。我們可以從小約翰．甘迺迪、安潔莉娜．裘莉和老虎伍茲身上看到這一點。

吠陀占星家認為，北交點的角度是向下掃視，這種方法可以辨識北交點的影響力，例如是落在上升點的附近或是在正對面。南交點的角度是向上掃視。這些掃視顯然可以反映月交點的影響力，像是北交點的向下掃視源自於身高增加或是篤定的態度，南交點的向上掃視則是來自於比較低的身高或低落的自尊。不過也可能還有另一種因素導致這種掃視角度。你還記得嗎？北交點與山頂有關，南交頂與山谷有關。

在吠陀占星學裡，任何一個月交點落在一宮或二宮，會對外觀有強烈的影響。所以，吠陀占星家也認為二宮是一個顯著的位置，跟我們對優勢線的看法雷同。

越顯著的月交點，也能看出胃口。當北交點最顯著時，胃口越好；當南交點比較顯著時，胃口便不好。

如果沒有任何行星與任何一個月交點合相，我們幾乎可以認定月交點落在優勢線之上就能算是顯著，這可以用來描述這個人的胃口、行為舉止和其他身體特徵。

我們接下來會討論一些特別的相位，可以看出一個人如何被賜予最高層的宇宙恩寵，還有哪些人需要做出最多的業力犧牲。

3

更高力量的加持

在我們確定靈魂的任務和業力責任時，除了上升點／下降點和天頂／天底的軸線，在星盤中還有兩個從基本點衍生而出的點非常重要，主要是根據它們與月交點形成的相位來判斷。這兩個點分別是幸運點（Part of Fortune）和宿命點（Vertex）。我們從字面上就可以知道幸運點的意義，而宿命點就是與命運有關。

月交點與幸運點的相位

沒錯，這應該是非常好的組合！如果北交點與幸運點形成好的相位，那就更沒錯了，對吧？

先在你的星盤中找出幸運點——⊗。

美國特技表演家埃芙爾・克尼芙爾（Evel Knievel）的北交點與幸運點合相，位於星盤的頂部。也許這在他表演驚人的特技時，給予了他更多的保護。很少人能像他那樣死裡逃生。

他很容易獲得人們的認同，這提供我們第一條線索，讓我們知道北交點與幸運點合相的意義。很多這個相位的人都是得獎者。他們會贏得獎牌、盛讚和榮耀。他們是冠軍和閃耀之星。他們如果演戲，就會扮演主角。他們特別有天分，才華洋溢，是眾人目光的焦點。美國爵士鋼琴演奏家納京高（Nat King Cole）、媒體巨擘泰德・透納（Ted Turner）和歌舞劇巨星佛萊德・亞斯坦（Fred Astaire），以及英國雙胞胎富翁大衛・巴克萊（David Barclay）和佛萊德里克・巴克萊（Frederick Barclay）都有這個相位。

有些擁有這個相位的人是貴族出身，或是知名的豪門，家族的聲譽遠超過他們個人。他們通常擁有豐富的物質財富。

這些人的工作非常有創意，具有啓發性。他們對事業不僅充滿熱情，也很有獨創性，有發明才華，或是多少有些與眾不同。北交點與幸運點合相絕對擁有許多特別的賜福，一生中充滿滿溢的喜悅和財富。

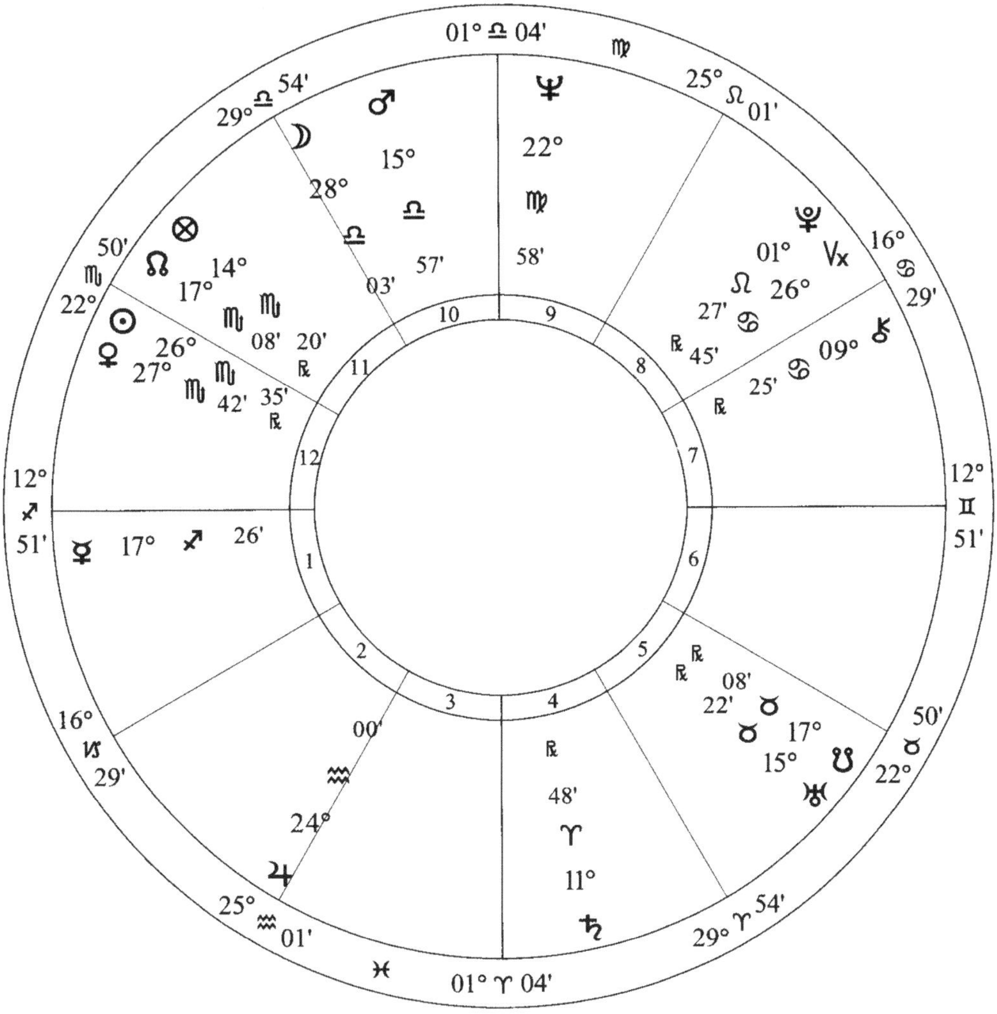

圖12　泰德·透納的出生星盤

一九三八年十一月十九日，上午八點五十分，俄亥俄州辛辛那提市

這種相位可能意味著，這個靈魂已經贏得非常重要的業力成就，他們可能之前有未完成的任務，或是任務中止，但那並非他們的錯。所以到了這一世，他們被賦予很多特別的助力。有時候，更強大的世界業力和事件會勝過我們的個人業力。這可能是透過戰爭或傳染性疾病，或是類似的不幸所導致。在這種情況下，靈魂會得到特別的保護或幫助。

在這個相位組合中，另一種極端表現就是南交點與幸運點合相。美國女富豪及專欄作家瑪莎．史都華（Martha Stewart）的南交點與幸運點合相在五宮，這看似有些暗示——也許她會因為玩股票（由五宮掌管）而失去財富。

但我們來看看其他例子：美國作家詹姆斯．范．普拉（James Van Praagh）的南交點與幸運點合相，安潔莉娜．裘莉也是。在這些例子中，他們分配自己的財富，可能是免費送給他人，或是願意幫助他人。范．普拉是透過他身為靈媒的力量，裘莉則是把時間、金錢和精力花在認養小孩，在世界各地支持有價值的理想目標。南交點代表義務，這些人可以分享他們的喜悅和財富，改變別人的人生。

南交點與幸運點合相的人願意弄髒自己的手，真正深入從事一些別人討厭的工作，但也可能與一些邪惡的名聲或交易有關。美國第三十八任總統傑瑞德．福特（Gerald R. Ford）就擁有這個相位，他在尼克森被迫辭職下台時接任總統。希特勒的親信和公關大臣奧托．迪特里希（Otto Dietrich），以及美國殺人犯艾瑞克．莫南德茲（Eric Menendez）都有這個相位。

整體而言，南交點與幸運點合相的人，在物質層面上不像北交點與幸運點合相的人那麼富裕，他們比較強悍、頑強、有些古怪不尋常、或是很奇特。這些人的看法可能異於主流。他們無法博得同樣崇高的尊重、大眾的支持和歡迎。即使是上面提到的個案，我們都可以看到，他們會招致一些爭議，有時則是不受歡迎的批評。

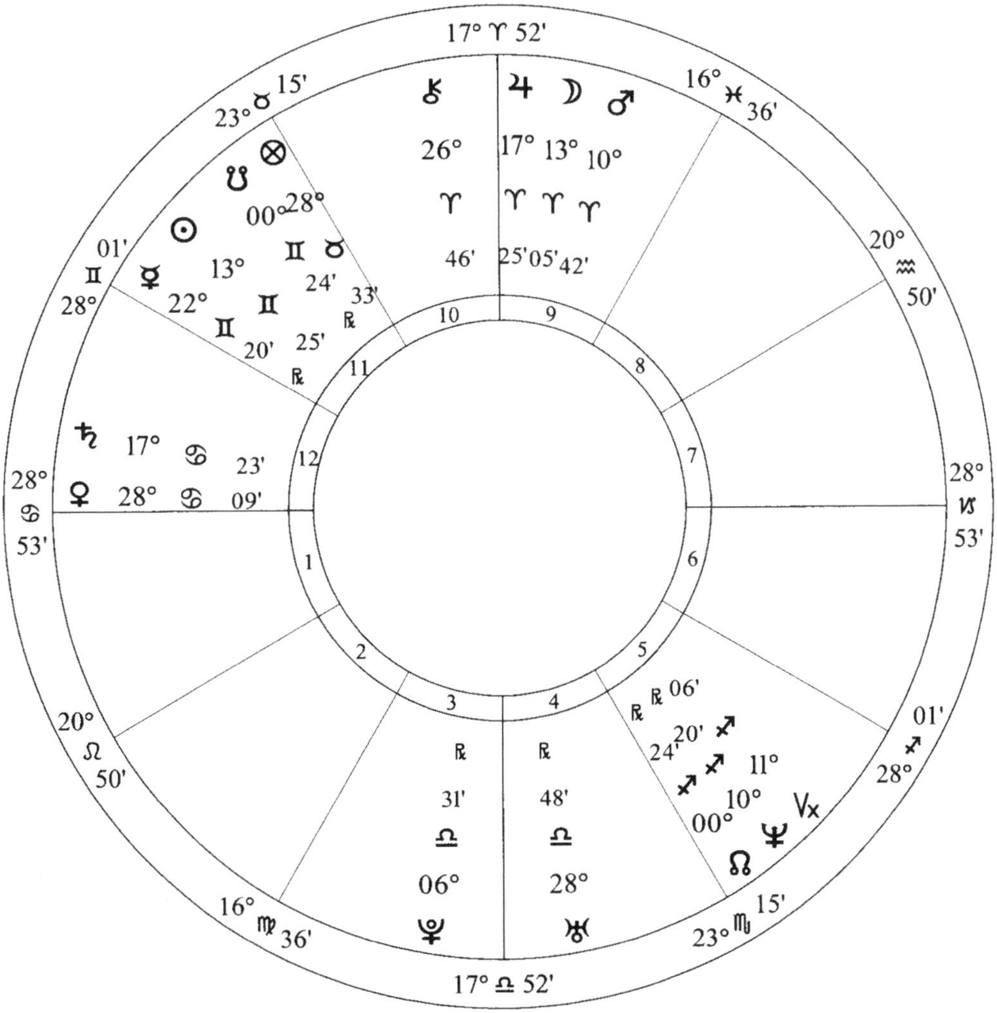

圖13　安潔莉娜·裘莉的出生星盤

一九七五年六月四日，上午九點零九分，加州洛杉磯市

這些人包括科學家、占星師、演藝人員和政客。他們的背景有點複雜，有備受尊敬的人士，像是時尚大師喬治・亞曼尼（Giorgio Armani）和法國探險家雅克・庫斯托（Jacques Cousteau），他們顯然會面臨特別微妙的狀況，不能容許有犯錯的空間。這些人必須找到方式分享自己的喜悅和財富，透過某種方式回饋給更崇高的利益，否則他們一路走來會非常艱辛。這個族群的成功人士都有一個特質，就是把熱情投入一個有價值的理想目標。

當你看到這樣的星盤時，要試著找到助力。如果有一個行星與北交點合相，就能吸引這個人找到前方的路。《週末夜現場》的固定成員之一薛威・柴斯（Chevy Chase）帶來歡樂和親切感，他就是南交點與幸運點合相在四宮，北交點與冥王星和木星同落於十宮。如果南交點／幸運點的組合能與上升點或天頂形成好的相位，就會帶來助力。若有吉星加入南交點／幸運點，也非常有幫助。名模克勞蒂亞・雪佛（Claudia Schiffer）的太陽夾在南交點和幸運點之間，靠近她的天頂。當然，我們還要檢查這個合相是落在星盤的上方或下方。如果是北交點在星盤的頂部，南交點與幸運點合相落在星盤的下半部，也會有幫助——除非與其他行星形成四分相。如果南交點／幸運點落在星盤頂部，又沒有任何助力，情況就會更困難。他們可能會遭遇挫折，接著就是憤怒、報復、或其他自我挫敗的行爲。這個相位也可能出現疾病，也可能是在出生時有一些危險，必須提供最多的照料和關心。

北交點與幸運點形成三分相也會有影響力。這個三分相有利於成功，而且是一個適應能力很強的相位。無論哪一個月交點位於星盤頂部，這些人都會得到非常特別的幫助。我們可以非常確定，這些人可以容易地完成月交點想要的轉化。你可以查一下幸運點落入的宮位，看看幸運落在哪一個生命領域。

這些人通常受人尊重，有一份好工作。通常不會有太多的壞事發生在他們身上，除非有一些非常麻煩的行星相位。幸運點或是月交點落在天蠍座或八宮，可能會減少這個相位的好處，或是用比較不尋常的方式顯示。生於美國紐約、曾嫁給錫金末代國王的荷蒲・庫克（Hope Cooke）的幸運點在八宮，與落在上升點的北交點形成三分相。她的父母離異後，她便由富裕的外公、外婆撫養長大。她的母親二十五歲時駕駛小飛機，在內華達州發生空難身亡（疑似自殺）。荷蒲後來遇到一位王子，兩人結婚，於是她成爲錫金的王后。她丈夫的政權後來被推翻，他們維持近二十年的婚姻畫下句點，留下兩個孩子。其他北交點與幸運點形成三分相的名人還包括服裝設計師皮爾・卡登（Pierre Cardin）、在電影《星際大戰三部曲》中飾演路克・天行者的馬克・漢米爾（Mark Hamill），還有美國職業摔角選手傑西・溫圖拉（Jesse Ventura）。

還有更多的名人是南交點與幸運點形成三分相，顯示這個相位幫助他們運用過去的方法和才華，馬上可以在北交點的領域發光發亮，獲得成就。這也意味著，這些靈魂已經累積了一些業力的福報，可以在這一世利用。這個相位的名人包括愛因斯坦（Albert Einstein）、路易・巴斯德、美國游泳奧運金牌運動員馬克・史畢茲（Mark Spitz）、繼承沃爾沃斯（Woolworth）家族財富的美國女慈善家芭芭拉・胡頓（Barbara Hutton）、美國女演員卡門・伊萊克特拉（Carmen Electra）、美國女歌手桃樂絲・黛（Doris Day）、美國作曲家艾薩克・海耶斯（Issac Hayes）和美國女演員珍・曼斯菲（Jayne Mansfield）。甚至連美國女殺人魔派翠西亞・克倫溫克爾（Patricia Krenwinkel）也是南交點靠近上升點，還有一些沉重的月交點相位。她因爲幫助查爾斯・曼森（Charles Manson）殺人而被判無期徒刑，多次申請假釋未果。

北交點如果位於星盤頂部，會有更多好處。但還是要再強調，要是月交點或幸運點落在天蠍座或八宮，可能會有更多問題。整體而言，一個人的月交點落在這個星座或宮位，可能會比別人面臨更多的困難。

癌症患者、患有嚴重心理疾病或無法根治疾病（像是精神分裂、癲癇）的人，或是必須承受突發負面事

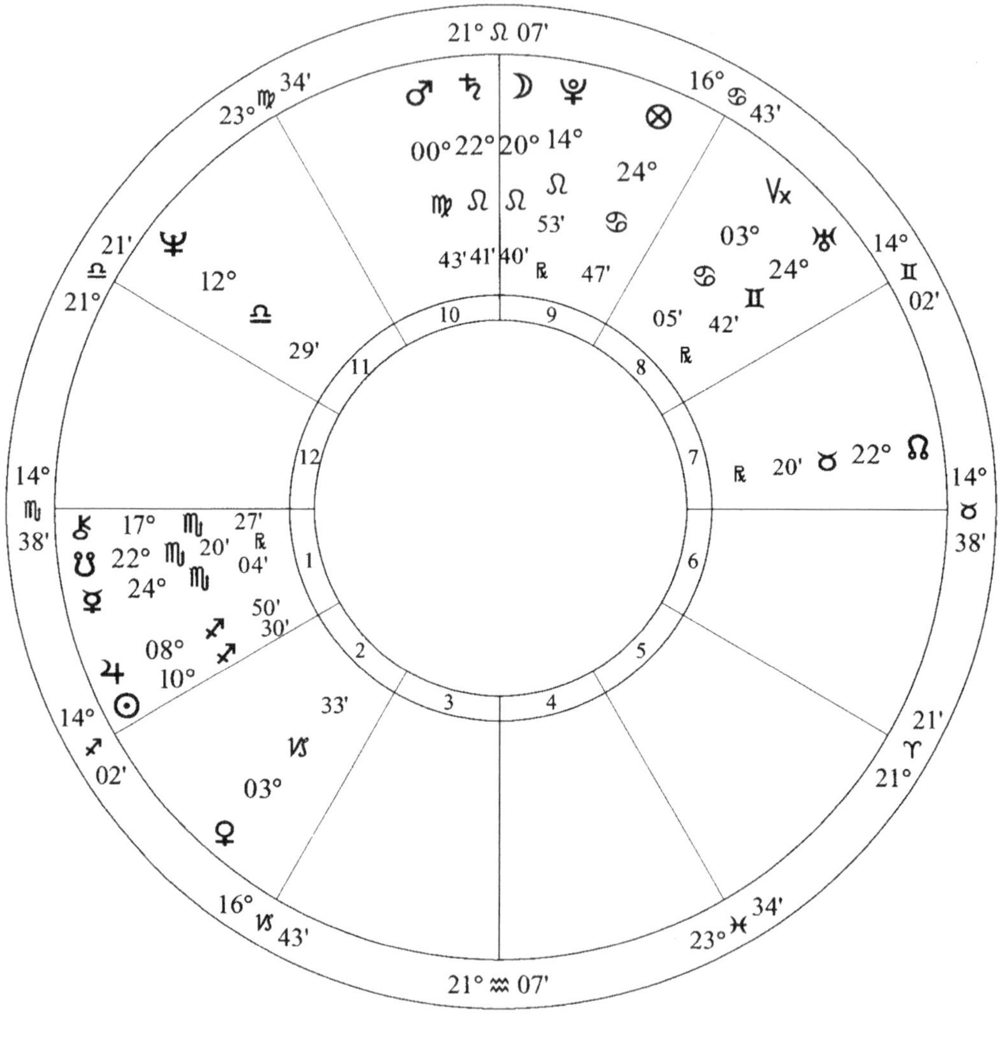

圖14　派翠西亞・克倫溫克爾的出生星盤

一九四七年十二月三日，早上四點四十一分，加州洛杉磯市

件的人，包括創傷經驗、流亡、刑求、意外，甚至死亡，他們的星盤上常可看到幸運點與月交點形成四分相。他們一定會遇到更多的痛苦掙扎，但要是月交點還有其他的好相位，月交點與幸運點形成四分相的問題便較容易減緩。這些人擁有耀眼的才華，像是畢卡索、美國女演員莎莉・菲爾德（Sally Field）、歐普拉、美國女演員琴吉・羅傑斯（Ginger Rogers）和美國搖滾歌手布魯斯・史普林斯汀（Bruce Springsteen）。這些人除了畢卡索，都因爲北交點位於優勢線之上，再加上例如冥王星和火星等行星與月交點形成有力的相位，獲得一些紓解的幫助。

月交點與幸運點形成四分相的，如果能克服一些挑戰，就能在演化的過程中有特別的進展。

如果你檢查一下幸運點落入的宮位，有時就會發現很難獲得與該宮位有關的所有幸運。你可能爲了這個宮位的位置而做出一些犧牲，或是有些利益和好處被犧牲了。舉個例子，畢卡索的幸運點在二宮，但是與幸運點形成四分相，所以即使他擁有出色的天賦，仍遭遇極度貧窮的痛苦。

這些靈魂可能因爲遭遇極艱困的挑戰和責任，常會逃避或對抗社會常規。有些極端的例子甚至會走上犯罪之路，一生沉淪。哎，這麼做在這一世當然不會有什麼好結果，只會在往後造成更艱困的磨難。

我們後面討論推運時，會再進一步介紹月交點與幸運點形成的相位，屆時也可以看出這些相位的重要意義。

我是使用傳統方法計算幸運點：上升點的度數加上月亮的度數，減去太陽的度數，就可找到幸運點的位置。阿拉伯人認爲，太陽代表了喜悅與幸運。我們別把幸運點與靈點（Part of Spirit）混淆了，靈點的公式剛好相反：上升點的度數加上太陽的度數，減去月亮的度數。如果太陽與上升點合相，幸運點就會與月亮合相，這代表內在的自我與外在的載具達成理想的校準。幸運點代表一個人必要的調整，才能促成理想的狀況和啓發。

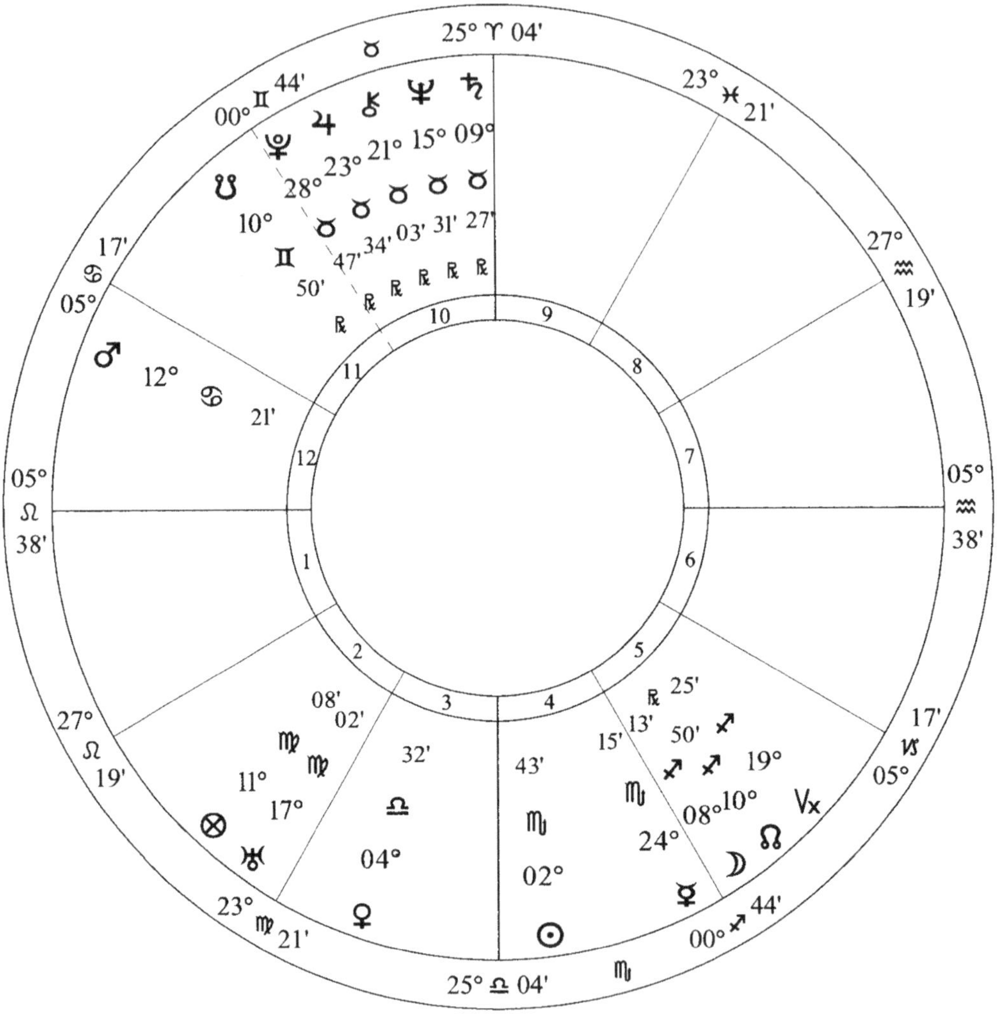

圖15　畢卡索的出生星盤

一八八一年十月二十五日，晚上十一點十五分，西班牙馬拉加市

月交點與宿命點的相位

如果我們想要了解月交點與宿命點相位的意義，首先必須認識關於宿命點的一些原則。宿命點位於出生星盤眞正的東西方軸線的西方端，與我們跟他人的經歷，或是我們幾乎不能控制或無法控制的經驗有關。人們有時會把宿命點和下降點相提並論。宿命點也代表我們會在此吸引別人塡補我們自己遺失的部分，替我們展現我們不承認的自我面向。

宿命點的正對面稱爲反宿命點（Anti-Vertex）。這就像輔助版的上升點，上升點代表我們個人的認同。愛德華・莊德羅（Edward Johndro）是研究這些點的先驅者，他證明反宿命點才是這個軸線最重要的一端，而命運的本質與這些點有關。莊德羅認爲反宿命點類似上升點，所以把它稱爲「帶電的上升點」（Electric Ascendant）。他觀察發現，上升點代表自由抉擇和有意志的人生，「帶電的上升點」代表沒有選擇、非自發性的行動。

稍後，查爾斯・詹恩（Charles Jayne）的看法說服了莊德羅，就命運的角度而言，宿命點更具重要性，而且也最能獲得印證。宿命點不只代表我們與他人的經歷，還有一些經驗也與宿命點有關，這代表了與命運的約定。除了月交點之外，宿命點是星盤中「最具命運意味」的指標。

反宿命點／宿命點基本上就是自我／他人的兩極。宿命點的符號是Vtx。反宿命點則沒有符號，位置就在宿命點的正對面。占星軟體只會爲你計算宿命點的位置。

如果是北交點與宿命點合相，本質就有點類似北交點與七宮宮頭合相。整體而言，這等於將很多的控制權都交給伴侶或其他人。這樣的命運或天命召喚通常會與別人有關，而我們必須爲他們付出服務。

這些人會爲一個團隊、一段合夥關係工作，或是身爲一個更大團隊的一份子。配偶和父母其中一方扮演重要的角色，在他們的生命中構成一股強大的吸引力。他們可能會實踐別人開始的工作，或是遵循父母一方的腳步走。他們與別人的連結，攸關他們能獲得多少成功、喝采、成就和認同。這些人分布在各行各業，大部分都會結婚，或是有一段親密關係，而伴侶可能會在某些方面圓滿了他們的人生。所以，這些人在某些方面比較無法控制自己的人生，而是取決於別人的控制或方向。對他們而言，伴侶或合夥關係就是一切。這些關係對他們的人生影響甚鉅。美國咖啡品牌「香啡繽」女繼承人艾比加爾・佛爾吉（Abigale Folger）就有這個相位。加拿大搞笑表演二人組「切奇和崇」（Cheech and Chong）的切奇・馬汀（Cheech Martin）也有這個位置。歷久不衰的節奏和藍調歌手「靈魂樂女皇」葛雷蒂絲・奈特（Gladys Knight），還有美國演員卡托・凱林（Kato Kaelin）因爲與妮可・辛普森（Nicole Simpson，譯註：美國足球明星O. J.辛普森的妻子，在一九九四年遇害）的友誼一夕成名，他們都有這個位置。

他們也可能與受害者有關，或是代替受害者出頭。他們很容易因爲這些親密關係受傷，或是自己也成爲受害者。

如果是南交點與宿命點合相的人，會有更多的機會能果斷行事，有點類似北交點與上升點合相的人相比，前者會有更多的機會能果斷行事。但是根據莊德羅的研究，我們也知道反宿命點的選擇不多，他們的行動或多或少都帶有一些非自願的色彩，也不太能控制事情發展的結果。這些人會承接命運提供的機會，別人或外在因素的介入或行動可能會減少他們的機會。他們最後可能只有一個選擇，所以只能採取一種行動，或是接受唯一開放的選擇。

這些人的人生無論如何開展，他們最後都會扮演核心角色，或是被推上舞台，成爲目光焦點。他們或多或少都會被迫進入新的體驗。

美國太空人尼爾・阿姆斯壯（Neil Armstrong）的南交點與宿命點合相，他在飛行訓練時的所有作爲都充滿了最後王牌的意味，而當他成爲太空人之後，在飛行中也遇到很多次異常的機械故障。他參與太空任務時，大部分都是由別人控制。甚至連他成爲「阿波羅十一號」成員中第一個踏上月球的人，這也是別人的決定，因爲他擁有一個「不會放大的自我」。

就任何事而言，他們是先發者。他們會帶頭，常是一個領域中的先驅，是最早投入的人。他們是領袖、指導者和創建者，會引進新的事物。他們活在邊緣，會開疆闢土，事情發展的結果往往不是他們的原意，也不是他們鎖定達成的目標。他們可能因爲發起某件事情而成名。彼得・賀柯斯（Peter Hurkos）的南交點與宿命點合相，他宣稱從樓梯上摔下來撞到頭，昏迷三天後就有了第六感的超能力。

我們還知道，這些人在一生中都有非常明確的業力發展。他們遭遇的生命事件看似很宿命，一切都是天意，而他們可能也會覺得必須實現一項特殊任務。這些人會爲自己必須努力的事物，創造最好的結果，常常會因此而成名，贏得某種頭銜。美國前總統喬治・布希（George W. Bush）就是南交點與宿命點合相。根據我們對這個相位的了解，這意味著布希可能是被迫進入新的體驗，必須開始一些事情，而這些發展結果都不是他所能控制的——不過在後面操縱的人還是允許他有少數選項。用這個角度來看他在總統任內發起的行動，就會得到很有趣、很具說服力的解釋。

南交點與宿命點三分相的人常常很多才多藝。他們來到這世上時，已經具備各種不同的天賦，只要稍微自學就能喚醒多種技能。他們能在許多不同的領域中創造成就，有時會從一種事業開始，然後向外延伸，涉獵一些類似的相關領域。他們可以一心多用，同步進行不同的事。這些人可能會有不只一張執照或文憑，也常會因爲多樣性的創作、多樣性的工作或各種事情的多樣形式而出名。舉個例子，惠妮・休士頓（Whitney

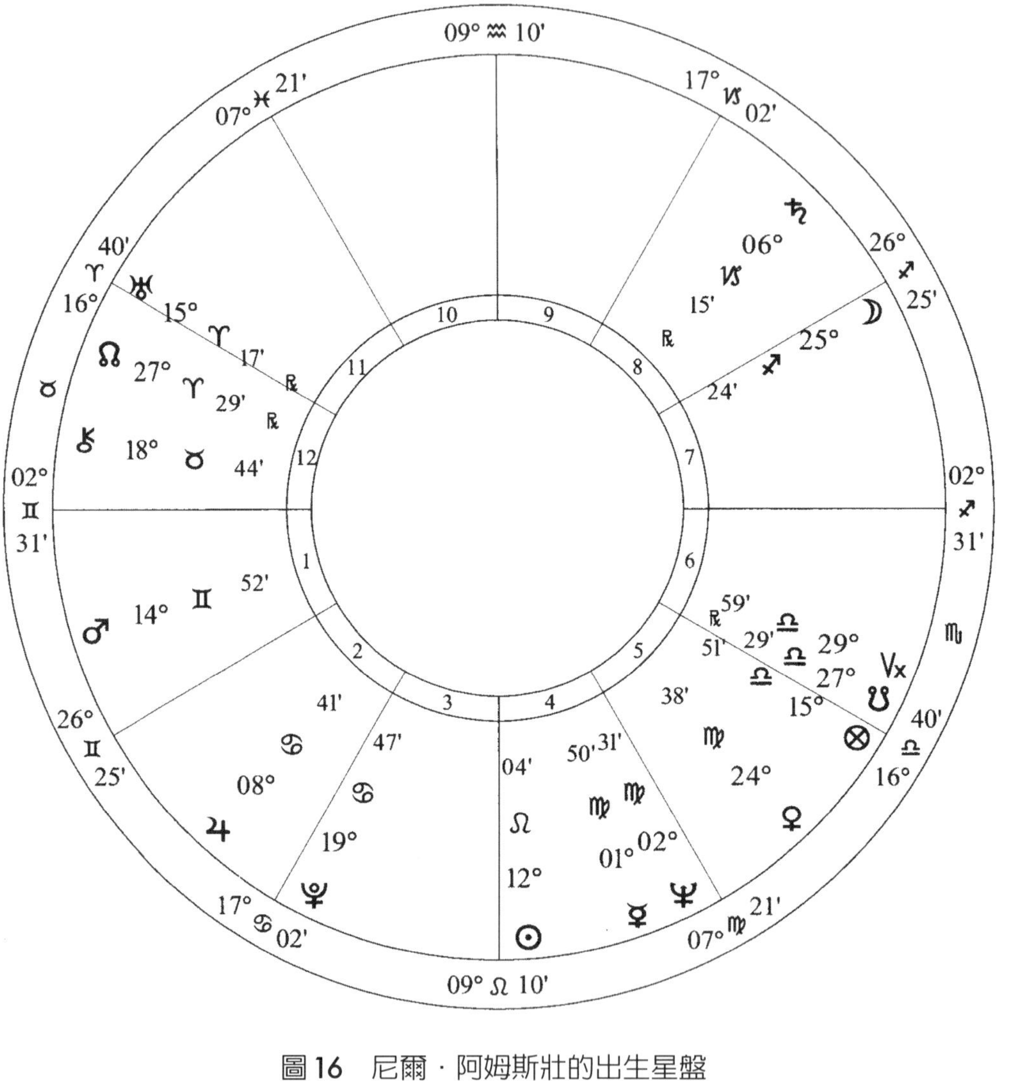

圖16　尼爾・阿姆斯壯的出生星盤

一九三〇年八月五日，中午十二點三十一分，俄亥俄州華盛頓市

Houston）就有令人羨慕的歌唱天賦，能唱出寬廣的三個八度。這些人在各種不同的藝術領域中特別活躍。這可能包括在神祕學領域的專業知識。我遇過少數有這個相位的人是罪犯，但即使他們是罪犯，仍以「多樣」出名。例如美國連續殺人犯約翰．韋恩．蓋西（John Wayne Gacy）就犯下三十三項謀殺罪，亨利．達席．藍吉（Henri Désiré Landru）也創下殺害十名女性的紀錄。整體而言，這是個非常有助力、非常有利的組合，宇宙會幫忙推一把，讓事情更進一步。在美國演員艾爾．帕西諾的星盤裡，南交點與宿命點合相也象徵額外的助力。他有很多機會遇到能幫助他的人，與他們建立關係。這些人特別能輕鬆地在生活中創造和諧，維持良好的平衡。

北交點與宿命點形成三分相，也有類似的力量。

這些人會有明確的、源自於過去的任務，常會感受到某種特別的天命召喚。加拿大女歌手席琳．狄翁就是一例。在所有的例子中，當他們與命運交會時，他們與團體的關係、從事團體工作、或是合夥關係，似乎都扮演了重要角色。

我會把這個相位的容許度縮小，大部分例子的容許度都是三度。

北交點與宿命點形成四分相，有時的確會有某些不利，有時是極度的挑戰，或是必須與生活磨合。這些人背負了一個十字架。這可能是健康議題、創傷、悲劇或是奇怪的不幸，抑或是生命的某些狀況。有時生活中發生的事，導致他們走上不受歡迎的方向，而他們在某個領域的整體表現，可能會因此扣分或敗壞。

對這些人而言，與藥物奮戰是很常見的主題。美國歌手納塔莉．柯爾（Natalie Cole）、《好色客》發行人賴瑞．佛林特的妻子阿爾希爾．佛林特（Althea Flynt）、美國演員約翰．巴利摩（John Barrymore Jr.）和音樂家歌手邦．史考特（Bon Scott）都有北交點與宿命點四分相的相位，也都有藥物濫用的問題，史考特甚

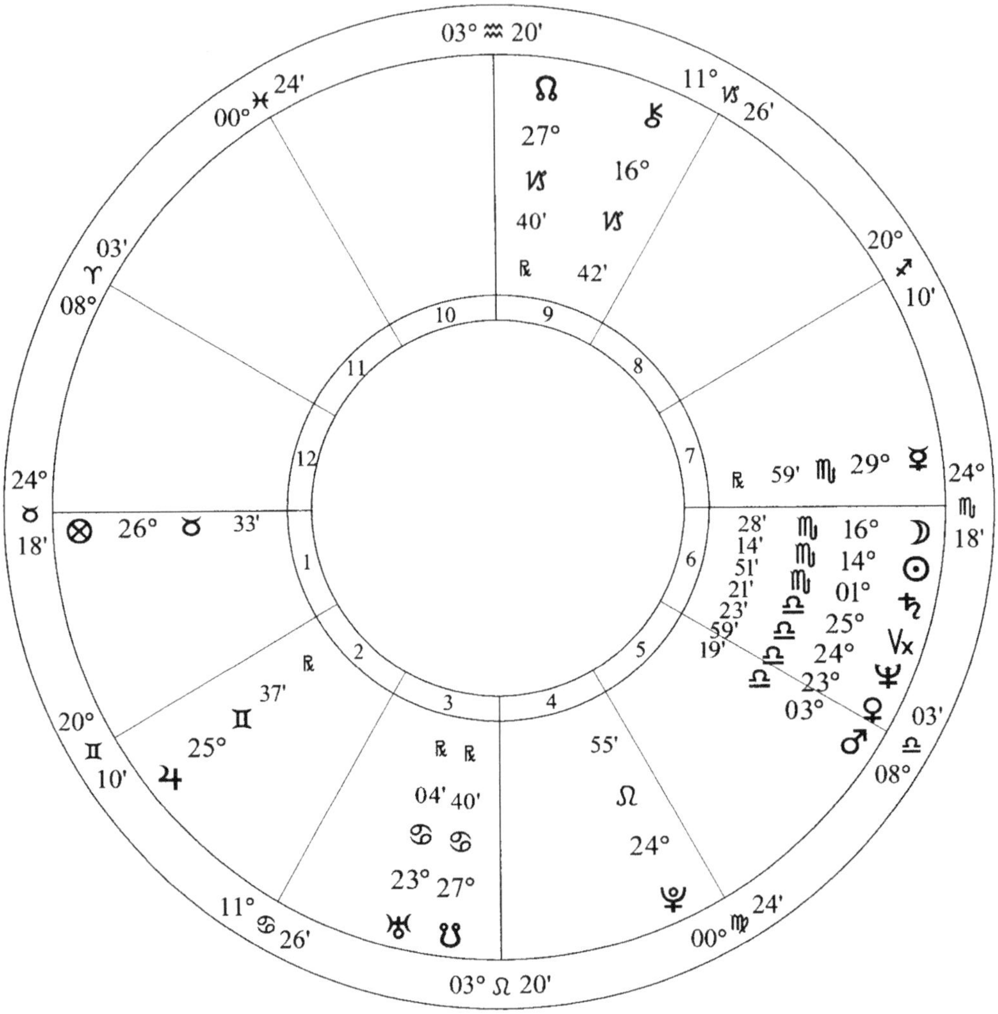

圖 17　阿爾希爾．佛林特的出生星盤

一九五三年十一月六日，下午五點四十五分，俄亥俄州馬利埃塔市

至在徹夜酗酒狂飲之後死亡。

他們的親密關係常會特別地與眾不同，不是有好幾段婚姻，就是完全不結婚，或是婚姻或伴侶關係帶有極端的特色。在許多例子中，他們的家族傳承都有潛在的不和諧，或是家族早期經歷過一些混亂動盪，為他們未來的麻煩問題埋下種子。他們會以某種方式去應付或理解不健全的家庭功能，或是為此找出意義，這也就是他們成敗背後的動機。他們很難在自我和他人之間取得平衡，還有一些問題也早已根深柢固。有一個極端的例子，就是阿爾希爾．佛林特的父親瘋狂殺人，先是殺了她的母親，然後是她的祖父母。她在年僅八歲時就目睹了這恐怖的悲劇。她的人生也以悲劇收場，藥物上癮，染上愛滋病，最後因為藥物過量死在浴缸裡。

月交點與宿命點形成四分相的人，可能覺得在一生中幾乎沒有辦法自己作主，沒什麼選擇餘地。席薇雅．巴拉迪尼（Silvia Baraldini）是一位社會運動家，在一九六〇年代末期與黑豹黨（Black Panthers）合作，變成美國的政治犯。瑪塔．海利（Mata Hari）是妓女，也是脫衣舞孃，她就有這個相位。她在第一次世界大戰期間，因為叛國罪遭射擊隊槍決。擁有這個相位的人可能會早逝，有些是在嬰兒時期。

當月交點與宿命點四分相時，可能會有遺傳性的健康問題，像英國維多利亞女王的第三個孩子愛麗絲公主（Princess Alice），她就帶有血友病的基因，這是一種流血的疾病。他們也可能必須克服某種殘障，或是有一些不尋常的事件會影響健康，就像美國高爾夫球名將湯姆士．狄克森．阿莫（Thomas Dickson Armour），他在第一次世界大戰服役期間，曾因芥子毒氣爆炸受傷失明，後來恢復部分視力，開始打高爾夫球。二〇〇一年九一一事件中，在被挾持的狀況下，開飛機撞上紐約世貿大樓北棟的機師約翰．奧格諾斯基（John Ogonowski）也有這個相位，他就是一個例子，導致這一生的任務縮短，但不是因為個人的錯誤。即

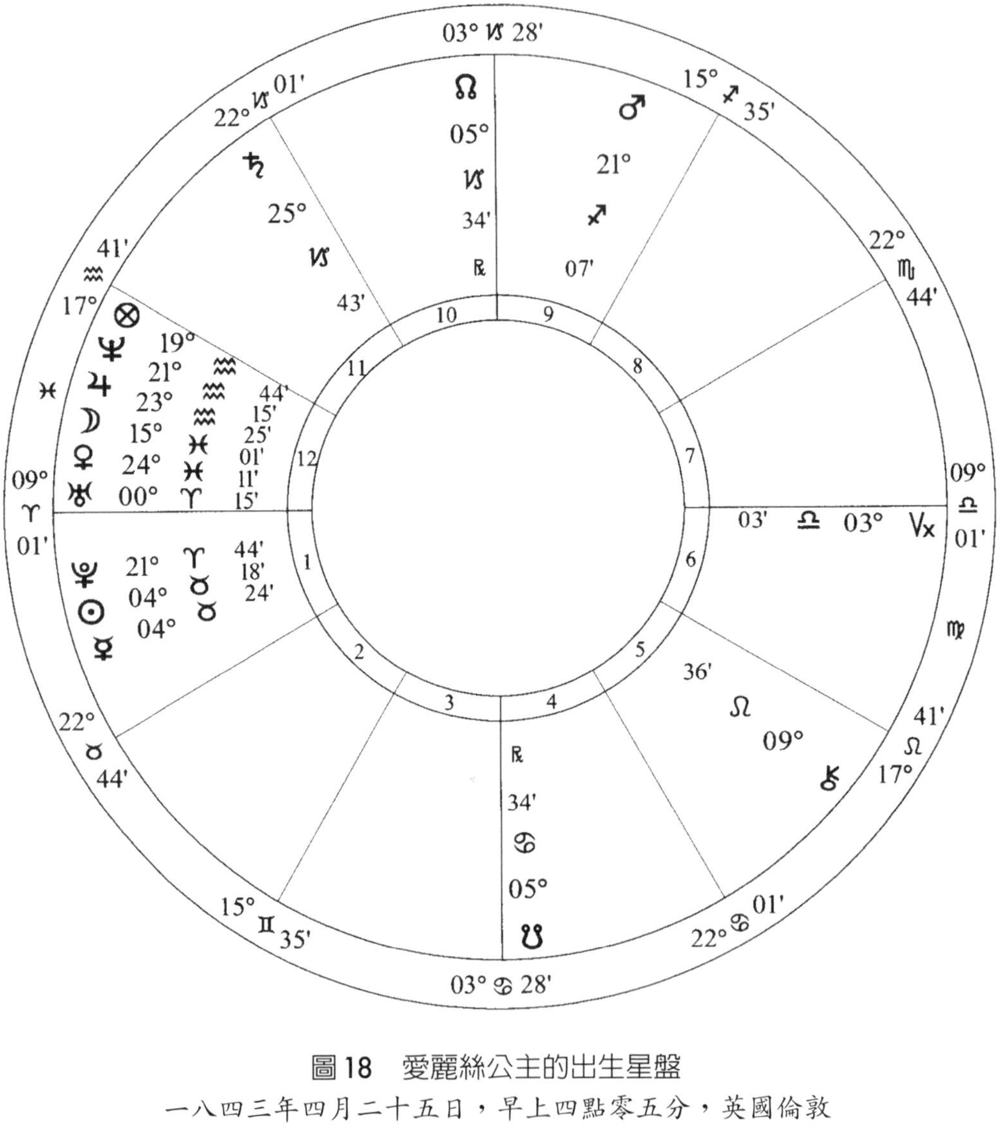

圖18　愛麗絲公主的出生星盤
一八四三年四月二十五日，早上四點零五分，英國倫敦

使是這種例子，我們都可以從星盤中的月交點相位看出端倪。所以，我們不能排除一個可能性，這樣的遭遇也是他選擇的任務的一部分。月交點有時可以幫忙解釋，爲何壞事會發生在好人身上。美式足球員派特．提爾曼（Pat Tillman）在阿富汗被同袍誤殺，他也有這個相位。

整體而言，當月交點和宿命點這兩個最具有命運意味的指標形成四分相時，通常都會背負一些重擔，這也許是要消除業障，或是爲未來累積好的業力。

當然，這個相位也有許多知名的成功人士，雖然他們有一些這類的私事或私人狀況未公諸於世。搖滾巨星邦喬飛（Jon Bon Jovi）、美國女演員瑪麗．泰勒．摩爾（Mary Taylor Moore）和金獎導演勞勃．瑞福（Robert Redford）都有這個相位，不過他們的本命盤中都有強烈的減緩因素。邦喬飛的北交點位於星盤上半部，與上升點形成六分相，勞勃．瑞福的北交點剛好位於天頂，幸運點落在一宮。瑪麗．泰勒．摩爾的北交點位於星盤上半部，與吉星金星形成六分相。

當月交點與任何行星形成四分相時，包括宿命點和幸運點，都會有很強烈的業力色彩，所以我們要花點時間檢視這些行星（點）與月交點軸的相位。我們可以假設，如果是好相位，代表這個人正在收割一些業力的信譽和好處；如果是四分相，就意味著必須實現一些之前的承諾，或是消除某些業債。我們也要檢查，是否有任何一個月交點的主宰行星與宿命點形成四分相。這也可能造成阻礙、限制或損害。四個基本點與月交點主宰行星形成相位，代表在利用月交點軸的助力時會出現一些協助或試煉，而這是要幫助我們更進一步通往最終的開悟。這會有一些個人的犧牲，能爲人類帶來益處，而這種正面的犧牲會在當下或稍後贏得讚譽。

接下來，我們會根據月交點在星盤中落入的宮位來討論月交點的影響力。

4

月交點所在的宮位

北交點落入的宮位，代表具有潛力的領域。能走上北交點指引之路的人，通常是最幸福、最有成就感的。南交點比較像是一種排水設備，通常象徵某種自我耗散。我們可以從宮位看出過去世殘留的能量，會在今生的哪一個生命領域造成壓力。南交點的宮位代表過去的成就，也就是我們已經學會、精通的事物。這也被稱爲抵抗力最少的點，因爲我們很容易回到過去的常軌，但這是一條死路，只會減緩我們朝北交點成長的腳步。北交點代表的是我們必須發展的新能力，這是神性道路上的下一步，也是我們來到這一世必須做的事。培養新的能力，能爲我們的經驗範圍帶來平衡，讓我們的靈性更加圓滿。北交點也意味著來自神性源頭的潛在天賦，當我們有意識地朝著這個方向努力應用時，很容易就能展現這些天賦。在我們的一生中，所有的條件和環境將會（也一定會）鼓勵我們朝著北交點的方向走，即使當我們放棄過去的固有習慣和行爲時，必然會有些緊張。

南北交點就像我們個人的指引明燈，照亮我們已經完成的事，同時讓我們看清楚還有什麼挑戰仍未克服。如果我們想超越過去，完全朝著北交點的方向走，就必須花上我們這一世大部分的時間，甚至之後還得繼續。最極致的結果就是，一個人可以透過利用北交點的潛能，獲得最多的成長和滿足，而成果會展現在南交點的生命領域裡。我們必須在兩個月交點之間建立平衡，讓兩者能相互回報。

我們很難在一個人身上看到月交點的影響——這必須看你與這個人有多熟。我們或多或少都很擅長掩飾一個事實，那就是我們會選擇比較沒有阻礙的路線。當事情的發展變得令人驚惶時，尤其是與北交點有關的事，我們很習慣躲在自己的南交點背後；不過經過一段時間，當我們擺脫南交點所帶來比較不好的特質後，我們的確會開始學到更多有關北交點的星座和宮位的正面特質。你可能會說，「喔，沒錯，我以前就是這樣」，這代表過去一些比較不討喜的特質；或是會說，「我以前比較會那樣」，意思是說，現在再也不會這麼做了。南交點是過去的指標，這不只是過去世，還包括這一世的早期階段。經過一段時間後，大部分的人都會如預期般地有所改變。

我們會觀察表面和深層面的表現，包括一些原型的關聯性，藉此找出月交點在每一個宮位的意義。你要記住，我們不需要跳過批評。我並沒有美化這些描述，但我希望我的寫作方式能幫助讀者獲得最充分的理解。我們過去都有些不爲人知的祕密，否則我們就不會在這裡。我們都朝著完美而努力，但必須花上許多世的時間才能達成我們想要的完美。我們需要數千年才能演化出最高層的潛能。就整體來看，我們其實都是同路人。

北交點在一宮

表面上：這個位置會帶來人氣和吸引力。我們可以說這些人的性格帶有貴氣，能充分地表現自己。這可能導致自我中心，只顧自己，但也會內省。這些人會用很具創意的方式表現自己，對於這件事也很樂在其中。他們特別擅長預測未來的趨勢，而這種能力就像一種資產，極有價值。他們可能太容易進入一段關係，缺乏謹慎考慮，導致長期付出昂貴的代價。他們的婚姻可能起起伏伏，另一半通常有些特別之處。這些人很容易被競爭吸引，但他們如果能與人合作，就能帶來互惠，而他們也不應該太急著妥協。這些人通常受人尊重，很有行動力，能吸引他人的關注，也很有活力，人生會不斷提升進步。這些人通常是高個子，胃口很好。

深層面：這些人正在學習扮演領導者的角色，發展個人力量。在過去，他們因爲想要取悅他人，所以會在滿足別人的需求時埋沒了自己的特質。在過去太多的情境裡，他們依賴了不可靠的人，因此做出犧牲。所以到了這一世，他們必須覺察到失去的身分意識，必須離開別人的陰影，活出自己。這裡的挑戰在於必須堅定，必須獨立，但又不會過度有侵略性或是太一意孤行，還能在自己的和他人的需求之間找到平衡。宇宙的祕密運作有其道理，而這必須成爲人們的共識。這是企業家、先驅者、創新者、探險家或運動員的位置。北交點的星座代表一種管道，他們可以藉此建立獨特的身分意識。

北交點在一宮的名人包括歐普拉，她雖未結婚，但有一段持久的關係，而她顯然在自己命定的道路上大有進展。她這一生的作爲，很多都是公諸於世的，展現了許多北交點在一宮的特質。美國拳王穆罕默德・阿里（Muhammad Ali）、小約翰・甘迺迪和歌手卡洛斯・山塔納（Carlos Santana）都有這個位置。

北交點在二宮

表面上：這些人很有賺錢的能力，很容易獲得資源和信譽。但他們也有高負債的風險，因爲他們的慾望永無止盡，想要累積物質。他們對財務管理很有天分，也懂得利用物質資源，這造就了他們出色的商業潛力。他們可以從一份提供安全和穩定的工作，獲得滿足與幸福。這些人可能有收藏物品的興趣，這也能獲利，雖然投資總會有些風險。他們也可能有遺產問題，甚至完全沒有繼承遺產。如果加上一些有利的相位，他們還可能獲得別人的資源，雖然可能會比較晚才得到這些財富。如果是強硬相位，他們可能不斷提高永遠無法滿足的期待，或是有一段時間很富足，然後又損失一陣子。這些人最後都要學會靠自己的資源過日子，而非依賴別人的資源。他們在面對靈性的資源時很有智慧，很擅長完全從零開始，也能很有技巧地幫助別人發現自我價值。

深層面：這些人正在努力建立自我價值。這可能是透過研究別人的標準，特別是去了解別人爲什麼會珍惜自己所做的一切。他們在人生早期可能會羨慕他人，希望能跟富人交換人生，或是把自己的不幸怪到別人頭上。這些人在過去世可能是透過有問題的活動賺錢，或是在一些極端的例子裡是透過欺騙的方式。他們可能會用性或隱微的玩弄操縱來獲得別人的財富，或是去測試個人價值的界線，所以他們也可能罹患因爲性行爲而傳染的疾病。這些人現在知道不可能透過別人的努力來獲得成長，所以必須培養包含個人價值的準則。過度關心別人的事，這種方式再也行不通了。如果他們把焦點放在自己的安全感上，享受世俗生活的物質和感官樂趣，就會找到快樂，但這都與世俗利益的輸贏遊戲有關。這是工匠、商人、工程師、建築師、建造者或大富翁的位置。北交點的星座代表一種態度，他們可以藉此建立並累積個人價值。

北交點位於這個位置的名人包括華德·迪士尼（Walt Disney）、美國工會領袖吉米·霍法（Jimmy Hoffa）和歌手MC哈默（MC Hammer）。

北交點在三宮

表面上：他們是商業界的天才銷售員，在關係緊密的社群中很活躍，很有說服力，溝通風格與眾不同。他們很容易吸收資訊，大部分都是透過應用事實和邏輯來學習，主要根據第一手的經驗，而非聽信別人的口述。他們對於理論或形上學抱持健康的質疑，這是因爲他們在認可一件事情時，必須找到肯定的證據。他們很容易根據表面的知識就歸納一件事，所以也會出現自我反駁的行徑。這些人活到老學到老。他們在心智方面非常出色，心智能量特別高昂。他們特別適合動筆的職業，也能從中獲利。他們對遠方很好奇，但又害怕外國和外國人，本能就想要避開這些。這是一個夢想家的位置。他們總是有些緊張，渴望凡事都充滿多元性。這些人動作敏捷，手很靈巧。

深層面：這些人正在學習與人互動，但會覺得有點受限，因爲在過去世，他們太自由了，把時間花在建構偉大的智慧故事上。這些人在過去幾世都在空談哲學、涉獵理論、從事宗教和高層知識的研究、跟隨上師，諸如此類。他們爲了這些事，犧牲了愉快的關係。他們現在必須面對複雜的人際圈，但又很怕失去過去的自由。他們的人生就是一個接著一個關於溝通的、連結的挑戰。這些人可能會在婚姻中面臨摩擦，覺得被眼前的關係困住了，逼得他們不能再態度模糊，必須熟練地運用清楚溝通的藝術，才能找到出口。他們可能會透過實際的方法，散播自己之前已經學會的淵博知識。這是人際工作者、信差、老師、抄寫員（譯註：現代的記者或作家）或學徒的位置，他們能爲身旁的人提供需要的精準資訊，也會對所有人的覺知造成重大影響。這些人有時會渴望漫遊，想要拜訪遠方，而這反映了他們這一世如宇宙般浩瀚的心智之旅。北交點落入的星座代表一種態度，他們可以分享自己的知識，這麼做最能獲得別人的賞識。

北交點落入三宮的名人包括美國電視脫口秀主持人比爾・馬赫（Bill Maher）、《天地一沙鷗》作者李察・巴哈（Richard Bach）、藝術家薩瓦多爾・達利（Salvador Dali）和美國演員李奧納多・狄卡皮歐（Leonardo DiCaprio）。

北交點在四宮

表面上：這些人可以從家庭和家族獲得強烈的支持，與母親的關係密切。他們有一些根深柢固的家族傾向和敏感特質，父親可能缺席——也許是因爲某種原因錯過他們的人生，或是他們不被父親重視。這些人不太關心旅遊，會把重心放在固定的家庭和平靜的生活上。房地產、農藝、食品業、手工藝或室內設計，都是他們很有潛力的領域。傳統和習俗非常重要。他們可能因爲派系或限制新的血緣，導致錯誤或毀滅。這些人可能會否定父母的身分，或是必須面對一些與父母身分有關的課題。他們可能會換職業。對這些人而言，事業不如私人的家庭生活重要，雖然他們非常有管理才華。他們必須保護自己的名聲。如果他們在事業上表現得太積極、太有野心，就會面臨失敗垮台。這些人對事業的要求不能勝過於家庭的需求。

深層面：這些人來到這一世，帶有強烈的驕傲和尊嚴，他們在過去世擁有絕對的權威。他們現在可能很難對降格這件事妥協。這些人搭車時，如果被要求坐在後座，或是必須處理一些覺得自己被背後插刀的事，就會勾起他們的憤怒。他們在人生早期與父母的關係非常重要，如果有任何違抗的傾向，都是要掩飾他們對於無條件的愛的需求。父母其中一方可能會對他們有過高的期待，無論他們怎麼做都無法達到標準。他們很難找到活著的價值，除非他們正在完成某件了不起的事。這些人會支持一些不受歡迎的目標，或是吸引來比較弱勢的人，這樣他們才能扮演保護或權威的角色，逃避自己的眞實人生，而不用努力把自己的事情搞定，讓人生維持正常運作。他們在過去追求成功，是爲了外界的肯定，如今的成就就只是爲了個人的獎勵。當他們培養自己的直覺時、往下扎根時、爲自己和後代打造一個穩定的基礎時，他們的靈魂就能獲得成長。這是母親、父母、保護者或照料者的位置。冥想、沉思、或是花點時間與世隔絕都很有幫助。當他們從事一些精神層面的活動，藉此幫助別人提升意識覺知，他們就能從中獲得滿足。北交點所在的星座點出他們可以透過哪些方法，朝著情感的滿足及幸福成長。

北交點在四宮的名人包括約翰・藍儂（John Lennon）的兒子朱利安（Julian）、創作歌手羅伊・奧比森（Roy Orbison）、變裝皇后露波、茱蒂・嘉蘭、凱文・柯斯納和前教宗本篤十六世（Pope Benedict XVI）。

北交點在五宮

表面上：這些人非常有創造力，成功的關鍵在於性格。他們的魅力顯而易見，擁有豐沛的心智能量，以及自我表達的能力。他們努力發展個人特質，培養自我。如果北交點變得太活躍，出現一些狂妄自大的表現，他們可能會很矯揉造作。這些人必須追隨自己的渴望，而非別人的意見或命令。他們非常有想像力，但比較不切實際，有時會有遙不可及的幻想或未來的點子，卻都很難實現。不過，他們仍會衡量自己工作的價值。這些人很容易交朋友，他們有時會因爲太需要朋友和參與團體，反而分了心，沒有去追求屬於自己的掌聲。他們比較適合職業性的教育，而非傳統教育，求學的過程可能會中斷。他們與年輕人的關係很好，但也很關心兒童的發展。這些人生命中所面臨的重大抉擇關口都與孩子有關。他們可以透過孩子的眼睛而了解自己的價值。他們的戀情可能在過去世就已經有連結。

深層面：這些人在過去世花了很多時間對團體付出，所有的願望都能獲得認同。如今，他們就像活在帶著期待的童話國度裡，試圖了解爲何現實與自己記憶中的一切並不相同。這裡的業力功課是：學習夢想的力量，對於自己想要達成的願望要很謹慎，因爲他們現在擁有力量，可以眞實地創造自己的命運。他們總是在追尋象徵意義，把這當成打造自己夢想的本質。他們也會研究人們，想知道人們行爲背後的動機。他們終究會明白：自己的人生經驗其實都來自於活出自己的想像力。他們的目標如果是眾人之善，而非一己之力，就能擁有非常完善的資源。當他們知道自己永遠有追求不完的新夢想，就會開始一次追逐一個夢想。有些北交點在五宮的人能想起過去的宇宙意識，在今生與別人分享這些資訊。這是愛人（對創造性的工作充滿熱情）、王子、公主（灰姑娘）、國王、皇后、調情的人、女巫或表演者的位置。北交點位於的星座顯示一種態度，他們可以透過這種方式，把注意力放在創造天賦上來實現夢想。

北交點在五宮的名人包括法國皇后瑪莉・安東尼（Marie Antoinette）、畢卡索、惠妮・休士頓、美國演員黛咪・摩爾（Demi Moore）、海軍將領羅伯特・布萊克（Robert Blake）、英國歌手莫里斯・吉布（Maurice Gibb）和安潔莉娜・裘莉。

北交點在六宮

表面上：這些人是勤奮的工作者。他們非常擅長處理生活實際層面的事物，正在培養處理世俗事務的能力，也願意接下一些別人不願意做的工作。他們對於事業的良知，還有對於服務的投入，可能會超越個人的野心。這些人心甘情願退居二線，坐在汽車後座。他們是解決問題的人，有能力處理細節，恢復秩序。他們常用科學的角度看待人生，很容易擔心。這些人時常在自省，會在很多地方檢討自己，有時天性中會帶有猜忌或恐懼，反而會導致嚴重的問題。他們常能勝過敵人，所以必須學著原諒過去傷害過自己的人。他們通常是在經過一番努力後，才能獲得成功和認同。這些人雖然表現得很帶種，但有時很像個哭鬧的孩子，很會自艾自憐。

深層面：這些人選擇將人生投入於服務，把焦點放在實際的事物上，因爲他們的過去世沉溺在靈性生活之中。他們其實覺得自己卡在兩個世界中間，好像就要獲得最後的開悟了——就差那麼一點點，所以這一世不想要過度投入人生。他們已經學會一個很有價值的道理：身體上的不和諧，其實都來自心理的不和諧。他們對飲食、營養和健康很有興趣，也能發展療癒能力的天賦，其中包括以信仰爲基礎的療法。這些人通常都很強壯健康，或是他們本身或親近的人會有某種健康或受到限制的問題，而這背後必然有一個明確的目標，是要讓他們找到自己未開發的天賦。他們很習慣追溯，會非常仔細地檢查人們和生活的細節，也希望能同樣地被他人檢視。他們可能沒有意識到，自己的思緒可能已經飄回過去，仍停留在自己的世界裡。他們會從過去挖出一些眞實的或想像的恐懼，甚至讓這些恐懼變成這一世的基礎，因此缺乏信心。對這些人而言，雖然離群索居一陣子有利於靈性成長，但是走出自己封閉的世界，與別人互動，對事情保持正面的看法，也可以讓他們從幫助別人中獲得樂趣，特別是運用他們的識別力和分析天賦來幫助人。這些人是要提供服務，而非當救世主，他們是善心人士、工作的人、提供服務的人、醫生、護士、營養學家或修女。北交點落入的星座可以顯示用哪一種態度投入服務，能最有成效，並帶來滿足。

北交點在六宮的名人包括美國作家爾瑪・邦貝克（Erma Bombeck）、歌手芭芭拉・史翠珊（Barbra Streisand）、克林・伊斯威特、美國演員安・海契（Anne Heche）、名模泰拉・班克斯（Tyra Banks）、喬治・亞曼尼、美國演員茱兒・芭莉摩（Drew Barrymore），以及占星師伊凡潔琳・亞當斯（Evangeline Adams）。

北交點在七宮

表面上：這些人非常具有個人特色，性格鮮明，自我意識強烈，可能是個獨行俠。他們有些脫離世俗，好像活在另一個空間。這些人正在學習培養魅力和外交手腕。他們對妥協的藝術極有天賦，只是有待開發。對他們而言，合夥關係非常重要，他們必須謹慎選擇，因爲他們很容易爲別人犧牲，這是他們生命中很明顯的課題。這些人擁有如磁鐵般的吸引力，吸引來的對象通常很有權勢、世故老練或有些苛求，但通常也能提升他們的財富地位。他們很能吸引他人的目光，也非常自命不凡，但要很努力才能獲得一席之地。他們很有野心，但可能忽略了需要自我改善的地方。

深層面：這些人在過去世只在意自己的想法和行爲。如今，他們必須學習奉獻、合作和合夥關係的功課——雖然他們仍記得過去曾有多自由。他們在過去累積的天生自信和力量，現在必須用在別人身上。他們很容易只注意自己，不過這只會帶來不快樂。在一些極端的例子裡，他們可能會用身體或情感受傷的方式來博得同情。這些人最終必須明白一件事：唯有把自己的焦點和能量放在幫助別人，特別是配偶，才能獲得最大的滿足。他們必須走出自己的世界，不再只注意自己，才能展現自己的實力。他們必須很小心，不要變得太過依賴別人，不能沒有別人就找不到自我的價值。他們必須有一位很特別的伴侶，才能有美滿的婚姻，對方不能限制他們的獨立精神。他們的伴侶關係通常有點特別，也許是從來沒有合法登記或是分居——可能是實際分居，也可能是意識形態的分離，各有想法。北交點在這個位置意味著在這一世會有許多靈性成長的機會，這眞的是一個非常特別的任務，這會發生在當他們遇到一些人，對方非常需要他們的能力，需要他們用自信和勇氣來激勵自己。這是裁判、調停者、復仇者、仲裁者、評論者、和事佬或外交官的位置。北交點落入的星座顯示他們可以用哪一種方式爲別人犧牲，帶來最多的滿足感。

北交點七宮的名人包括賈桂琳．甘迺迪．歐納西斯、劍橋公爵威廉王子（Prince William）、女王伊麗莎白一世（Queen Elizabeth I）、衛斯理．卡拉克將軍（General Wesley Clark）、美國演員克莉絲塔．芙哈特（Calista Flockhart）、前任美國參議員伊莉莎白．多爾（Elizabeth Dole）和前任美國總統巴拉克．歐巴馬（Barack Obama）。

北交點在八宮

表面上：這個位置的天賦會展現在商業領域。他們會與大人物共事、從事研究工作、或是從事與老舊事物有關的工作。這些人的物質通常不虞匱乏，因爲他們會吸引慷慨大方的伴侶，不過伴侶的掌控慾很強。他們有很多管道來滿足自己的物質需求，但會遇到個人財務狀況的困境、散盡財產，或是一生至少遇到一次必須接受他人財務援助的狀況。他們必須留意自己古怪的用錢方式：也許是粗心，或是既吝嗇又隨性的花錢習慣，這要視情況而定。這些人投機的運氣不佳。他們的快樂深藏於超自然和形上學的領域，在其中追求生命的靈性意義。當他們培養出力量、熱情和自我控制後，就能開放地面對各種類型的經驗。這些人可能是極端主義者，或是會抗拒社會的得體性和規範。

深層面：在過去，這些人很重視物質和身體，占有慾很強，很容易自我耽溺。到了這一世，他們什麼都想要。這些人努力想要得到地位，但每當他們擁有一樣新的事物，都只能獲得短暫的滿足，而且無論有多麼滿足，他們一定還會有想要但得不到的東西。這些人常會與別人發生財務衝突，除非他們能學會滿足於自己現在能實際運用的資源。他們在過去可能沒有珍惜別人的價值，可能因爲浪費繼承的財產，導致家庭的對立不合。永遠無法滿足的性慾也會製造問題。這些人除非有所節制，否則過去世的自我耽溺和占有慾的傾向，可能會成爲今生的嚴峻挑戰，直到他們能改變過去的價值觀爲止。他們的業力是必須克服在物質世界獲利的慾望，而且要配合別人的價值，特別是幫助別人發掘獨特的個人價值。他們對處理別人的潛意識很有天賦，能一針見血，也很有幫助。他們還有一種無人可比擬的內在信心，這是一種克服挫敗的天賦，也是一種創造新局面的能力，而這通常是他們被逼迫著找到自己的力量，經歷一場浴火重生。這些人最主要的成長障礙就是堅持要事情保持過去的方式，拒絕聽從愛他們的人的意見。這是治療師、心理學家、調查者、研究者、分析師、科學家、女巫、魔術師或政客的位置。北交點落入的星座象徵他們可以用哪一種方式啓動自己的重生。

北交點在八宮的名人有愛因斯坦、吉他手吉米·罕醉克斯（Jimi Hendrix）、拉丁天王瑞奇·馬汀（Ricky Martin）、媒體人芭芭拉·華德斯（Barbara Walters）和前任美國參議員約翰·愛德華茲（John Edwards）。脫衣舞孃坎迪·巴爾（Candy Barr）也有這個位置，還加上南交點和冥王星合相。

北交點在九宮

表面上：這個位置的人可能會終生投入研究，在哲學領域中專研，追尋更高層的知識。他們的心智領域很開放，渴望追求知識。他們在寫作方面或是其他的藝術路線表現出色。這些人的表達能力很好，很能侃侃而談，有時可能太容易了，導致提供太多意見，反而會造成錯誤。他們很容易因為別人介入太多，導致自己心煩意亂，特別是兄弟姊妹、親戚或鄰居。他們若是缺乏心智的焦點和方向，人生就會走下坡。他們可能會在人生某些時期遊手好閒地晃蕩，雖然他們可能從旅行中獲得好處。這可以開啓他們的眼界，而他們最後也可能會移居到另一個地方，找到自己的幸運和命運。如果是好的相位，他們後半生會過得比較好，獲得比較多的好處。這些人可能是雙胞胎，與兄弟姊妹相關的事物是來自命運的安排。

深層面：這些人有強烈的好奇心，而且需要一些已有前世宿緣的人，彼此之間有許多的連結和關係，而這會變得很複雜。他們常想要解決每一個人的問題，還會覺得自己必須具備更多知識才辦得到這一點。這些人喜歡過去留下的瑣事，而且會蒐集資訊留在手邊以備不時之需，可以隨時解決問題。這些人害怕被誤解，腦袋過度活躍，這會讓他們消耗眞實的潛力，妨礙成長。他們喜歡給建議，也喜歡猜謎，但會花太多時間在腦海中反覆修正自己講過的話。他們想要再說一次，爲的是想說得更好。他們太執著於這些小細節，還有過去的分析方式，這會導致他們無法擁有更寬廣的眼光，無法把小事情擱在一旁，專注在更大的機會上。他們必須培養信念，追尋啓蒙和靈性的生活，擴展關於存在眞相的智慧。對這些人而言，物質的慰藉比較不重要。這是追尋者、傳教士、旅人、顧問、嚮導、教師、哲學家或說書人的位置。北交點落入的星座顯示他們可以用哪一種方式追尋並成功開啓新的可能性，讓自己更高層的心智獲得解放。

這個位置的名人包括節目主持人強尼·卡森（Johnny Carson）、民謠搖滾之父巴布·狄倫（Bob Dylan）、英國歌手巴里·吉布（Barry Gibb）、美國前總統比爾·柯林頓（Bill Clinton）、雙胞胎演員瑪麗·凱特·歐森和艾許莉·歐森（Mary Kate and Ashley Olsen）、「門戶」樂團吉他手羅比·克里格爾（Robbie Krieger），他有一個雙胞胎兄弟羅納多（Ronald），也有同樣的位置。

北交點在十宮

表面上：這些人具有領導特質，這是卓越顯赫的一生。他們很有執行和管理能力，這保證他們能出人頭地。他們通常少年得志，因爲他們有很強的目標感，並能勇敢追求自己的天命。這些人也能展現感性的一面，而這通常有一定的魅力。他們很容易與卓越和成功人士結交往來。這是一個獲得名聲的吉相。這些人可以與專業人士合作，組成自己的班底，再加上他們有工作狂傾向，所以事業常會與幸福的家庭生活產生衝突。這些人會被迫扮演家庭中的主角，家裡的要求和負擔很繁重，而他們在扮演父母的角色時充滿困難。他們的伴侶可能在某些時候缺席，讓他們不得不父代母職或母代父職，成爲家庭唯一的支柱。他們可能會爲某個孩子的健康或發展傷腦筋。也可能有一些家族房地產的問題。

深層面：他們常會陷入一種困境中，不知到底是要爲了家族付出，還是爲自己。他們有虧欠家庭的業力，可能在前一世沒有好好珍惜家庭和父母，所以到了這一世，他們對母親非常敏感，有很深的連結，但不代表關係很融洽。而他們自己的家庭負擔會變得非常沉重，最後會為此憤憤不平。他們覺得別人並不珍惜自己所做的一切。他們想要擺脫，想要自由，卻與自己的根有強烈的連結，其中有複雜糾結的家庭關係，讓他們的情緒深陷其中，這可能是好，也可能是壞。他們的成就感來自於把力量向外投注在社會，投入於大規模組織性的事物上，但又不能忽略身旁家人的需求。他們若能平衡兩者，就能獲得幸福和滿足。他們的自尊來自於外面的工作，喜悅則來自於當他們有能力提供別人庇護和滋養。這是父親、家長、供應者、立法者、權威、執行者、首長、要人、主辦者或模範的位置。北交點落入的星座代表他們可以用哪一種方式，讓專注的付出發揮最高層的潛能。

北交點落入十宮的名人包括美國演員茱莉亞·羅伯茲（Julia Roberts）、英國查爾斯王子（Prince Charles）、席琳·狄翁、美國演員珍·芳達（Jean Fonda）、寶拉·阿巴杜、前任英國工黨黨魁東尼·布萊爾（Tony Blair）、法國時裝設計師克里斯汀·迪奧（Christian Dior）和美國電影導演朗·霍華（Ron Howard）。

北交點在十一宮

表面上：這些人有顆年輕的心。他們很容易交朋友，也會想要加入對的社團和組織，這可以協助他們實現自己的野心。在對的地方被看見，與對的人往來，可以提升他們的社會名望，這對他們而言是很重要的。他們很受歡迎，很喜歡投機、運動和展現魅力，還有輕鬆的征服愛情（這通常是不利的）。他們在友誼和戀愛中對愛的付出和收穫，通常都是不平衡的。這些人的心智敏銳，但都是內化自學。他們通常把正式教育視為一種社會責任，而非真的喜歡念書，所以有時會輟學。他們有時會為了另一種事業做出犧牲。這些人可能會有生養小孩的問題。這也是一個吉相，可以在中年時有物質的收穫，滿足自己的慾望。

深層面：這些人是浪漫的夢想家，喜歡被別人視爲英雄或女英雄。他們想要成爲別人眼中的犧牲者，也渴望在冒險的浪漫中扮演主角。這些念頭如此強烈，導致他們常常會選擇一些方式，必須爲了別人而放棄自己的一切。他們需要有人愛他們，這是前世殘留的慾望，藉此實現過去的自我感，滿足被珍惜的需求。這些人必須釋放過去世的強烈自戀。他們會有強烈的意念，太過驕傲，想要當老大，而這只會帶來最糟糕的自我破壞，導致他們一定會在某些時刻犧牲自我，這可能是必須公平對待另一個人，或是被迫依賴一個比自己更強的人。他們越緊抓住驕傲不放，就越無法發揮自己眞實的力量。這裡的業力功課是學習友誼的價值，成爲人類的公僕，超越實際的占有慾，不要沉溺於與過去糾葛，這將有利於比較非關小我的交流。他們可以透過與朋友的關係，從抽離的角度看自己，認識自己眞實的身分。這些人在這一世可以輕鬆度日，這是獎勵他們在過去某一世曾經致力追求靈性成長。這是英雄／女英雄、士兵、戰士、騎士、拯救者、解放者或救世主的位置。北交點落入的星座顯示他們可以透過哪些方式培養抽離的能力，確保自己能把能量集中於眾人共同的目標上。

北交點落入十一宮的名人包括美國藍調搖滾音樂人埃德加・溫特（Edgar Winter）、好萊塢男星小勞勃・道尼（Robert Downey Jr.）、爵士樂歌手蘿貝塔・弗萊克（Roberta Flack）、創作歌手娜歐蜜・茱德（Naomi Judd）、美國演員蓋瑞・布希（Gary Busey）和喬治・布希。

北交點在十二宮

表面上：這是意志力很堅強的一群人，他們最後獲得的財富或權力都帶有命運的暗示。這些人擁有洞悉及直覺的天賦，足以用獨特的方式解決問題——無論是自己的或別人的問題。他們的眼光可以超越物質領域，也許會覺得酒精或藥物可以提供一個避風港，讓他們逃避物質世界，如此一來，就可以與非物質的世界稍微沾一下邊，不過這些人也很容易對物質上癮。他們對研究和執行幕後的工作很有興趣，有時會在一些協助康復的機構工作。他們的碰觸具有療癒效果，這也很引人注目。這些人可以適應改變的浪潮，有時會因爲太過注意細節或是專注在一些卑微的粗活上，導致自己變得太忙碌。他們很容易被利用，可能會過度運用力量和能量，代價就是一事無成，或是從實際層面看來，他們的人生就是一場虛耗。這些人獨立工作的效率比較好，勝過於聽從別人指示。他們有時會離群索居一陣子。健康問題會影響工作，兩者會產生衝突。

深層面：這些人在過去世習慣於受控制的、井然有序的狀況，如今在他們的眼中到處都是混亂，因此不免有批評的傾向，很容易看輕別人，批評別人。他們會對任何爲自己工作的人有很多的期望。他們的尊嚴底下藏著對工作的厭惡，不過環境會逼著他們必須工作。這些人能夠深刻地內省，需要內心的平靜，而這可能導致自我耽溺。所以他們也可能老是想著一些不愉快的主題，像是健康問題或敵人，最後造成生病或偏執狂。他們內心的憤怒會造成健康問題，而這通常都怪罪於工作狀況。這些人的身體狀況與心智的純淨有關。這裡的業力是要學習同情，將區隔分化的人生，轉變成新的意識精神，把自我視爲更大的整體的一部分，而非與整體分離。這些人必須投入一些理想性的召喚和活動，提振他人的精神，培養信念與靈性。這是神祕主義者、隱士、靈視者和直觀者的位置。北交點落入的星座顯示他們可以透過哪些方式轉化，能流暢展現自己純淨的精神本質。

北交點在十二宮的名人包括瑪麗蓮・夢露（Marilyn Monroe）、電影演員寇克・道格拉斯（Kirk Douglas）、魔術師羅伊・侯恩（Roy Horn）和尼爾・阿姆斯壯。

北交點的三位一體

印度占星師穆罕・寇帕克爾（Mohan Koparker）在《月交點》（*Lunar Nodes*）中曾提到，過去世的業力能量會顯示在月交點軸線的南交點端，到了這一世，這些能量在經過當事人的運用後，會根據北交點落入的宮位延伸出來的網絡重新分配。這種網絡是由宮位的大三角構成，其中包括北交點落入的宮位。以一個人在這一世的業力成長來看，這個網絡涵蓋的範圍在一生裡扮演非常重要的角色。這裡共有四種網絡，每一種網絡都會形成特定的族群。

你的北交點如果落在一、五、九宮，你對過去世影響的處理及運用，會表現在這三個宮位。寇帕克爾說過，這一群人負責社會的心智和創意成長。在西方的系統裡，這被稱爲「生命的三位一體」（Trinity of Life）。

你的北交點如果落在二、六、十宮，你對過去世儲存的能量如何重新分配、如何運用，會表現在這三個宮位。寇帕克爾解釋，這一群人負責社會的物質架構和商業發展。在西方占星學裡，這被稱爲「財富的三位一體」（Trinity of Wealth）。

你的北交點如果落在三、七、十一宮，這些宮位就代表你重新分配過去業力影響的生命領域。這些人負責維持社會的平靜與和諧。在西方占星學裡，這被稱爲「關係的三位一體」（Trinity of Association）。

你的北交點如果落在四、八、十二宮，這些宮位就是你的特別網絡。這些人擁有豐富的經驗，可以在這一世實現最多的業力平衡，因爲他們無論做什麼，都是爲了滿足其他族群的需求，實現其他族群的命令。在西方占星學裡，這被稱爲「靈魂的三位一體」（Trinity of Psychism）。

你可以檢查一下自己的「三位一體」，留意相關的原型，看看你是否認同其中之一，你的努力是否能反映業力的成長。

我們接下來會討論與北交點落入星座有關的靈性表現，屆時你就能知道自己到底只是過去的囚犯，還是正在命運的道路上跨步向前。

5

月交點所在的星座

月交點的星座對個人的影響，比較不如月交點落入的宮位，因爲北交點會在一個星座連續待上約莫十八個月。月交點落入的星座的影響，有些類似我們之前提到北交點在不同宮位的表現。也就是說，北交點落在一宮，類似北交點在牡羊座；北交點落在二宮，類似北交點在金牛座，依此類推。不過，研究北交點落入的星座還是能提供許多寶貴的資訊。我們可以從北交點的星座和宮位之間，深入理解「這輩子爲何如此」的安排。

在你的星盤上，月亮南北交點可以看出當你進入這一世時，正處於哪種狀態的靈性振動。這些點揭露了從前世到今生的連線，它們點出了你的靈魂演化的故事。北交點代表你將往哪裡去，南交點則可看出你打從哪裡來。在你的星盤中，南北交點永遠對立，但它們會相互合作，運用來自過去經驗的天賦作爲基礎。這就像拿出一份禮物，可以用來交換這一生你選擇征服的新的經驗領域。

我們在做熟悉的事情時，往往比較自在，所以很容易陷在南交點的領域裡。這裡代表我們幾乎閉著眼睛都能展現的才華，都能做到的事情，因爲我們在過去世已經累積了一些經驗，讓我們成爲南交點星座代表的事物的專家。我們可以根據南交點星座的主宰行星，看出許多我們會被人察覺的特質和才華。南交點落入的星座和主宰行星，可以看出我們最根深柢固的行爲模式，而這都是我們從前世經驗中學會的東西。不過，就更大的計畫而言，最重要的是讓我們的命運朝著北交點和其落入星座的特質的領域邁進。這個領域會讓我們有點不自在，有點緊張，好像感覺我們被召喚去做的事情有些太冒險了。我們在南交點的領域非常自在，有時會很害怕進入北交點象徵的新領域，不過我們必須慢慢地脫離老舊的舒適圈，繼續向前，因爲這就是我們的計畫——儘管那是全新的領域，都是沒有嘗試過的經驗。北交點的星座和其主宰行星可以告訴我們，當我們進入這一世時，最興奮期待能嘗試哪些經驗。

你將會感受到這種天命的召喚，這種如直覺般的指引。接下來介紹北交點落入各星座的表現方式。

北交點在牡羊座

你的北交點如果落在牡羊座，南交點就是在天秤座。這個位置象徵你在過去世會根據周遭人的快樂來評估自己的快樂。你會讓別人快樂，以確保自己的生存和快樂。現在你必須爲自己定位，而不只是別人延伸的附屬品，同時還要學著表達自己的立場，不再一直取悅所有人。

資產和負債：你在上一世過得很奢侈享受，活得很愜意，享受生命中的美好事物，追求心智活動。你在這一世很喜歡閱讀，在人生早期可能是個書痴。你的前世才華包括機智、得體、圓滑，可以看到任何課題的一體兩面，這是因爲你的南交點主宰行星是金星。你也有處理金錢的本領。你會投入許多類型的關係，吸引來的對象通常都帶有天眞、自私或幼稚的特質。你會發現，對方在接受與付出的課題上特別失衡。你也可能吸引來不能依靠的人，這會逼著你自給自足。這些際遇可以讓你累積蒐集更多的經驗和知識，但你可能太容易妥協，任由伴侶或其他人動搖你的想法。最極端的狀況會變成，你很關心自己的社會形象，導致任何事情都無法下定決心，無法表示堅定的立場。你現在開始學習培養主動發起事情的能力，表現本性中比較果斷的一面。你必須變得更堅決，相信自己的衝動。你越能把握機會，就越能成功。如果你發現別人在操縱你，或是你永遠都不說「不」，但卻讓自己很不舒服，就代表你可能用錯了月交點。你這麼做，都是因爲你覺得必須與別人產生連結，否則總覺得自己缺了一角，是不完整的。你要運用自己的習性和天賦，發展新的可能性。你不能仰賴別人能如何成就你、如何定義你，帶給你內在的和諧，而是要想辦法看你如何自己做到這一點。你要是多替自己著想，這是無妨的，只要牡羊座的北交點不要變成自私就好。你最後會變得獨立，成爲先驅者、探險者或企業家，不害怕嘗試新的事物，而這就是你的北交點主宰行星火星象徵的意義。北交點落入的宮位代表你可以在哪個領域獲得新生，找到身分意識。

北交點在牡羊座的名人包括漫畫角色泰山、帕洛瑪．畢卡索（Paloma Picasso，她是畢卡索的女兒，本身也是設計師）、西奧．梵谷（Theodorous van Gogh，畫家梵谷的弟弟，也是藝術交易商）、電影演員詹姆斯．狄恩（James Dean）、席琳．狄翁、梅莉．史翠普、美國知名電視主廚瑞秋．雷（Rachael Ray）、茱莉亞．羅伯茲和尼爾．阿姆斯壯。

北交點在金牛座

你的北交點如果在金牛座，南交點就在天蠍座。這個位置代表你經歷過許多緊急狀況和危機，應付過許多失去與分離，你必須放下過去的焦慮感，不要一直努力地想要重振旗鼓，試圖恢復原貌，而是要學習溫和及適度，相信這世間的豐裕物資足以滿足你的需求。

資產和負債：你會看到事情的隱藏面。你能看到許多狀況的權力和角力，嗅到其中的衝突，知道有事情不對勁。不過你可能過度懷疑別人的動機，所以你有部分心態是意圖凌駕他人。這是因爲你的南交點主宰行星是冥王星。你在前一世可能失去了很多東西，所以你現在只想好好過活，保護自己不要失去更多。你可能會爲了得到財務或物質的照顧而做出妥協，犧牲個人的價值或正直；然後你會對錢不以爲意，期待有人會替你負責。你的北交點主宰行星是金星，所以你會尋求物質上的安全感，也有理財的天賦。當你學習建立新的價值系統、新的存款和保障時，你會遇到一些人，並在性、金錢或權力上與他們交戰。你會面臨一些問題，也許是用性換取金錢、或是用錢換取情感上的安全感，諸如此類，這是要幫助你認清「什麼是你的、什麼是我的」的課題，讓你與自己的內在價值產生連結。你若是拿自己跟某個人比較，只會導致不安全感，然後你會變得非常需要別人的肯定。你又會因此說出一些話，提醒別人你手中握有權力，希望能得到別人的認同。你基於過去世的習性，到這一世還是很需要被肯定，這會導致你去做一些最能獲得肯定的事，而非你眞正想做的事。你最關心的如果是保持體面，或是對金錢和物質安全感的執著超越了道德感，你就可能會被困住，最後還是會按照過去強加在你身上的老舊價值標準做事。你要是參與不法計畫，一定會得到慘痛的教訓。你是打造者，必須相信自己的能力可以吸引來財富，也能透過從事一些自己喜歡的事而創造成就，否則就算你贏得全世界的掌聲，你還是覺得不夠。北交點的宮位可以看出你能在哪個領域，對信任和安全感產生新的想法，取代過去殘留至今的奮鬥掙扎。

北交點在金牛座的名人包括英國查爾斯王子、賈桂琳．甘迺迪．歐納西斯、迪克．克拉克、歌手肯尼．羅根斯（Kenny Loggins）、卡洛斯．山塔納、搖滾女王史蒂薇．尼克斯（Stevie Nicks）、吉他演奏家詹姆斯．泰勒（James Taylor）、前任美國國務卿希拉蕊．柯林頓（Hillary Clinton）、克林．伊斯威特和美國前副總統艾爾．高爾（Al Gore）。

北交點在雙子座

你的北交點如果在雙子座，南交點就是在射手座。這個位置代表你在過去世是一個自由的靈魂，也許是四處漫遊的人。你在那些追尋哲學的日子裡，習慣一個人，而不習慣社會的責任。不過到了這一世，你必須熟悉社會運作，與社會建立連結，即使你一開始在這個不熟悉的領域裡會覺得有些笨拙。

資產和負債：你可以成爲很優秀的溝通者，但是必須先被迫與別人融合，能流暢地表達自己的想法。你可以透過實際參與的經驗，建立新的教育體制。你若是有陷在老舊信念的傾向，就會妨礙自我成長。你必須放棄依賴最早接觸的導師和書籍。如果你堅持自己的哲學是唯一正確的哲學，你的月交點就可能用錯邊了。或者，你不敢去挑戰一種想法，只因爲這種想法已經列印成書，那麼你可能又陷在過去了。你注定要探索可能性。你會遇到許多需要擺脫老舊教條的人，而有很多極具說服力的人都很堅持這些教條。你可以幫助這些人，同時學習測驗並挑戰一般的心態。你散發生命的能量，而且思考過程快得驚人。水星是你北交點的主宰行星，這讓你顯得很年輕，還具有閒聊的天賦。你是使者，沒有人比你更多才多藝，講話比你更有趣。你的生命設定是每天與別人相處，沒有太多時間獨處。你特別擅長教導團體工作，也富有原創的想法和概念。你可能是極有天分的作家、老師、講師，或是來自各種不同領域的人士。你有很多過去的冒險和經驗可以與人分享。木星顯示你帶來的天賦，你注定要把歡樂和希望散播給大眾。你只需要留意自己，不要過度擴張，特別是對物質的追求。北交點落入的宮位顯示你可以積極參與哪個領域，並且從中獲利。

北交點在雙子座的名人包括喬治・布希、比爾・柯林頓、美國演員帕蒂・杜克（Patty Duke）、莎莉・菲爾德、克莉絲塔・芙哈特、美國女兵潔西卡・林奇（Jessica Lynch）和脫口秀主持人大衛・賴特曼（David Letterman）。

北交點在巨蟹座

你的北交點如果在巨蟹座，南交點就在摩羯座。這個位置意味著在過去，你很有商業頭腦、冷靜、善於算計，也爲你擁有的公共地位感到驕傲。你很沉浸在世俗的事務中。你這一世的挑戰就是敞開心胸，體驗滋養的感覺，其中包括付出和得到滋養，即使你會堅持捍衛個人隱私。

資產和負債：人們會覺得你雖然願意承擔很多責任，但很冷淡，也有距離感，特別是在你年輕時會給人這種感覺。你一路走來都是持保守作風，很慢才會採取行動，也許有點悲觀。你可能少年離家，累積新的經驗，對物質慾望很有野心，也很需要眾人的目光，成為注目焦點。你非常務實，特別擅長組織的運作。你會吸引尋求認同感的人。你會根據自己早期的經驗告訴他們，如果想要獲得成功，就要讓自己的一言一行能隨時接受檢視，必須步步為營。你在過去是制定法律的權威人士，土星主宰你的南交點，而你現在必須謹慎遵守法律。即使你犯的是最輕的罪，也很難逃過法律制裁。如果你發現自己會猜忌別人、很自私、會為了自己的目標而利用別人，或是常常因為缺乏物質生活的成功而鬱鬱寡歡，那麼你很可能用錯月交點，選錯邊了。你越是把心思集中在事業上，越把家庭拒之門外，你就越沒有安全感，越不快樂。你必須學習滋養，把注意力轉移到家和家人上面。你的人生早期會欠缺家庭的安全感，但是你現在可以建立穩固的家庭基礎，而月亮正是你北交點的主宰行星。你最後可以變成優秀的廚師，擁有快樂的家庭生活，同時因為在家裡扮演重要角色，享受被欣賞的感覺。如果你能夠處理敏感的課題，這代表你已走在正確的道路上，因為你正在試著平衡家庭和事業的領域。北交點落入的宮位顯示別人會想在哪個領域獲得你的滋養。

北交點在巨蟹座的名人包括爾瑪・邦貝克、惠妮・休士頓、奧斯卡影帝尼可拉斯・凱吉（Nicolas Cage）、強尼・卡森、英國女王伊莉莎白二世（Queen Elizabeth II）、前聯準會主席艾倫・葛林斯潘（Alan Greenspan）、《花花公子》創辦人休・海夫納（Hugh Hefner）和馬克・麥奎爾。

北交點在獅子座

你的北交點如果在獅子座，南交點就會落在寶瓶座。這個位置代表你在過去曾與朋友努力達成一些目標，並且都是一些大型團體常見的目標。現在，你必須學習自己站出來，克服自我懷疑，在內心建立自己的力量，因爲你已經準備好當一位強大的領導者。你對友誼的渴望只會消散你的能量，破壞你建立自信的能力。

資產和負債：在過去，你努力達成別人的事，常會參與不尋常的活動或計畫，可能有一點古怪，因爲天王星主宰你的南交點。但你其實喜歡別人認爲你很特別，認爲你是獨一無二的。你年輕時會有點害羞，但總是準備出手幫忙，爲別人做事，很少會說「不」。你可能負責籌組規劃團體事務，但沒有獲得肯定。你現在必須讓自己的努力得到肯定，闖出自己的名聲。你正在努力培養自信和領袖風範。在這一世，環境會逼著你爲自己站出來。在某些特定時期，你可能沒有人可以依靠，但這些孤立無依的時刻是必要的，這樣你才能凝聚自己的力量。你在過去已經贏得很多經驗和智慧，現在必須透過創造性的付出，再次地全部呈現在世人面前。你會吸引來喜歡頤指氣使、占有慾或嫉妒心很強的人，這些人需要擺脫老舊僵化的習慣。這是你的專長，你可以透過自己的例子，加上天生的公平感來教導他們。你已經在過去學會如何保持彈性，這已成爲你的資產，讓你成爲一個令人欽佩、有能力監督別人的領導者。你也有能力幫助別人培養自信、沉著和仁慈。你年紀越大，就越能聚精會神，專注在自己身上，而你也理應如此。這個位置是要培養自我感，但這可能導致過度的興奮活躍，導致龐大的自我感和驕傲。你必須學著領導，但不能太過自我。你可以享受所有的景仰愛慕，但不能失去對別人的尊敬，因爲這會毀了你，即使是最高貴的念頭也會被糟蹋了。太陽主宰你的北交點，這賦予你良好的生命力和能量，還加上領導潛力。北交點落入的宮位顯示你可以在哪一個生命領域運用你獨一無二的創造能量，爲這個世界帶來一份禮物。

北交點在獅子座的名人包括巴拉克．歐巴馬、黛安娜王妃（Princess Diana）、MC哈默、披頭四樂團吉他手喬治・哈里森（George Harrison）、吉米・罕醉克斯、寶拉・阿巴杜和黛咪・摩爾。

北交點在處女座

你的北交點如果在處女座，南交點就會落在雙魚座。你的敏感情緒可能會妨礙良好的判斷力，因此把日子過得很懶散，無心打理。你已經很能理解別人的悲傷，習慣把別人放在第一位，將別人看得比自己還重要，這會導致互相依賴的狀況，而你也會依賴最鍾愛的童話和迷信，幫助自己面對人生。現在你必須學習培養辨識能力，認清你要選擇對誰伸出援手，還要學習務實思考，學會如何制定自己的目標。

資產和負債：你在過去世過得很享受，與世隔絕，很可能沉浸於追求靈性生活。你可能很難脫離這種如夢幻般的生活，所以到了這一世，你必須在靈性的追求和實際的職責之間找到理想的平衡，因爲你現在必須處理日常生活的細節，學習邏輯和推理。由於水星是你北交點的主宰行星，所以你最好要學習更好的管理技巧。你擁有極佳的敏感度，可以感受到別人的痛苦與不幸。你會吸引在某些方面飽受折磨的人，或是非常自我挑剔的人。你可能與酗酒或無家可歸沾上邊。當你看到別人受苦時，你眞的很受傷、很痛苦。你知道必須有地方宣洩負面的影響和想法，所以你會爲別人吸收這些東西，然後送給他們愛與同情，但你必須留意，不要讓這些難過的事情榨乾了你自己的力量。你要確定，你選擇幫助的人值得你的付出。你最後可能會把自己弄到分身乏術、疲憊不堪、或是陷入憂鬱。你正在學習不受到情緒左右，還要利用你的批評天賦，更加老練地做出判斷。你必須學會何時該說「不」。你非常注重健康，很可能會去學習飲食、草藥和天然療法。別人會來問你健康問題，而你通常都有答案。你正在培養自己的批判能力，察覺到缺點，然後教導別人如何能更有效率地過日子。膳食學家、營養學家、療癒者、醫師和護理師都屬於北交點在處女座的族群。如果你發現自己充滿自艾自憐，對生命感到恐懼，對藥物上癮，你就可能用錯了月交點。你必須顧及一些你能欣賞努力的領域，利用你天生的洞悉力，幫助別人擁有更好的生活品質。有鑒於海王星主宰你的南交點，你必須抵抗做白日夢和逃避世俗的傾向。對你而言，力量存在於邏輯和推理之中，而不是在夢想裡。當你投入服務時，就能帶來快樂。北交點落入的宮位顯示你可以在哪一個生命領域看到結構和形式，幫助你瞭解過去如宇宙般浩瀚的認知，會變成什麼樣的物質現實。

這裡有一些北交點落入處女座的例子，像是克里斯汀・迪奧、瑪莎・史都華、巴布・狄倫、電影《回到未來》三部曲男主角米高・福克斯（Michael J. Fox）、小約翰・甘迺迪和演員喬治・克隆尼（George Clooney）。

北交點在天秤座

你的北交點如果在天秤座，南交點就會落在牡羊座。你已經從過去的經驗中累積了大量的自信心。你在過去很有競爭心，已經學會如何迅速做出關鍵的決定，大部分都與自身利益和自愛有關。你現在必須把所有的自尊和競爭心用在別人身上。當你學著敏銳地感受別人的需求時，關鍵就在於分享與合作。

資產和負債：你在過去世已經學會保護自己。有鑒於火星主宰你的南交點，你已經歷過戰鬥，學會了勇氣和自給自足。你其實非常知道自己的特質，但可能會試著隱藏這一面，因爲這樣在別人面前比較討喜，比較容易親近。你正在透過親密關係和夥伴關係的經驗，學習妥協的藝術。有些關係不是很融洽，因爲你常會遇到有侵略性或憤怒的人。你有能力吸收他們的負能量，你也是很好的模範，能表現健康的自我認同。你正在學習自己既不是完全地自給自足，也不是完全依賴，而是在兩者之間取得平衡。你的言行舉止會變得更討喜，因爲你已經知道與別人結盟合作所具備的優勢。你會學習如何無須爭鬥就得到東西。你散發如此強烈的魅力，別人都會臣服於你。你會培養外交技巧，學習法律和秩序，可能變成一位法官或諮商者。外交會成爲你的強項。當你花很多心思研究如何建立和平的關係時，你會擴張你的精神能量。你很能洞悉別人的動機，可以點出缺失，進而達成公平與和諧。這個位置的天賦之一就是具有高度的發明才華。金星主宰北交點通常也是一個好位置，常能帶來財富。如果你發現自己有獨裁傾向，很自我中心，或是仍捲入爭執之中，外交手腕也不能帶來和平，那就意味著你還有很多功課要做，才能找到眞正的滿足。北交點落入的宮位代表在哪個生命領域裡，合作可以帶來滿足。

北交點位於天秤座的名人有美國前副總統理查．錢尼（Richard Cheney）、茱蒂．嘉蘭、約翰．藍儂、華府實習生錢德拉．利維（Chandra Levy）、搖滾女王蒂納．透納（Tina Turner）、歌手南茜．辛納特拉（Nancy Sinatra）和瑪丹娜（Madonna）。

北交點在天蠍座

你的北交點如果在天蠍座，南交點就會落在金牛座。你到這一世時，可以預見生命是安穩的，這是你在過去累積財富和努力工作贏來的。如今，你無法放下任何事或任何人，會因爲牽絆著過多的包袱而困住自己，無法看到新的可能性，無法去體驗任何改變。你到最後必須放下這些東西，這些只是過去的殘餘物，如今已經腐朽無用。唯有放下，你才能找到自己。

資產和負債：你的南交點是由金星主宰，你從過去帶來藝術天賦，天性很優雅，也具有審美能力。你會被美的事物包圍，也擁有相當程度的物質保障，非常抗拒任何事來改變或干擾你的生活方式和日常規律。你在這一世會遇到一些不懂理財的人，或是一些不懂如何取捨個人價値的人，導致你的人生早期會有一些痛苦和麻煩。你在這個領域很有經驗，所以你可以帶來好的影響力，也是很好的老師。當你在學習減少對物質的執著時，可能會遭遇一些個人的財務損失；然而，當你把注意力轉移到比較精神性的領域時，將能以更健康的眼光看待物質世界。在這一世，你的生活狀態可能出現極端的改變。這是個緊張的位置，你必須面對深層的領域，其中包括熱情、性慾，還有善與惡的鬥爭。你的價值觀會出現革命，而且這是持續的過程。這有利於研究，因爲你有發展深刻洞見的潛力。你可以理解宇宙的階段、生與死的循環，以及宇宙的法則。你擁有吸引力，還能利用你的北交點主宰行星冥王星培養堅強的意志。你必須學會朝著渴望的目標邁進，完全不能妥協，也不要猶疑。如果你很少羨慕別人擁有的物質財富，也已經明白錢無法買到生命中眞正重要的事物，代表你正在運用合適的月交點。如果情形並非如此，北交點落入的宮位顯示你可以把能量放在哪一個領域，才能體驗重生。

有這個北交點位置的名人包括美國第十六任總統亞伯拉罕・林肯（Abraham Lincoln）、羅曼史作家芭芭拉・卡特蘭（Barbara Cartland）、華德・迪士尼、美國國寶級電影演員克拉克・蓋博（Clark Gable）和埃芙爾・克尼芙爾。

北交點在射手座

你的北交點如果在射手座，南交點就會落在雙子座。你已經學會變色龍的天賦，永遠保持彈性，也能出色地運籌帷幄，但是從來不會堅決地表達個人信仰。你現在必須學會超越豐富的表面知識，朝著更高層的知識邁進，追尋智慧和眞理，忠於某種信仰。

資產和負債： 你在過去世總是有人陪伴，通常在追求心智活動。由於你整天都在溝通，解決別人的問題，常常會用腦過度，消耗心智，也會拒絕花時間追求哲學。這一世，當你探索靈性和祕傳的領域時，會有機會享受更多的隱密生活，發展更持久的注意力和獨立思考的能力。你也有潛力成爲優秀的溝通者，成爲才華洋溢的作家，雖然你一開始可能只是半吊子的萬事通，因爲你需要保持自由的精神，不想被太多世俗的環境束縛。你甚至可能環遊世界。你還是帶有一些前世殘餘的猶豫不決，害怕認定某一邊或是某一種想法。你比較喜歡保持兩面開放，因爲這可以擁有雙倍的選擇。你的功課就是克服這些傾向，學習說出心中的高層眞理。你很容易被陷在過時方式的人吸引，你具有看到一個課題的一體兩面的天賦，能對這些人提出新觀念、新方法和新的信念。由於水星主宰你的南交點，你必須留意別讓「說得太多、聽得太少」成爲無法擺脫的老毛病。你非常有幽默感。你會追尋眞理，對物質事物不太感興趣，不過木星主宰你的北交點，你在物質方面通常不虞匱乏。你可以成爲精神導師或哲學家，幫助別人知道，世人可以沒有偏見地共生共存。你可以辨識所有信仰系統底下的共同脈絡。你很清楚，我們一起踏上了同一段旅程，尋找我們與本源的連結。北交點落入的宮位可以看出你能夠在哪一個領域培養更高層的意識，而這將成爲你超越所有不和諧的通道。

北交點落入射手座的名人有哲學家斯瓦米・維韋卡南達（Swami Vivekananda，法號辨喜）、李奧納多・狄卡皮歐、茱兒・芭莉摩、珍・芳達、微軟公司創辦人比爾・蓋茲（Bill Gates）、安潔莉娜・裘莉和媒體大亨威廉・藍道・赫茲（William Randolph Hearst）。

北交點在摩羯座

你的北交點如果在摩羯座，南交點就會落在巨蟹座。你對過去非常依戀，不斷回顧過去，依此來分析現在。你想要像個孩子一樣不要長大，也會深陷在別人的情緒折磨裡。你現在必須看看自己身外的世界，尋找一個你能認同的、更廣泛的完美典範，幫助你成長，成爲有能力、自給自足和成熟的模範。

資產和負債：你會擁有偉大的成就，可能遠優於你的同儕，而這通常會發生在人生晚期，因爲土星主宰你的北交點。你一開始可能有點過度害羞、封閉，害怕負責，很容易憂鬱，也可能因爲過度憂慮，很容易有潰瘍的毛病，這是月亮主宰南交點帶來的體質。你是屬於未來世代的領導者，但必須先克服家庭生活的緊張壓力。過去你沉浸在家庭和居家生活裡，讓家庭滿足你的需求，這會導致你窩在家裡，不會走出去嘗試新事物。如今，你會誕生在充滿問題的家庭，特別是情緒的問題，讓你覺得有責任去處理問題。你對走出去看看這個世界、靠自己過活這件事會有些驚恐。你甚至會拿家庭義務當理由，阻止自己這麼做。這只會延誤了你這輩子無法逃避的功課，也就是學會自我勝任這件事。你可能會吸引無法帶給你物質援助的人，逼著你必須自力更生。你會吸引不了解自己情緒問題的人，也會讓他們靠在你的肩膀上哭泣，而你的確也有本事透過吸收他們的情緒問題來療癒他們。不過你也可能身陷其中，除非你很努力保持相當程度的抽離。與此同時，你通常不能表達自己的情緒或敏感，這會讓人們覺得不是眞的了解你。你最後會走出自己的殼，超脫你對家人和朋友的依賴。當你學會自給自足時，你會變得堅強，擁有好的形象，爲自己建立良好聲譽。自律和堅持不懈也是你的強項。你可能成爲某種生意的老闆、建築師或籌劃者，受人尊重，也很負責任。如果你設定自己的目標，朝著目標努力，沒有什麼是不可能的。你在累積相當的經驗和奮鬥之後，就能在家庭和事業的責任之間達成平衡。你還是會有家庭的問題，永遠不可能完全擺脫。即使暫時無事，你馬上就會發現又有新的家庭狀況必須解決。北交點落入的宮位顯示，你可以在哪一個領域讓人生與根據誠實、尊重和傳統的價値觀達成一致，以實現你最極致的潛力。

北交點在這個位置的名人包括前任美國參議員約翰．馬侃（John McCain）、電影導演伍迪．艾倫

（Woody Allen）、歌手桑尼・波諾（Sonny Bono）、羅伊・奧比森、鄉村音樂歌手克里斯・克里斯托佛森（Kris Kristofferson）、歌手強尼・馬賽斯（Johnny Mathis）、凱文・柯斯納、演員約翰・屈伏塔（John Travolta）和阿爾希爾・佛林特。

北交點在寶瓶座

你的北交點如果在寶瓶座，南交點就會落在獅子座。你已經培養出驕傲和尊貴，享受眾人的尊重與景仰，而且在過去，你很習慣成爲眾人目光的焦點。你會與一些讓自己很體面的人建立關係，很容易一眼就看出地位比較低下的人。如今，你會選擇爲了更崇高的人性而奉獻，朝著更高層的目標和秩序邁進，而不只是爲了誇大自我。

資產和負債：在過去世，你非常受人尊敬，從事具有個人特色的工作，因此，自我形象對你非常重要。你非常在意自己的個人特色，別人怎麼看你就代表了一切。對你而言，最重要的就是保護自己的名聲。你很重視禮數，也很強調對與錯，所以會維護法律。也因爲你過去在社會中占有權威的一席之地，所以你想要別人認眞地對待你，也想要制定規則。由於太陽主宰你的南交點，你的天性有些霸道，有時候會很傲慢自大，所以你必須練習學著謙卑。由於你習慣主宰一切，習慣當老大，所以婚姻必然會有些困難。你可能會追求別人的認同，也能如你所願，但這一世則不是一切都繞著你打轉。其實就心理層面而言，名聲這件事將會變得毫無價值。關於這個世界，還有這個世界的痛苦和困難，你還有很多東西要學，然後你才能活出最好的自己。你所吸引的人會有些冷漠、有距離感、無法接受愛、或是陷在自艾自憐裡，你可以從他們身上學會很多。你實現自我的方式，就是用你溫暖的精神灌輸別人，散發如太陽般的光芒，激發別人的創造性，同時運用你的智慧，讓這個世界變得更好。當你灌溉自己的希望、慾望和願望時，這些東西就有機會成眞。因爲你擁有權威的聲音支持你，它會賦予你說服的力量。你有潛力教導別人，讓人們知道爲何多元化可以讓這個世界變得更好，實在無須批評或恐懼跟自己觀點不同的人。如果你還是很容易暴怒，或是以爲地球是繞著自己打轉，需要他人的欽佩，你就必須開始認清自己是龐大人類的一份子，必須分擔集體演化的重責負荷。由於天王星主宰你的北交點，所以你很足智多謀，也有獨創性，特別是你可以從客觀的角度來規劃事情時。唯有如此，你才能找到快樂。你可以跟一些特別有幫助的人交朋友，替你開啓新的生命領域。北交點落入的宮位顯示你可以在哪一個領域執行針對人類全體的任務，幫助你擺脫過去世的自我枷鎖。

北交點在寶瓶座的名人有喬治·亞曼尼、愛因斯坦、東尼·布萊爾和羅伯特·布萊克。

北交點在雙魚座

你的北交點如果在雙魚座，南交點就會落在處女座。你在過去會根據物質和侷限的原則來嚴格控制所有事情，透過細節和對玷汙的恐懼來追求完美的秩序。你是完美主義者嗎？沒錯。你是分析者嗎？沒錯。不過現在你會發現，生命遠超過眼睛所見的，遠超過你所能衡量的。儘管如此，你還是很難放手，很難一頭栽進未知的浩瀚信仰之中。你在其中會學會，萬物都是一體的，你不能讓自己與別人永遠分離，而你也沒有資格評論任何人。

資產和負債：你在過去條理分明，會嚴格控制一切。你很具有批判性，很注意細節，很喜歡應用事實來解決謎題，而不是聽從直覺的指引。如今，你正在培養自己的直覺，學著在人生路上更信任自己的感覺，跟著感覺走。當你不是只考慮務實層面時，當你變得願意處理情緒時，你就能享受與別人分享感覺的喜悅。爲了讓你學會同情，你身旁親近的人必須面對折磨或不幸，而你可以找到方法減輕他們的痛苦。你會接觸到療癒者，學習療癒。你會透過這種方式，再加上你之前的知識，爲別人帶來療癒的方法和充滿生命力的訊息。你只需要留意，不要吸收別人的負能量，不要把這些放在自己心裡，不要接下所有的負擔。你必須學著用愛來取代負面的頻率振動，然後釋放它們，否則你可能會成爲受害者或殉道者。你要避免當萬事通，這是水星主宰你的南交點的傾向。別人可能認爲你有憂鬱傾向，但你只是對汙染很敏感，會吸收化學元素和環境的元素，然後將它們釋放。你可能會對前世的身體受限有殘餘記憶，或是無法放下僵硬和刻板的習慣（這是因爲你過去對嚴格控制的需求），這也會對你的器官造成壓力。瑜伽姿勢可以幫助你，而你必須留意環境的危險。不過，你若對飲食和清潔變得太狂熱，只會讓事情變得更糟。你可能太害怕自身以外的所有事物，這會對你的健康造成威脅。你可能因爲抗拒疾病而生病，這是一個訊號，代表你在錯誤的月交點上花了太多力氣。你要放鬆，跳脫所有的小細節。你在靈性層面極有天賦，具有罕見、獨特的創造力。你可以用自己的想像力，幫助別人跳出日常軌道，灌輸他們信念，願意去相信自己的直覺，同時幫助他們接觸自己的靈性面。你很欣賞美麗，很夢幻，也很神祕。你很有發展自己直覺的潛力，甚至可以預言。雖然這些責任看起來很沉重，不過當你在轉化自己的月交點時，獎賞就是主宰你北交點的海王星的最高秩序。北交點落入的宮位顯示你可以在哪一個生命領域放下你對所有刻板的定義、心態和結構的控制。

北交點在這個位置的名人包括預言家愛德加・凱西（Edgar Cayce）、賽車手戴爾・伊恩哈特（Dale Earnhardt Sr.）、安・海契和演員羅賓・威廉斯（Robin Williams）。

在你的一生當中，會有許多機會和環境，讓你能從「龍尾」（南交點）老舊的、熟悉的方式，轉移到「龍首」（北交點）的冒險和全新領域。發生的事件會把你拉向命運，朝著命定的方向走。南北交點會同時運作，你可以把月交點軸視為一直在上下晃動的翹翹板。當你在汲取之前的天賦，將它們發揮得淋漓盡致時，過去就會漸漸地化解，你也會發現自己正在探索更多的新領域和新方向，而這都是你注定要踏上的旅程。你過往的天賦將會幫助你繼續向前。北交點代表你面對並進入新經驗的能力。我們會在北交點獲得，在南交點回饋。我們一定要消化吸收透過北交點獲得的新東西，利用它們，再透過南交點的管道回饋它們帶來的好處。如果你發現自己無法實現人生，或是你的夢想遙不可及，就代表你可能卡住了，用錯了月交點，而你一定要努力往前走。

你的「龍首」附近如果有行星，它可以成為一股助力，讓你更輕鬆地踏上新的方向，同時也能敦促你把過去放在腦後。其實，如果你有心朝著北交點前進，你的機遇會勸阻你，不要走太多南交點的回頭路。你可能是一個年輕的靈魂，注定要擁有新的經驗。如果你的「龍尾」附近有行星，你與過去可能有特別的連結，必須在這一世發展到極致。在這種安排下，你會從前世帶來特別的知識或才華，而你希望能有更多一世的時間讓它們更完美。在你命定的道路上，可能有一個人或更多人需要你的特殊才華（與該行星的本質有關）。你可能會向更高層的宇宙力量許諾，當你受到召喚時，你會仰賴這些力量來展現並利用你的才華，藉此換來一些機會，促進演化和靈性的成長。你可能是一個老靈魂，經驗豐富，現在正在更加努力，以獲得最終的開悟。你的南北月交點附近如果都有行星，代表這是你漫長旅途中的關鍵時刻。我們接下來會對此進行完整的討論。

無論你的月交點附近是否有行星帶來特定的影響，你的月交點還是握有線索，揭露你應該追求的各種活動，同時點出你已經精通的技能。你可以在你的業力控制行星，也就是南北交點的主宰行星裡找到這些線索。我們接下來會繼續介紹這一部分。

6
你的業力控制行星

所謂業力控制的行星（簡稱控制行星），也就是主宰你的南北交點星座的行星。東方占星學把南交點的主宰行星稱爲「業力吸引控制」（Karmic Suction Control，你從前世帶來的東西），把北交點的主宰行星稱爲「業力分配控制」（Karmic Distribution Control，在這一世如何分配你的能量，在哪個領域分配你的能量）。

北交點落入的星座的主宰行星，可以顯現你需要培養的特質、能力和才華；南交點落入的星座的主宰行星，則顯示你已經發展的力量，你現在必須用有建設性的方式利用它們，通往命定的未來。

我們除了可以根據主宰行星的本質來描述你的特質，還可以參考它們落入的宮位和星座位置。在這一世，這些都有強烈的關聯性。

南交點主宰行星的位置和狀態，可以顯示我們必須在哪些領域爲過去世的行爲付出代價，可以在哪個領域利用過去世的才華。這個行星再加上南交點的星座和位置，可以勾勒出一個人的天性和基本態度。北交點主宰行星的位置和狀態，可以看出我們在這一世能夠在哪些領域獲得特別的幫助，促成我們在這一世達成靈魂的目標。這個行星，再加上北交點的星座和位置，可以指出這一世打算完成的任務。

你會發現這非常有趣，因爲這些行星提供了第二種方式來評估你前世的才華，也進一步解釋了你準備踏上的旅程。透過它們，你能向內探索自己，徹底地認識自己。

你的過去累積在哪個領域？

過去的資產和負債，會顯現在南交點主宰行星所在的宮位。當這個宮位出現這些事物時，你可以看到它們的運作。在這裡可以看到你的才華，也會有過去的壞習慣。就某種意義而言，你會在這裡秀出你的眞實本色。這個行星的星座也能提供豐富的資訊，最好的方式就是運用這個星座精進自己，把力氣集中在這個宮位，從這裡開始。你要試想一下你的南交點的星座，還有落入宮位的相關表現，這部分我們在前一章介紹過了，然後研究它們如何展現在南交點主宰行星所在宮位的相關活動中。這有太多的組合，各種描述都有可能，我在此舉幾個例子：

水星在第三宮，主宰處女座的南交點，代表這個人說話有批評傾向，或是聊太多瑣事，特別是一些令人憂心的事，像是健康問題或對營養的建議等等，完全沒有發現聽的人覺得很無聊或是很厭煩。這也可能是寫作長才，特別擅長一些非常需要注意細節、需要利用分析能力的主題。如果水星落在射手座，由具有擴張特質的木星主宰，這個人可能就是多產的作家，或是會美化或誇大擔憂的事。所以，你看，一個人可以用正面或負面的方式，在三宮代表的生命領域裡運用南交點的傾向和特質，或是正負面都有。

現在假設水星主宰處女座的南交點，但位於九宮。這個人可能有當老師或教授的才華，或是表現在一些需要精準度的溝通領域，像是網路管理員，或是會以批評的態度看待宗教和靈性信仰——堅拒追隨與上帝或某種更高層力量有關的信仰，因為處女座的南交點帶來的特質就是需要絕對的證據。北交點在雙魚座，會要求這個人必須超越這種自設的界線，才能獲得開悟，而這些界線可能會阻礙靈性的進展。

冥王星在三宮，主宰天蠍座的北交點，又會有什麼表現呢？可能是這個人只要權力受到一絲挑戰，就會用粗暴或抗爭的方式應付，也可能是在處理大眾溝通或運輸系統的事物上特別有才華。舉個例子，也許是一位技術人員替電話公司、道路建設安裝地下通訊電纜，或是很適合在快遞業工作。負面的特徵和比較好的特質可能同時出現。

月亮在二宮，主宰巨蟹座的南交點，可能展現出色的商業敏銳度，也可能是處理錢的態度很不負責，太過依賴別人（也許是一位女性）來彌補自己收入的不足，直到自己滿意為止。月亮如果有好相位，可能隨時都有別人的援助，反而導致當事人怠惰，不去完整利用魔羯座北交點的潛力。

依此可見，這有許多不同的表現方式，所以最好由你來探索自己。你用這種方式認識身旁的人，也會有很多驚訝的發現。與你越親近的人，你越能從他們身上發現一些之前沒有注意到的小怪癖、祕密或令人欽佩的特質。很多時候你會發現，正面和負面特質會出現在同一個宮位裡。這其實不算太壞，因爲這代表已經有進步了。

南交點主宰行星所在的宮位也會出現犧牲的情形，但這要視主宰行星的本質和星座而定。問題可能或多或少，但總會有些問題，可能是不太理想的關係，或是與這個宮位有關的損失。舉個例子，如果南交點的主宰行星在五宮，可能是失去一個孩子，或是沒有孩子；在三宮，可能是與兄弟姊妹的關係出現困難；在六宮，可能是失去寵物；依此類推。這裡多少會有一些個人無法控制或無能爲力的不幸、阻礙或狀況。這些阻礙、損失、犧牲或狀況三不五時就會出現。這些弱勢表現與南交點主宰行星落入的宮位有關。

當你在檢查這些控制行星（月交點的主宰行星）的相位時，特別是控制行星與月交點軸本身的相位時，就可以發現表現的特質是偏向正面或負面，或是當你試圖做出最佳表現時會遇到什麼困難。一個人越能強調正面的特質，慢慢處理犧牲的事物，就越能幫助自己在演化之旅上更進一步。

在比較嚴重的狀況中，當月交點本身或月交點的主宰行星形成困難相位時，這些通常都能看得出來，有時會完全無法展現任何正面特質，甚至不只是出現負面的特質，還會加上業力帶來的沉重償還，而這會表現在南交點主宰行星落入的宮位的相關事物上面。這個宮位的本質會遭到嚴重的否定，例如在二宮，就是不斷的財務透支；如果在九宮，就是缺乏接受高等教育的機會；如果在十宮，就是爲了達成志向，必須不斷地努力掙扎。

從宮位看出你的財富狀況

當我們討論北交點的主宰行星時，我們可以根據這個行星的本質，知道我們必須努力達成哪些特質，同時可以根據它落入的宮位，知道在哪個領域有新的成長和發展的機會。當我們針對與這個宮位有關的活動努力付出，不斷地開發其中的潛力，就能立竿見影，馬上看到成果。這裡有上天分配給你的幸運或財富。你在這裡有機會創造未來的業力。如果你運用北交點主宰行星象徵的態度和位置，宇宙的力量會犒賞你。其實你將會發現，你早就已經相當投入相關的事物了。這是你來到這一世要做的事。當你下定決心要來到這一世時，你想要走的路，想要達成的使命和目的，大部分都可以從這個宮位找到答案。

當然，你也可能用某些方式，誤用或扭曲了與北交點主宰行星及其落入宮位有關的好處，而這大部分都顯示在月交點和控制行星的相位上。這裡有一個重點是，你必須知道北交點和其主宰行星可能表現過頭或得意忘形，反而會在北交點主宰行星落入的宮位中，放大了主宰行星的星座的負面特質，以致破壞了幸福和快樂，就好像仍受困在南交點一樣。

在你開始解讀星盤前，先提供一些與宮位有關的關鍵字：

- **一宮**：性格、行爲舉止、自信、獨立、敏感度、肉體
- **二宮**：金錢、收入、財產、資源、花費、價值、優先考量
- **三宮**：溝通、運輸、智力、觀念、發表、兄弟姊妹、鄰居
- **四宮**：家庭、住家、根源、繼承、父母、私生活、不動產
- **五宮**：小孩、創造力、愛情、投機、嗜好、運動

- **六宮**：健康、衛生、工作、服務、寵物、下屬、同事
- **七宮**：夥伴關係、婚姻、他人、競爭、專業顧問
- **八宮**：共同財務、支持、因他人的收入或損失、神祕學、死亡
- **九宮**：教育、信仰、哲學、靈性、旅程、出版
- **十宮**：職業、認同、野心、公眾生活、組織、權威
- **十一宮**：朋友、團體、社交圈、人道行動、希望、願望
- **十二宮**：慈善、同情、隱居、復健的地方、幕後活動

檢查一下你的南交點主宰行星落入的宮位，看看你是否經歷與這個宮位有關的損失，或是你透過這個宮位展現某些天賦才華。再看一下你的北交點主宰行星落入的宮位，看看你是否正在開發相關的潛力，努力地利用相關的天賦，從中獲得好處。

你在解讀星盤時，也可以參考後面介紹宮位的章節，或是參考針對主宰行星影響力的介紹，這都很有幫助。

有時，兩個控制行星會落在同一宮位，代表一個人全都圍繞著這個宮位的事物和活動打轉。這裡有天生的才華、業債和殘留的影響，也是一個需要付出的地方，而當這些人進一步擴展與這個宮位有關的活動經驗時，就可能有新的成長。這像是一種雙贏的局面，雖然有時候他們可能覺得某些門被關上了。這些人雖然想要往外擴展，但他們憑直覺就知道，如果把注意力轉移得太遠或是不在這個領域努力，反而會傷害自己。如果是這種狀況，請檢查一下這個宮位形成的大三角，看看他們是否致力於社會的心智和創造性成長，是否對

商業和貿易、和平與和諧有所貢獻，或是為人類的服務而付出。艾爾．帕西諾就是兩個控制行星都落在十一宮。他的北交點在三宮，正好位於宮位的大三角內，他投入的工作，就能進一步提升社會的和平與和諧。

如果主宰月交點的行星剛好落在對面的星座，這就形成互融。過去和未來緊密相連，這個人必須利用過去的知識，才能讓靈魂通往該去的方向。這個人基於對過去的理解，很容易用之前的經驗來滿足現在的需求，並且運用得恰到好處。如果有行星與南交點合相，就意味著某件過去的事物必須重複。無論如何，這個人對過去的情境還是有足夠的記憶或模糊的感受，足以成功地度過這個關卡，繼續應付未來。有這種互融位置的名人包括寶拉．阿巴杜和泰德．透納。

也許最困難的月交點軸的相位，就是當月交點落入的宮位正好是對面星座的位置，例如摩羯座的北交點位於四宮（一定是跟母親與父親、保護者和權威、情感的抽離和敏感等有關，要很費力才能達成家庭的和諧或事業的成功）。在這種例子裡，除非有互融，或是有行星與其中一個月交點合相，給予更大的影響力，或是月交點或其主宰行星形成有幫助的相位，否則這個人一定要盡可能地在這些星座及宮位象徵的事物之間建立並維持一種和諧的平衡，不能長時間太偏重某一方，因而忽略了另一方。這個人必須訂出翹翹板擺動的節奏。

我看過很多這種月交點落入對面星座宮位的例子，其實並沒有太大的問題。不過，他們的月交點或月交點的主宰行星一定有某些特別的助力，例如，北交點或南交點與宿命點形成三分相；北交點與天頂形成三分相；北交點與幸運點形成三分相；南交點主宰行星與南交點形成三分相；南交點的主宰行星與月交點形成有利的相位；月交點與天頂形成和諧相位。但如果月交點與宿命點或四個基本點之一形成四分相，就會比較麻煩。行星與月交點形成相位，也能提供力量。我們會在接下來兩章討論這些相位。

月交點守護星的有利相位

與月交點主宰行星形成的有幫助的相位包括：

- 南交點的主宰行星形成有利的相位時，代表有能力運用過去的方式。
- 南交點的主宰行星與南交點形成好相位，能妥善發揮該相位的能量。
- 木星與南交點或南交點的主宰行星形成好相位，這算是加分的資產，特別是合相，可以帶來熱情與樂觀，終其一生都很有幫助。
- 太陽與任何一個月交點的主宰行星形成合相，這也非常有幫助，因爲太陽是福星。
- 如果北交點的主宰行星就是太陽，這可以增加機會，容易進行轉化，這時主宰行星若是有困難的相位，比較不會帶來嚴重的阻礙。
- 當月交點的主宰行星彼此形成有利的相位，容易爲轉化建立自然的節奏和流動。
- 當北交點與其主宰行星位於大三角內，這也是一種幸運。

接下來我們要討論行星與月交點緊密排列在一起或形成相位時，會有什麼樣的影響。

7

月交點的相位（一）

與南北月交點形成相位的行星具有特別的意義。這個行星會給形成相位的月交點更多力量，就像翹翹板的一端再多坐了一個人。月交點與行星合相會特別強化這個行星，當事人在處理人生大小事時，會展現這個行星的本質。我們很容易在這個人的一生中注意到這個行星的運作。這裡容許度的空間比較大，可以多到七度，甚至更多——雖然我在小組研究或引用名人時，都是用比較嚴格的容許度（大部分的例子都是三度）。

與北交點合相的行星，顯示可以在這一世帶著覺知發展特質。如果是與多個行星、或是與一個很有活力的行星形成合相，當事人就會有一種急迫感，被強迫去發展與這個行星有關的特質。生命會把他們推往未來，生命的經驗會敦促他們放下過去，把過去拋在腦後。他們會累積新的知識和經驗，並在人生早期表現與北交點星座有關的特質。他們可能為了物質的收穫和特別的利益而影響別人；如果這個行星是福星，像是太陽、金星或木星，他們會因為過去世的善行，獲得來自宇宙的回饋。這些靈魂在年輕時可能有些過度急迫，因為他們正在享受北交點賜福的優勢，直到他們能珍惜自己這一世擁有的眞正潛力時，就會有所改變。

靠近南交點的行星，代表之前就已經發展過的特質。這些特質已經像是一種習慣，很輕易就能運用。在這種狀況下，代表當事人從前世帶來某一樣東西，必須在這一世更加精進，讓它變得更完美。當事人可以更完整、更正面、更清楚地發展或利用與這個行星有關的特質。當事人遲早會用建設性的方式展現這些天分，也運用得更好。這些靈魂可能會有一些特別的回憶，進而想起自己今生的目的，覺得必須把某些功課重新做一次。過去的事可能會透過某些方式重複出現，這是因為有時候這個行星象徵的業力功課，必須要花上不只一世的時間才能完成。南交點與一個行星合相，常意味著在某種程度上必須為過去的錯誤或失敗付出代價。這個人在自己的心裡或靈魂裡深知這件事，會選擇在這一世把事情做對。在偉大的宇宙設計裡，萬物是一體的，我們都是其中的一部分，所以這是唯一的演化方式。這些人會被過去控制和影響。他們與過去連結，特別是在解決與這個行星本質有關的課題時。除非他們解決了過去，否則無法從北交點的果實中享受豐盛的回報。在這種狀況裡，當事人必須花更多時間才能擺脫舊軌道，往未來的可能性邁進。如果行星與南交點是趨近合相的入相位，而非出相位，代表必須爲過去的業債付出更高的代價。關於這一點，我們在第九章會有更多討論。

如果有行星與北交點合相，你要確認一下該行星主宰的宮位。這個宮位的事件通常都能提供推動的助力。當事人可能只需要稍微努力，就可以從這個宮位中獲得進展和利益。與收穫和好處有關的人或事，都是由與北交點合相的行星主宰。如果有行星與南交點合相，該行星主宰的宮位象徵的事物，可能會遭遇一些痛苦或掙扎。這代表有些未完成的期望、試煉或老舊的課題必須解決。一些與人或事有關的損失或義務，則是由與南交點合相的行星主宰，與該行星有關。

如果月交點軸的兩端都有行星合相（南北月交點都與行星合相），代表必須解決過去的功課，但在努力的過程中也很興奮，想要達成任務。這就像靈魂在演化過程中面臨了一個特別的十字路口，這一生肯定很忙碌。當事人有機會於這一世，在物質和靈性上都有進展。北交點代表物質興旺和世俗影響的吉兆，南交點則有利於靈性的提升。美國總統唐納・川普（Donald Trump）就有這個位置。演員珍妮佛・安妮斯頓（Jennifer Aniston）也是。馬汀・薛曼（Martin Schulman）在《業力占星學：月交點與輪迴》（*Karmic Astrology: The Moon's Nodes and Reincarnation*）中曾提到，在這樣的安排裡，靈魂會面臨挑戰，必須在這一世解決一個激烈的衝突，不過只要把精力集中在比較有利的行星上，那麼即使是面臨最緊張的狀況，也能化險爲夷，從中獲得好處。

另一種相位也特別有十字路口的意味，就是月交點軸的兩端都被強調，即使不是兩端都有行星參與。舉個例子，北交點與天頂合相，這會把一個人拉到舞台中央，成為鎂光燈的焦點，走向未來的道路；但南交點也與一個行星合相，這會把當事人與過去綑綁，特別是在解決家事上面。類似複雜的情節還包括，北交點與上升點合相，同時有另一個行星與南交點合相，這就意味著必須建立自我的個體性，同時還是有些前世殘留的課題會影響親密關係。在這些狀況中，兩個月交點都被強調，當事人更需要在這兩個對立的宮位和星座象徵的事物之間維持平衡。

從北交點開始，落於北交點與南交點之間的行星（譯註：也就是位於北交點的前方），按照星座的順序，就是我們在這一世必須培養的特質和新能力。宇宙的設計會按照這些行星的本質來安排活動。位於另一邊的行星，也就是從南交點開始到北交點之間的行星（譯註：也就是位於北交點的後方），代表我們之前已經發展的傾向和才華。我們可以在這一生當中，透過正面的方式表現這些從前世繼承而來的元素，也可以用負面的方式表現，不去充分利用它們，甚至擱置不用。你要留意是否有很多行星集中在某一邊，這代表有很多課題需要學習，或是大部分都已經學過了。如果有好幾個行星集中在需要發展的那一邊，人生的步調會比較快速。相反地，如果已經累積了很多經驗，當事人就可以把精力比較完整地集中在其中兩、三個生命領域。我們只要仔細研究，就可以從中找到許多細微的心理和情感因素。

你還要特別注意月亮在出生星盤中的位置。如果月亮落在北交點象徵的、偏向未來的這一邊，代表你必須努力加強能力，把注意力放在滿足個人的需求上面。當你可能必須服務別人，但與此同時，自我也會成長茁壯。當月亮落在另一邊時，也就是在北交點的後方時，這個人比較像是別人的救世主，會為了別人做出犧牲。

斯瓦米・維韋卡南達和他的導師，即偉大的印度神祕學者羅摩克里希那（Ramakrishna），都是月亮位於北交點的後方，而有許多政治人物的月亮都是位於北交點的前方。你可以再參考一個細節，也就是北交點在這張星盤中的位置是高或低，就能有更多的判斷。如果北交點的位置是低的，再加上月亮位於北交點的後方，這代表會有更多的犧牲。美國前總統約翰・甘迺迪（John F. Kennedy）就有這樣的星盤。當北交點的位置高，月亮又位於北交點的前方，命運的力量就會把這個人推向有力的位置。甘迺迪的繼任者林登・詹森（Lyndon B. Johnson）就有這樣的星盤。斯瓦米・維韋卡南達的北交點位於高的位置，再加上有投入教育的機會，所以他創立了吠檀多運動（Vedanta Movement）。不過他的月亮位於北交點的後方，所以他必須利用自己的天賦替別人服務。羅摩克里希那的南交點是在星盤的頂部，這位偉大的宗教導師出身於一個貧窮的家庭，並沒有受過太多教育。

我們接下來要討論每一個行星與月交點的相位。如果有行星與北交點合相，北交點就會賦予許多與這個行星本質有關的個人意志力和控制力；如果是與南交點合相，代表這個人比較無法控制相關事物。這其中有某種程度的業力運作，不過在這些事物中，宇宙的力量才有最後的決定權。行星與南交點的合相，代表有靈性成長的機會；與北交點的合相，代表有機會獲得世俗的影響力和外在的豐裕物質。與南北交點形成四分相的行星，則象徵了達成目的的障礙。

月交點與太陽的相位

太陽是個體性和自我意識的行星，當月交點與太陽形成相位時，形成相位的月交點可以決定這個人能獲得多少關注，能在精神層面上擁有多少自主權。

如果是北交點與太陽合相，代表擁有特別的恩典或是達成成就的助力，就像是擁有天時地利人和的條件，非常幸運，有機會與重要的大人物往來，擁有豐富的物質資源，諸如此類。事情的發展似乎剛好能配合他們，而他們也會被拉到舞台中央，成爲鎂光燈的焦點。他們能駕馭主流。太陽是有利的行星，而這些靈魂會得到額外的幫助，確保他們能充分發展自我。在過去世，這些人可能缺乏自尊或是不夠肯定自己，即使他們致力於改善他人的利益。這個合相落入的宮位，顯示他們在哪個領域最能充分展現自我和領導力。若要說有人在這輩子可以不用還債回報，甚至做錯事也不用付出代價，那就非北交點與太陽合相的人莫屬。他們這輩子有豁免權，彷彿擁有超脫的個人地位。如果他們誤用宇宙的賜福，就會顯得傲慢，以自我爲中心。男子氣概的形象，包括父親，都是由太陽主宰，所以如果一個人的北交點與太陽合相，代表與父親形象的人有強烈連結，而對方能帶來額外的好處。父母特別能幫助他們尋找人生的方向。這些人可能有王室或貴族的血統。

有這個位置的名人包括摩根大通集團創辦人 J. P. 摩根（J. P. Morgan）、臨終關懷之母伊麗莎白．庫柏勒—羅斯（Elisabeth Kübler-Ross）、演員波．德瑞克（Bo Derek）、艾比加爾．佛爾吉、電影演員提姆．羅賓斯（Tim Robbins）和唐納．川普。

如果是南交點與太陽合相，代表這個人的任務需要做出一種犧牲。這種犧牲可能可以引起人們對某些事物的關注，而且這會對世界有相當的貢獻。這些人顯然會把許多時間奉獻給超越小我的事。他們不是非常自我的人。其實他們這一世可能無法獲得完整的認同，因爲他們需要在這一世發展靈性，才能平衡以前充分的自我展現。他們在過去非常有野心和抱負，發展出強烈的自我意識，所以這一世必須放慢腳步，在某種程度上必須埋沒自我。雖然他們從前世帶來領導才華，但這不能用於擴張自我。他們會吸引一些人，幫助他們確定方向。這些人如果不能清楚地朝著這個方向走，生命情境就會透過某種方式來強迫他們。他們不能完全地

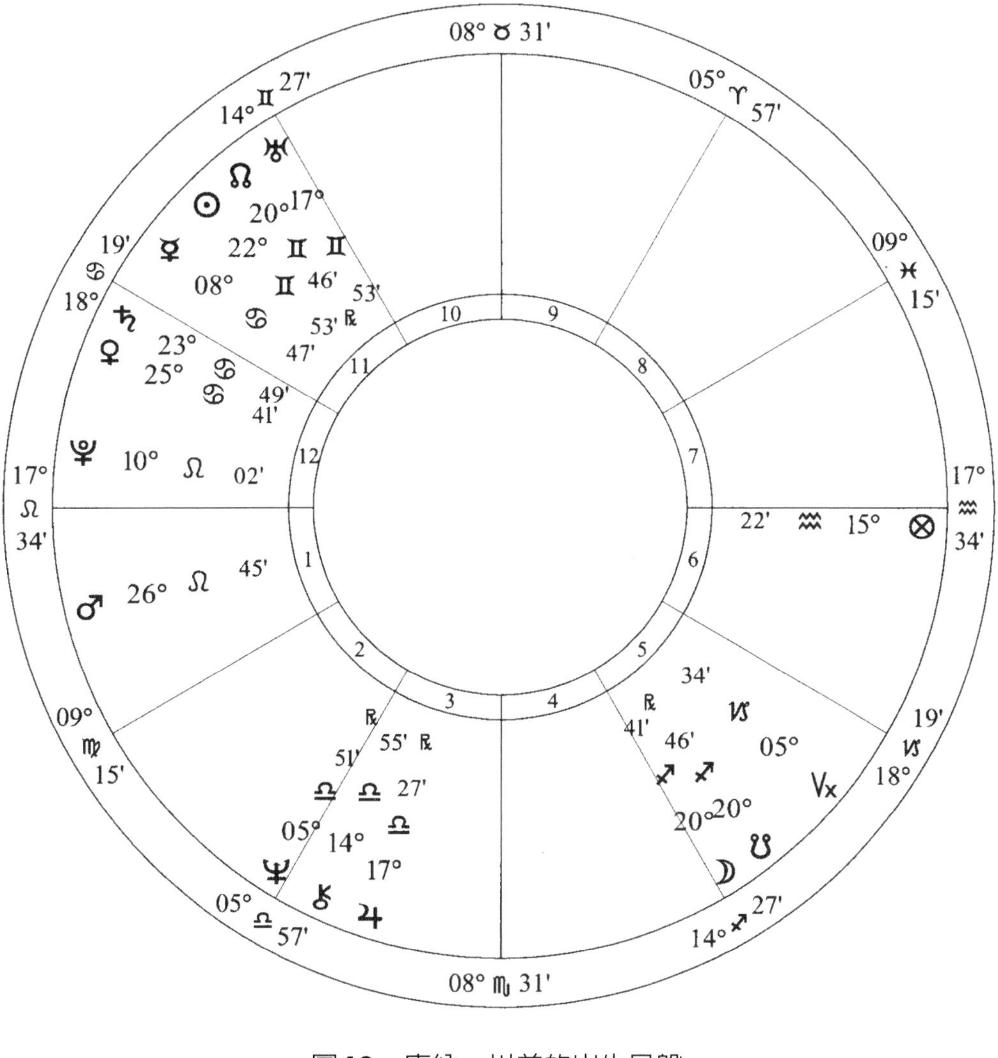

圖19　唐納·川普的出生星盤

一九四六年六月十四日，上午九點五十一分，紐約皇后區

發光發亮（太陽的特色），有點類似南交點在獅子座的表現。其實他們很容易受到黑暗吸引，會在隱蔽的環境或凌晨時段工作，或是對「黑暗」的工作感興趣。他們跟父親可能有一些未解決的問題，或是必須應付一位冷淡的父親形象的人士。你可能會注意到他們缺乏自尊和自信。但是他們的演化程度如果比較高，就能展現深刻的洞悉力和敏銳的專注力。

這些人也可能生命力不足、夭折或早逝，但這還是要有其他的星盤元素配合。他們之中也有些人經歷不尋常的死亡，可能是猝死或是無預警的死亡，也可能遇到有如悲劇的狀況，而這對他們的靈性任務而言都是必要的經歷。南交點與太陽合相的名人包括作家海倫・凱勒（Helen Keller）、錢德拉・利維、美國女性飛行員愛蜜莉亞・艾爾哈特（Amelia Earhart）、瓊貝妮特・藍西（JonBenet Ramsey，容許度較寬。編註：她是美國選美小皇后，六歲時遭殺害，至今仍爲懸案）、猶太裔導演羅曼・波蘭斯基（Roman Polanski）、電影演員瑞凡・費尼克斯（River Phoenix）、服裝設計師吉安尼・凡賽斯（Gianni Versace）和電影演員雪歌妮・薇佛（Sigourney Weaver）。

如果我們再考慮太陽和月交點合相的星座，就會發現北交點可以強化該星座的特質，南交點則會弱化這些特質。舉個例子，如果北交點與太陽合相在金牛座，就會賦予累積物質財產，通常會很招搖，揮霍無度；如果是南交點與太陽合相，則會是比較吝嗇的金牛座，畢竟他們在財產上的福分也比較少。這大部分也要取決於宇宙提供什麼資源供他們花費。太陽與北交點合相，比較有利於物質的累積；太陽與南交點合相，比較有利於靈性成長。

至於其他相位也會有上述的現象，但是程度較輕。如果是三分相或六分相，會呈現較多太陽與北交點合相的核心意涵；如果是四分相，會呈現較多太陽與南交點合相的核心意涵。當太陽與月交點形成四分相時，自我表達會受到限制，可能必須花比較多的時間才能認清命定的任務，展開旅程。

月交點與月亮的相位

月亮主宰我們的情緒和精神狀態，所以，月交點的合相容易出現與感官和想像力有關的強烈情緒。這可能是有特別敏銳的超自然能力，甚至可以提升成爲預測趨勢的能力，或是扭曲成爲猜忌和偏執。如果是北交點與月亮合相，這些傾向和表現會比較輕微；如果是南交點與月亮合相，就會比較嚴重。而這最後一定都會強調母性或母親形象的主題。

當北交點與月亮合相時，會強化想像力，精神狀態很穩定，充滿活力，對於超自然事物的敏銳度十分準確，對事物的印象也十分可靠。這都有助於創造才華。無論這個合相落在哪一個宮位，這個宮位和其主宰的事物都會被強化。這個合相如果位於星盤的頂部，當事人通常非常幸運。月亮是陰性星座，加上北交點的助力後，可以引出正面的陰性能力，或是在一些服務女性的職業獨具天賦。這些人非常知道女性要什麼，也能感受大眾的品味，所以有很多選美皇后、時尚設計師，還有藝術家和舞者都有這個相位。

對這些人而言，擁有一位母親型的人的支持是很重要的，也通常可以從母親型的人身上獲得支援。他們注定要滋養別人，有時是透過大規模的方式提供滋養，可以觸動群眾的心。他們也能迎合大眾的突發奇想，許多政治人物都有這個相位。北交點有助於他們獲得公眾的支持。他們可以迷惑群眾，這在公領域和政治圈裡絕對是加分的資產。別人會回應他們的熱情，而他們也有豐富的情感力量，可以很自在地面對廣大群眾和閱聽大眾。他們的公眾形象很自然會受到歡迎，也有機會增加自己的好感度。這可能是因爲他們在前世對別人很慷慨，所以這一世受到回報。

有這個合相的公眾人物包括畢卡索、政治人物詹姆斯・貝克（James Baker）、演員珍・庫汀（Jane Curtin）、朗・霍華、電台主持人拉什・林博（Rush Limbaugh）和羅賓・威廉斯。另外兩個例子也非常有名，但示範了如何濫用這些賜福，也就是美國人民聖殿教創始人吉姆・瓊斯（Jim Jones，編註：一九七八年十一月十八日，他在蓋亞那瓊斯鎮以武力威逼九百多名信徒集體自殺）和查爾斯・曼森。我們可預見一定有某種元素破壞了這個相位。在瓊斯的星盤裡，古怪的天王星與月亮／北交點形成合相，位於星盤的底部，位於第七宮的木星則與這三個行星形成四分相。在曼森的星盤裡，月亮與北交點的合相，與上升點和下降點形成四分相，同時與位於七宮宮頭的水星和木星形成四分相。他們誤用了自己的公眾魅力，也因此欠下業債。

南交點與月亮合相，代表常與女性形成無法避免的困難關係，特別是與母親，而且常會與母親有強烈的心電感應。這些人的情緒會陷入低迷，並持續一段日子，因爲他們無法表達自己敏感的一面，導致別人認爲他們很冷漠或是不親切，但實際上並非如此。他們不容易獲得別人的支持，所以常覺得很孤單，被迫依賴自己。對他們而言，失去心愛的人是特別痛苦的事。他們的想法很不尋常，思考過程也與眾不同。這些人很焦慮，有些人甚至已經瀕臨偏執或導致妨礙身心的恐懼。很多擁有這個相位的人都無法自在地面對群眾。他們可能還記得前世與群眾相處的困難經驗，因此在今生造成阻礙。這些靈魂正努力地讓自己變得堅強，並且能平衡情緒，讓自己的精神狀態維持穩定，能處理進入腦海中的印象。如果他們無法掌握這些印象，就可能迷戀某種不健康的神祕學或超自然事物。在有些例子裡，南交點的影響力會破壞月亮的敏感度，帶出殘酷、導致痛苦的性格。這個合相如果能以正面的方式運作，可以提升精神狀態，接觸到宇宙中的神祕運作。月亮是賦予健康的發光體，與南交點合相時，可能會反映出健康狀態欠佳，或是意味著壽命減短。

有這個相位的名人包括邦妮・李・布萊克利（Bonnie Lee Bakley，編註：二〇〇一年遭丈夫，即好萊塢

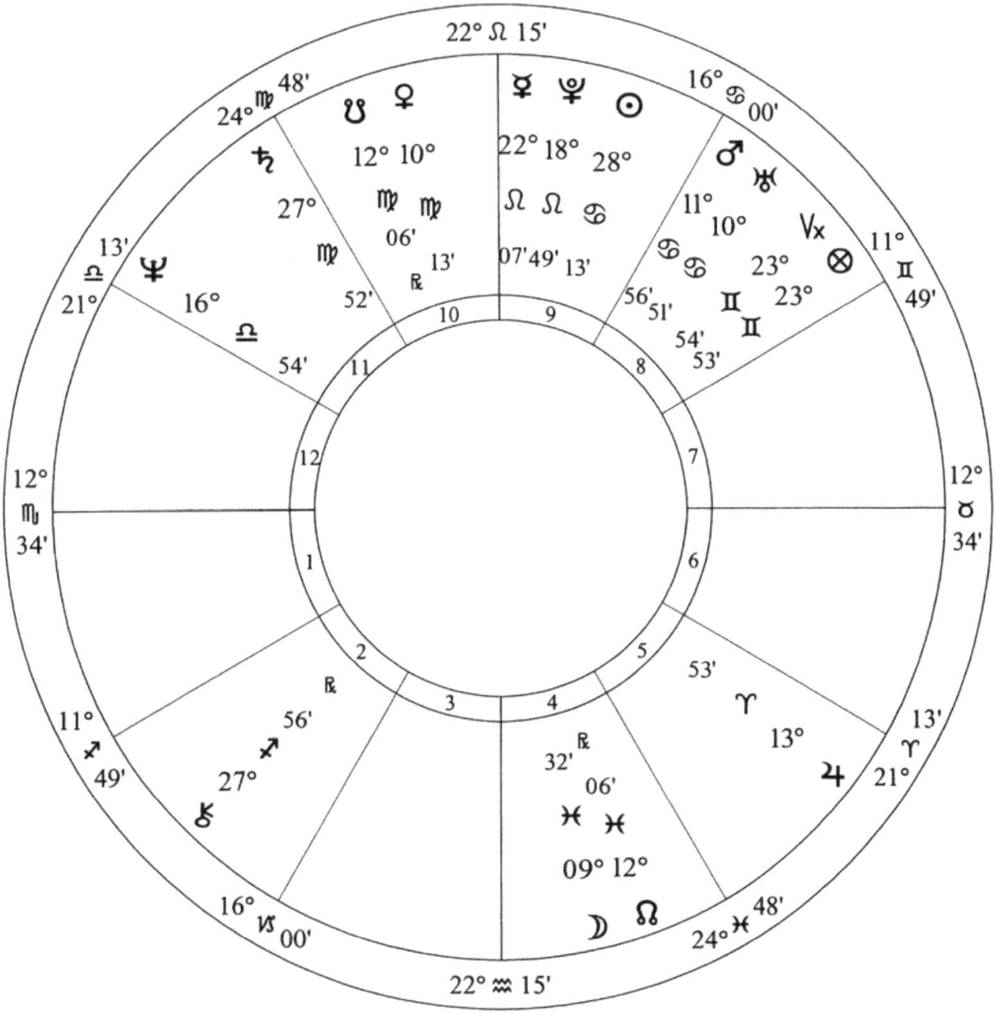

圖20　羅賓·威廉斯的出生星盤

一九五一年七月二十一日，下午一點三十四分，伊利諾州芝加哥市

演員羅伯特・布萊克殺害)、文森・梵谷(Vincent Van Gogh)、演員潔美・李・寇蒂斯(Jamie Lee Curtis)、娜塔莉・柯爾、歌手麥克・波頓(Michael Bolton)和唐納・川普。當我寫到這裡時,我聽到演員安娜・妮可・史密斯(Anna Nicole Smith)辭世的消息。她的死訊在我腦海中纏繞不去,因爲這正符合她的星盤。當我繼續深入探究時,發現她的確有這個相位,容許度則要看她的出生時間而定。

至於其他月亮與月交點的相位,六分相或三分相會表現月亮與北交點合相的核心意涵,只是程度上比較輕微;四分相則會表現類似南交點與月亮合相的影響力,這個人的情緒表現明顯不合乎社會潮流,特別是在追求女性時,可能很難獲得對方的青睞。這些都是他們在嘗試時可能遇到的絆腳石。

月交點與水星的相位

月交點與水星的相位會特別強調智力、溝通能力、以及所有與水星有關的天賦。

水星與北交點合相會刺激心智能力,賦予在某些領域運用智力的潛力。高層力量賜予這些人之前未曾利用的溝通才華,讓他們可以在對的時間推銷出色的想法,因此獲得支持和歡迎。他們在過去世可能受到限制,沒有機會接受完整的教育,或是他們的溝通受到了限制。這可能是一個年輕的靈魂,常擁有年輕的性格特質。他們常會引進新的想法,建立新的或現代的做法。這是他們今生的目的。這些人很機智,腦袋靈活,反應很快,適應能力很好。他們追求進步,具有創新能力,常在年輕時就能表現自己的潛力。這個合相的缺點之一就是會像初入社交圈的名媛一般,一味地追隨時下流行的風潮,浪費心智能量。有些人可能淪爲只會八卦,嚼人舌根。

這有點類似北交點位於三宮,有利於任何動筆的事物。我們可以預見,許多擁有這個相位的人是作家、記者、評論家和律師。他們可能交遊廣闊，常在傳達訊息。另一個特別顯著的特色就是手作的能力。有些人可能手很巧，所以很多網球選手、運動員、游泳選手和音樂家也會有這個相位。拳擊手、雕刻家和賽車手也是。我們如果要界定他們擁有哪些潛在的才華，在哪個方面很有進取心，這個合相落入的宮位具有重要的意義。

這些人與兄弟姊妹的關係良好，能互相幫忙。他們出現雙胞胎的比率也高出一般人。他們可能有兄弟姊妹是名人，也可能與社會的年輕族群有某些連結。他們的名字也很引人注目，可能有三個名字，或是曾經改名，或是名字常出現在印刷品上。他們常與大眾媒體有些關係。

北交點與水星合相的名人包括魔術師「驚人的克利斯金」（Amazing Kreskin）、彼得．賀柯斯、占星師桃樂絲．伽斯．多恩（Doris Chase Doane）和愛德加．凱西。水星是中性的行星，這些人的外表或行爲舉止可能有些中性，就像出色的音樂家、靈魂樂歌手和作曲家安妮．藍妮克絲（Annie Lennox）。

當水星與南交點合相時，也會有上述的特質，唯一不同的是這些人從前世帶來相當豐富的心智天賦，這輩子必須用正面的方式運用這些天賦，回饋世界。他們已經要求、也被賦予另一次發展的機會，能讓已經投注在水星相關活動的能量開花結果。他們在前世並沒有完成並實現某一種想法。這個相位的宮位可以提供線索，看出他們能夠在哪個領域開發並運用過去儲存的知識，而他們通常能輕鬆地重新分配和運用這些能量，獲得好的結果。從長遠角度來看，這些人的思考方式較有創意，也比較獨立，但可能在時機點上有些問題。當他們選擇在某個時間點提出一種想法時，可能與世人有些不同步。他們無法獲得別人的支持，會很挫折，必須暫時靠自己達成目標。其他相位可以看出他們在提出自己的想法、在爭取別人的支持時，會遇到的困難程度。如果是強硬相位，他們可能很害怕批評或嘲諷。這些人也可能會有學習困難，別人很快就能吸收理解的事物，他們可能必須花上更多時間。他們也可能有短期記憶的問題，或是需要一再重複同樣的東西。他們可能學不會開車，或是很晚才學會，也可能與兄弟姊妹有些問題。

擁有這個相位的名人包括模特兒法比歐（Fabio）、希拉蕊・柯林頓、心理學家費爾・麥格羅（Dr. Phil McGraw）、布魯斯・史普林斯汀與瑞士心理學家、教育家和作家尚・皮亞傑（Jean Piaget），他以研究兒童的學習模式出名。尼可拉斯・凱吉是我很喜歡的演員之一，他的水星與南交點合相在一宮，我有點擔心他對賽車的喜愛，他還會自己親自下場演出特技場面。不過他無疑是一個好榜樣，試圖展現並利用過去累積的才華，用某種方式奉獻自己，造福他人。他完全投入每一個角色，會研究角色的性格，如此才能有逼眞的演出，令人折服。

無論是水星與哪一個月交點合相，都有心理狀態扭曲、判斷能力受到干擾、或是導致一個人參與犯罪活動的例子。刺殺美國前總統雷根的約翰・辛克萊（John Hinckley Jr.）和女殺人魔派翠西亞・克倫溫克爾，都有南交點與水星合相的相位。

水星與月交點形成的其他相位也有類似的表現，只是程度比較輕微。如果是六分相或三分相，會比較類似水星與北交點的合相。如果是四分相，會展現較多的水星與南交點合相的性質，這些人會在錯誤的時間和地點表達意見，意見不合乎時代潮流或是有表達上的問題，以致造成誤解。

月交點與金星的相位

金星是福星，與北交點合相可以帶來好事。這個相位會有明顯的物質享受、討喜的性格和輕鬆的社交。宇宙的力量賦予這些人優秀的潛力，無論他們走到哪裡，都能在周遭建立或促進和諧。這些人因爲過去世的

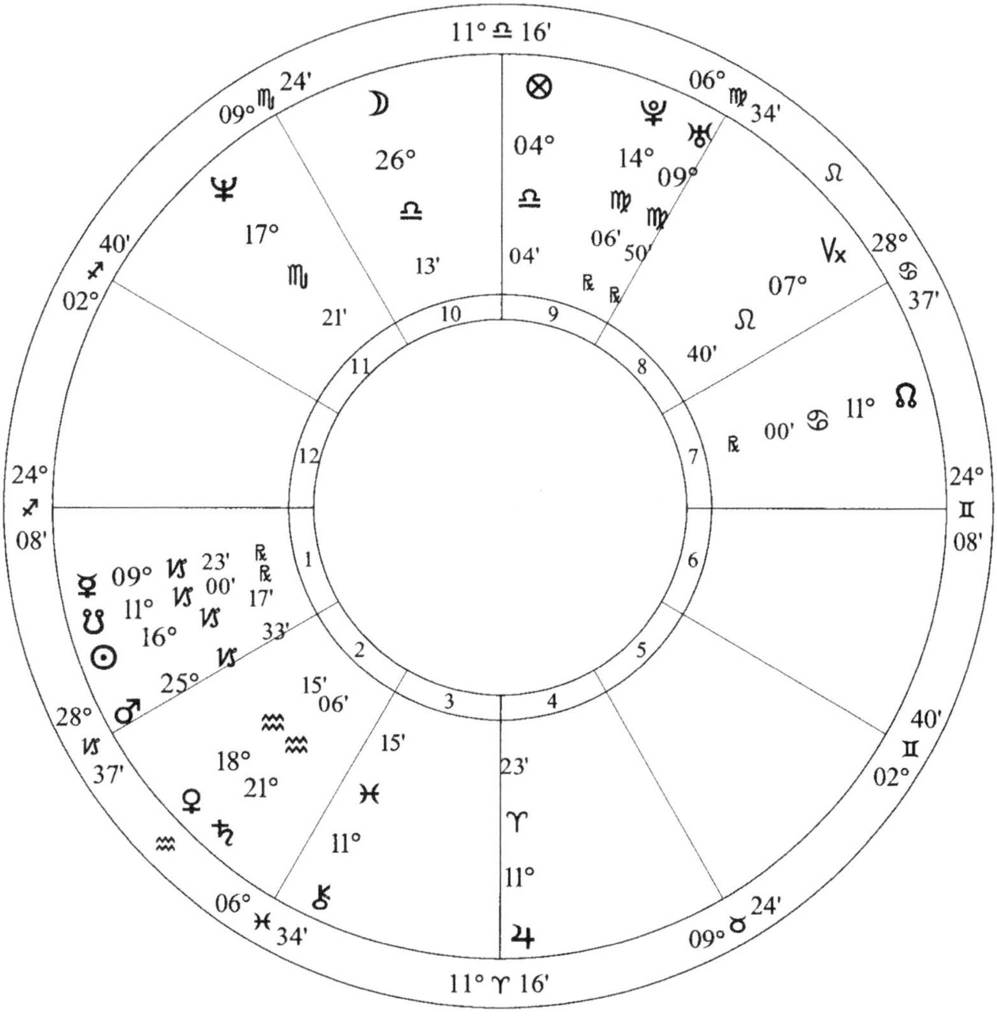

圖21　尼可拉斯·凱吉的出生星盤

一九六四年一月七日，早上五點三十分，加州海港城

仁慈而賺到業力的積分，所以也可以透過這些行爲讓自己感到快樂。他們會被人們接納，也會吸引來更精緻的事物。這些人散發美、魅力和優雅。他們非常迷人，充滿憐愛，永遠帶著微笑，令人心情愉悅。他們是社交動物，會出入不同的社交圈，散發個人魅力，爲別人帶來更多喜悅和快樂。這些人即使內心有些憂鬱，通常不會表現出來。親密關係很順利，或是至少會有很多機會。這個相位最正面的潛力就是激發外交才華和同情的行爲。他們是天生的和平大使。這些人如果只專注在物質層面，就會導致自私和自戀的傾向，認爲所有的一切都是我、我、我。在這種狀況下，他們會陷入非常恐怖的自我耽溺，追求個人的奢侈和物質事物。他們也沒什麼成就，因爲老是在社交圈裡打轉，沉溺於短暫的奇想和迷戀之中。不過無論如何，這是他們這輩子的特權。

這些人可以在金星掌管的事物中獲得成功，像是唱歌、音樂、娛樂、藝術，或是任何能提供他人樂趣的事物。很多詩人、畫家、舞者和作曲家都有這個相位，而他們也很積極進取，很有興趣在音樂和藝術中走出新的方向。合相落入的宮位，可以看出他們在哪一個生命領域中很幸運。貓王艾維斯·普里斯萊（Elvis Presley）就有這個相位落入十宮，所以他的事業很容易成功。寶拉·阿巴杜也是金星與北交點合相落在十宮，但是容許度較寬。有很多樂評家也有這個相位，這眞的完全發揮金星的本質，可以培養精準判斷、發現歌唱天賦的能力。我們也看到寶拉在擔任電視節目《美國偶像》的評審時，當毒舌評審西蒙·高威爾（Simon Cowell）對參賽者說出赤裸的事實後，她可以緩和參賽者的感受。這種做法也是她今生必須完成的目標之一。

其他有北交點與金星合相的名人包括資深影星雪兒（Cher）、歌手康妮·法蘭西斯（Connie Francis）、動作片演員查理士·布朗遜（Charles Bronson）、歌手東尼·班奈特（Tony Bennett）、美國前總統吉米·卡特（Jimmy Carter）和主持人梅夫・葛里芬（Merv Griffin）。

如果是南交點與金星合相，常會在人生早期就展現出色的藝術才華。這些人已經花了不少工夫培養某種特別的藝術才能。合相落入的宮位可以顯示，他們過去世的藝術靈感或知識蘊藏在哪一個生命領域。他們在這個領域獨具天賦，可以用來幫助他人，或是用某種方式做出貢獻。不過就另一方面而言，他們會因戀愛而受苦，因爲講到愛這件事時，他們很難瞭解自己的情感。這個相位常是心碎的象徵。歌手、舞者與演員布蘭妮・斯皮爾斯（Britney Spears）就有南交點與金星合相，而她也展現了這個相位的資產與負債。這些人必須努力解決一些愛的業力。他們可能太沉溺於過去，現在必須暫停一下，必須努力在關係領域裡找到平衡。這些人很難在婚姻裡找到快樂，即使在其他領域中極有成就，這一塊常是他們的弱點。他們與異性的關係很困難，甚至到了不可能的地步。若是就性能量而言，他們必須把這些能量轉爲發展更高層的覺知。他們在靈性進化上極有潛力。這些人可以透過與一些需要感情和友誼的人互動，展現深刻的、有意義的愛。他們比較擅長柏拉圖式的愛，勝過於親密的愛。如果他們能廣泛地把愛分送給許多人，而非少數幾個人，便可以帶來比較好的結果。當他們付出愛時，會比獲得愛更有滿足感。

這些人在社交場合裡也會遭遇斥責。他們抓不準接近別人的時間點和方式。如果對方在當下沒有接受，他們就會覺得被誤解，內心產生自卑的情結。所以這些人常會覺得寂寞。有些人會轉而沉溺藥物。金星與南交點合相落入的宮位，可以顯現他們會在哪個領域面對這些困難和掙扎。不過這個相位通常還是會有些好處。他們很享受被舒適和美麗的事物包圍，不過有時會覺得別人對自己的關愛是一種負擔，此時，他們就會拋棄財產和大部分的財富。他們可能會經歷極端的改變，先累積世俗物品，然後放棄。

金星與南交點合相的人包括都鐸王朝第二任國王亨利八世（King Henry VIII），他結了六次婚；演員卡麥蓉．狄亞（Cameron Diaz），她是模特兒出生，這個合相落在她的上升點；喜劇演員羅賓．威廉斯，還有「海灘男孩」的丹尼斯．威爾森（Dennis Wilson）。其他還包括克里斯汀．迪奧、社運人士麗塔．梅．布朗（Rita Mae Brown）和勞勃．瑞德（Robert Reed），他在影集《脫線家族》（*Brady Bunch*）中飾演麥克．布雷迪（Mike Brady）的父親。

金星與月交點形成的其他相位，也會有類似的生命主題，但是程度比較輕微。六分相或三分相會展現金星與北交點合相的本質，四分相則會展現類似金星與南交點合相的特質。如果是四分相，他們的社交表達方式通常不合乎被接受的標準，而且常在財務和關係上遭遇困難。

月交點與火星的相位

北交點與火星合相，這是一個精力充沛的相位，會被賦予體力、耐力和開創力。這些人很有衝勁，會熱情地投入人生。他們被賦予追求冒險的精力，同時能因此引人注目——他們在過去世可能都是爲了別人而忙，沒有這樣的機會。他們不會滿足於等機會找上門。他們會走出去，創造自己的機會。這些人無論從事什麼工作都能闖出名號，在相關領域中有出色的表現。火星總是搶第一，這些人常常以率先完成一樣事情出名。他們可以設定步伐，通常會對追隨他們腳步或有類似興趣的人產生極大的影響。有很多運動員和軍人都有這個相位，而他們常對體能活動和培養耐力極有興趣。他們很勇敢、吃苦耐勞又強悍，願意第一個站出去冒險，也不畏懼果決行事，能很快地應付狀況。他們是很優秀的企業家，因爲他們不害怕率先進入新的領域。他們特別能爲別人的目標而戰。他們可能贏得冠軍，或成爲奧運明星，或是因爲勇敢的行徑獲獎。自行車神蘭斯．阿姆斯壯（Lance Armstrong）就是這個相位的一個耀眼例子。火星掌管行爲的衝動，與北交點結

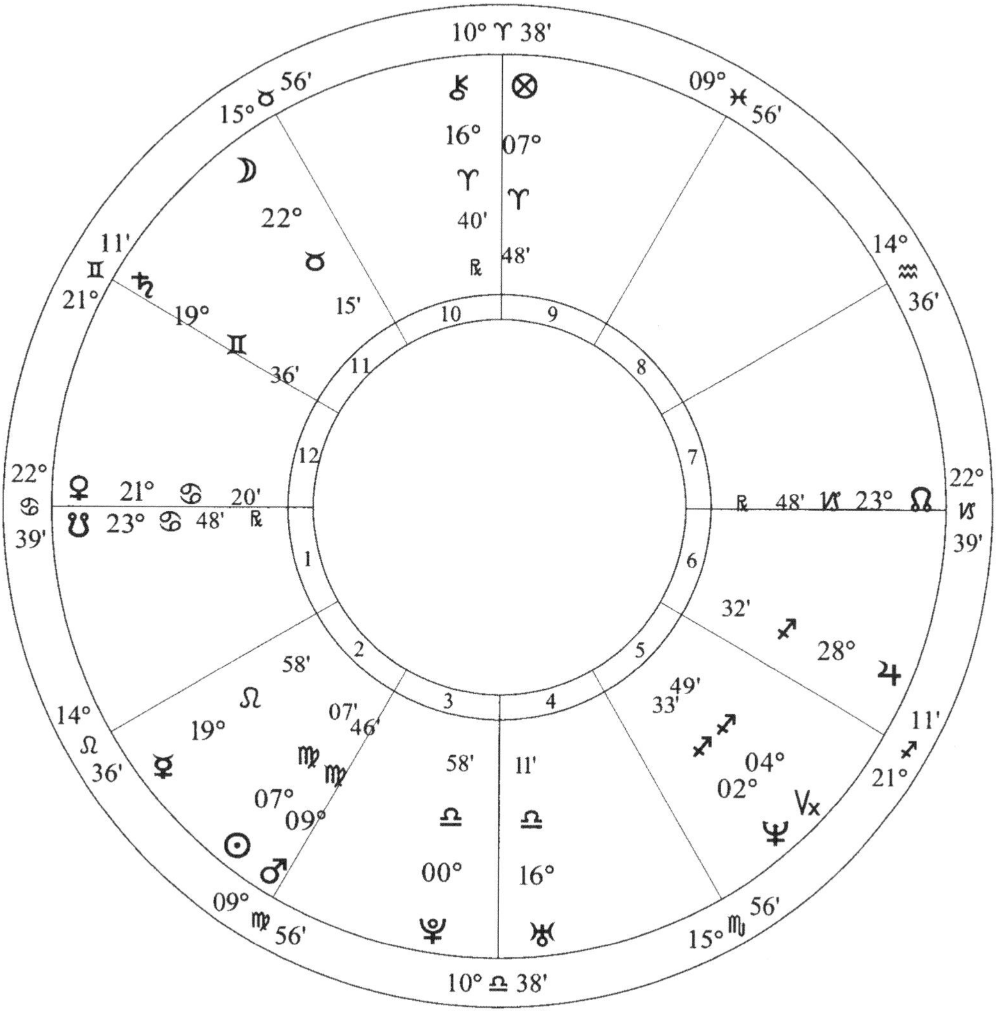

圖22　卡麥蓉·狄亞的出生星盤

一九七二年八月三十日，早上兩點五十三分，加州聖地牙哥市

合時，通常代表他們能在對的時間點獲得自信，贏得他人的合作。如果是負面的表現，這些人會非常憤怒、具有侵略性、或是脾氣暴躁。通常這些人的性格中會同時擁有以上令人欽佩和比較不吸引人的特質，表現十分明顯。

有這個相位的名人包括愛因斯坦、英國維多利亞女王、演員和政治人物克林·伊斯威特、籃球教練菲爾·傑克遜（Phil Jackson）、金牌體操選手凱西·李比（Cathy Rigby），以及美國太空人查爾斯·皮特·康拉德（Charles "Pete" Conrad），他是人類史上第三位踏上月球的人。

南交點與火星合相，代表這個人必須和諧地運用從前世帶來由火星主宰的才華和本能；否則充滿活力、非常容易衝動的火星能量就會轉而向內，導致精神官能症、強迫症、或是對抗一些內心的惡魔或敵人。雖然火星有很多出色的資源可以利用，但是火星的能量也是最需要方向的。南交點與火星合相是一種棘手的狀態，因爲有這個相位的人必須學習用比較無力的方式來運用能量，實際上並非如此。他們能表現的侵略性會受到某種遏制。這裡有些業力的平衡，與他們過去世對身體力量的運用有關。他們在過去世可能表現過度的侵略性，在展現自己的意志和力量之後，可能會意外地或有意地對別人造成傷害。如今，靈魂正在學習用一種比較壓抑或優雅的步調，控制性地釋放能量。舉個例子，有一些芭蕾舞者就有這個相位。如果他們無法學會自己控制能量，就會透過芭蕾舞這門藝術來做到這件事。環境通常會限制他們，導致他們無法表達非常喜怒無常或憤怒的感覺，或是限制他們不能有太過侵略性的肢體行爲。

這些人的健康狀態一開始可能很強壯，不過很容易讓身體承受太多壓力。這反而會讓身體變弱，最後導致疲倦或衰竭。他們看起來很虛，或是體力起起伏伏，在極端之間擺盪。這些人也容易發生意外，有時也容易引來暴力。

有少數南交點與火星合相的人，會投入需要非常大量體能的運動。這個相位除了舞者、游泳選手、溜冰選手之外，還有許多專業技巧純熟的演員、音樂家、作曲家、占星師和企業家，這些人如果能利用自己的心智能量，再結合自己的體能潛力，無論做什麼都十分有利。這些人對數學、科學或工程領域非常熟練，極有技巧。

這些人的性關係可能很困難，也許是完全沒有性關係，或是有些敗壞的色彩，這可能是因爲過去世在性方面有些過度耽溺。他們與異性的婚姻和親密關係通常也很困難。他們的性格和脾氣非常善變，有些古怪和衝動。在最糟的情況裡，這些人會成爲爲反對而反對的敵對者。

泰德．邦迪（Ted Bundy）沒有什麼明顯的理由，只因爲內心有一股想殺人的慾望，就謀殺了多名女性。邦迪是戀屍癖，他曾說過自己對於暴力的性畫面的幻想，很享受透過殺人魔的方式來玩弄恐怖，他在四年間至少姦殺了三十名女性。一九八九年，他因罪坐上電椅處死。他到了下一世，只能獲得比較少的身體力量。

木匠兄妹中的凱倫．卡本特（Karen Carpenter）因爲厭食症導致心肌衰竭，就有火星與南交點合相的相位。這位知名的歌手和鼓手從十七歲開始就過度節食，導致厭食症。罹患厭食症七年後，她決定接受治療，還計畫等自己康復後要公諸於世，只可惜爲時已晚。她在一九八三年辭世，引起世人對於厭食症和暴食症的關注。在此之前，人們從未公開討論過這些病症。所以，我們可以看到這個相位的禮物可以幫助別人，即使擁有這個相位的人會因此承受惡果。

有些成功人士擁有火星與南交點合相的相位，包括歌手威利．尼爾森（Willie Nelson）、歌手安．威爾森（Ann Wilson）、演員湯姆．謝立克（Tom Selleck）、游泳運動員馬克．史畢茲、棒球名將羅傑．馬里斯

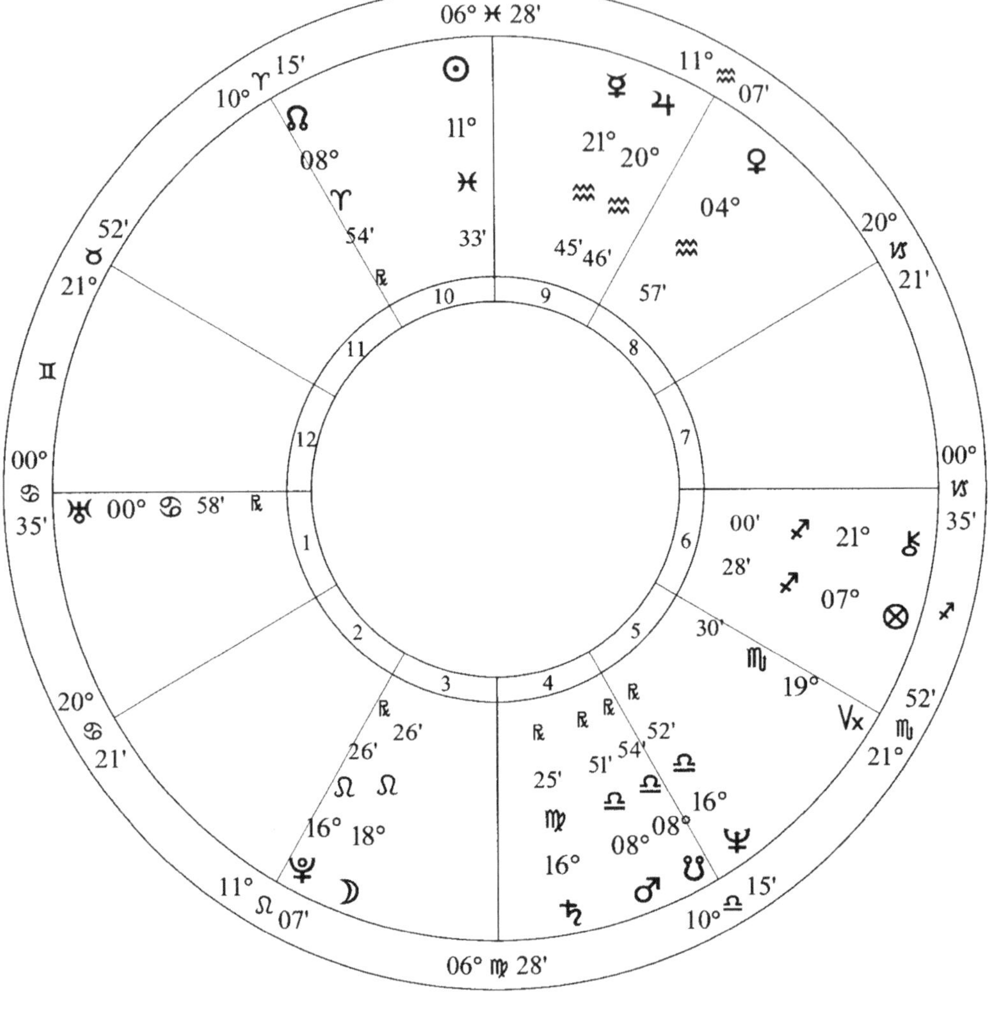

圖23　凱倫·卡本特的出生星盤

一九五〇年三月二日，上午十一點四十五分，康乃狄克州紐哈芬市

（Roger Maris）、演員卡洛・柏奈特（Carol Burnett）。

火星與北交點形成三分相或六分相，人生的主題類似火星與北交點合相，不過程度比較輕微。四方相則類似火星與南交點合相，程度也比較輕微。四分相的人的行爲和衝動，常常出現在不對的時間點，或是與社會規範產生摩擦。他們很難讓自己的行爲與別人的需求達成和諧，所以常常顯得運氣不好。

我們接下來會討論月交點與外行星的相位。

8

月交點的相位（二）

與月交點合相的外行星具有特別重要的意義，這會增加這個外行星的重要性，終其一生都是如此。這有點類似前一章介紹過的內行星與月交點合相，外行星與北交點合相代表這個人在這一世會帶著覺知發展的特質。當事人可能會覺得有些身不由己，被迫要發展與這個外行星有關的特質。

靠近南交點的行星代表之前已經發展出的特質。這些特質是很習慣性的，通常不需太費力就能展現出來。在這樣的相位安排裡，代表這個人從前世帶來了某樣東西，需要在這一世讓它變得更完美。當事人可以進一步培養與這個行星相關的才華，或是更完整、更正面、更有覺知地利用這些才華。有時與南交點合相的行星，代表過去世經歷過一些與這個行星有關的失敗，所以現在必須多花上一世的時間，完成該行星象徵的功課。

如果有行星位於月交點軸的兩端，代表有過去的功課需要努力，但也會有一些努力的誘因讓人去完成一個任務。這些人這輩子肯定很忙，而這也意味著靈魂在演化之路上正走到一個特別的十字路口。他們在這一世有許多進步的機會，無論是在物質或靈性層面。與北交點的合相通常比較有利於物質層面的興旺和世俗的影響，與南交點的合相則有利於靈性層面的進展。

這些合相可以有比較寬的容許度，最多到七度，甚至七度以上；不過我在這本書裡提到的案例，容許度都很小（大部分的案例都是三度）。相位越緊密，影響力越強烈。

月交點與木星的相位

當北交點與木星合相時，代表過去世的善行帶來靈性或物質財富的機會。這代表這個人對於獲取物質有很健康的慾望，並且能在建立個人的財務獨立、追求自給自足的過程中，獲得許多利益。瑪丹娜就有木星與北交點合相在二宮，這是很有趣的，因為我們很多人對她的印象就是「物慾女孩」。她在其他方面的表現也很符合這個相位的意義，因為這也意味著發展更高層的哲學，獲得智慧。這個相位也象徵極度樂觀，而比較負面的影響就是過度奢華或太過樂觀。這個合相落入的宮位可以顯示會在哪一個生命領域中表現熱情、過度樂觀、或是把事情視為理所當然。在這個領域中也可能有一些過度傾向。不過這也有許多好事，因為這個宮位也代表這個人的幸運點。木星與北交點合相，類似太陽與北交點合相，意味著賜福、利益和保護，通常這輩子也能免於業債的負擔。不過最糟的表現就是貪婪，雖然這是一個吉相，還是可能會對別人造成傷害。

有時這個相位的表現比較偏向靈性的賜福，勝過於物質層面的福分，但是這些人可能從事很多不同領域的工作。舉個例子，如果是演戲，他們可能演出很多電影和角色；如果是唱歌或作曲，他們可能會出很多唱片；如果是寫作，他們可能會出版很多書；諸如此類。他們的作品通常都能被大眾接受，廣受喜愛，而這有利於他們增加物質財富。這個相位出了許多有才華的人，從事的行業也很廣泛。合相的星座可以提供線索，看出他們擁有哪些才華，還有這些才華大部分會走社會、物質或靈性路線。他們之中有許多人只是享受過去世善行的果實，通常是在物質層面的享受，不會有人逼他們，他們也不會受到挑戰，也無須去克服障礙。宇宙正在對他們微笑。他們也常有年輕的特質。

木星與北交點合相會在許多方面表現擴張的特質，也可能導致體重增加。茱蒂・嘉蘭就有這個相位，當她獲得這個相位的資產時，她也因為想控制體重而對數種藥物上癮。其他擁有這個相位的名人包括詹姆斯・范・普拉、情歌王子胡立歐・伊格萊雪斯（Julio Iglesias）、電視名人迪克・卡維特（Dick Cavett）、澳洲歌手安迪・吉布（Andy Gibb）、優雅女神奧黛莉・赫本（Audrey Hepburn），以及德國心理醫師愛羅斯・阿茲海默（Alois Alzheimer），他也是神經病理學家和大學教授，阿茲海默症就是以他命名。

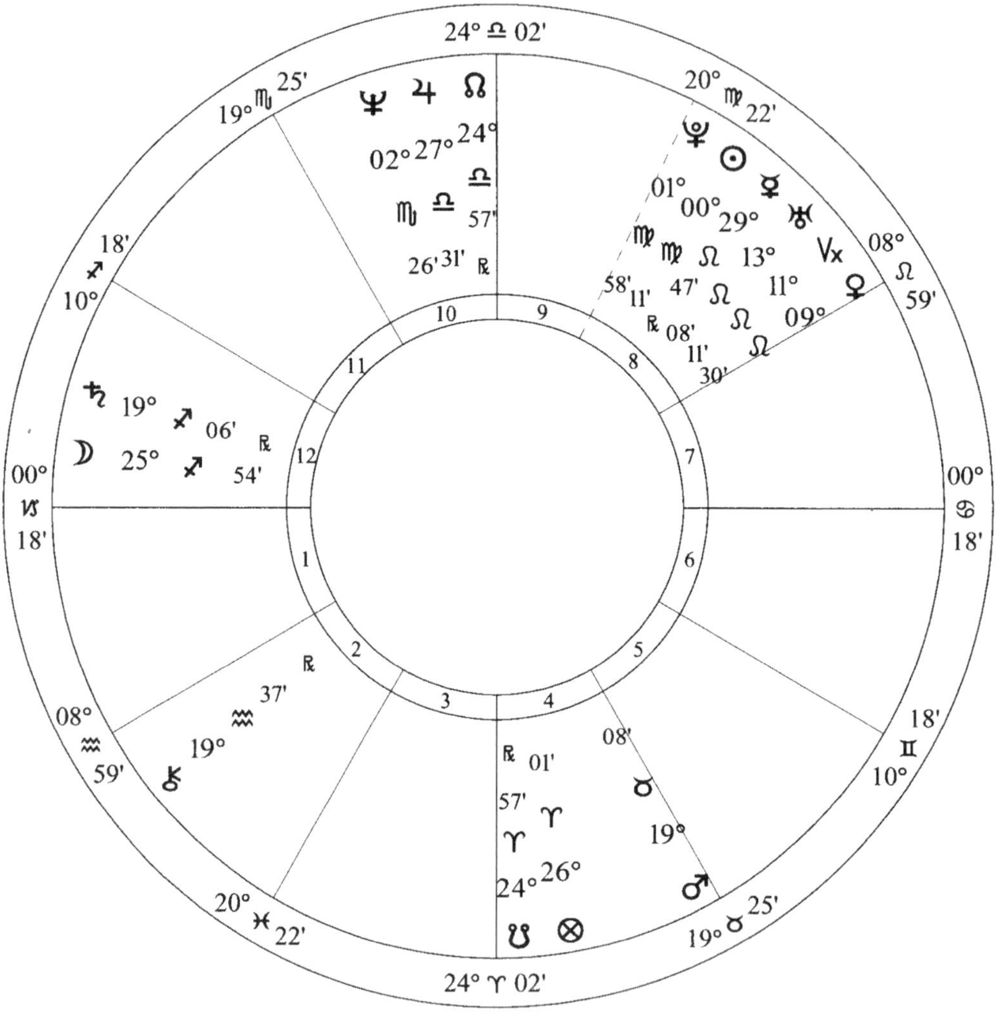

圖24　詹姆斯·范·普拉的出生星盤

一九五八年八月二十三日，下午四點十八分，紐約皇后區

木星與南交點合相也是帶有哲學色彩的相位。木星主宰哲學、法律和宗教研究，所以這些人來到這一世會帶著一些經驗和知識，構成自己的信念體系。他們已經擁有一些非常明確的觀點，如今覺得有責任把自己已經學會的東西傳承下去。他們必須利用自己的智慧，對社會風氣有正面的貢獻；如果是負面的表現，就可能是觀點很狹隘，或是強詞奪理。

L．羅恩．賀伯特（L. Ron Hubbard）是「戴尼提」（Dianetics）理論和山達基教會的創辦人，他也有這個相位，容許度很緊密。他不只因爲自己的信仰吸引了數百萬的支持者，他也是位多產的作家，撰寫過許多文章解釋恢復「希坦」（Thetan，也就是人類精神）、並讓其擺脫過去的限制的過程。他是這個相位潛力的最佳例子，發表過上千本著作，包括科幻小說系列，也被金氏世界紀錄認定是全世界最多產的作家，不過這個相位還有許多多產的作家。劇作家田納西．威廉斯（Tennessee Williams）也有這個相位。這個相位也出過一些演員、運動員、政治人物和各行各業的人，但絕大部分都與寫作和哲學有關。還有很多作者、作曲家、流行歌曲創作者、老師和教育家也有這個相位。他們的溝通技巧很出色，往往能引人注目。這些人能傳播文字。我們最常看到他們傳播信仰，促進社會規範。雙胞胎專欄作家安．蘭德斯（Ann Landers）和艾比蓋爾．范．布倫（Abigail Van Buren）也有這個相位，容許度較寬。她們都有自己的顧問專欄，即時回答人們一些針對合宜行爲和禮儀的問題。南交點與木星合相的人通常都有很好的直覺，也會擁有過去世的經驗和知識，常會表現一些不是在這一世學會的才華。這個相位也擁有出色的靈性成長潛力。

木星與月交點合相通常都能帶來一些好處，即使是與南交點合相。有些木星與南交點合相的人出身望族或王室，雖然他們獲得物質財富的過程並不如木星與北交點合相的人來得順利。這通常都會有些痛苦掙扎，不過他們很有耐心。他們可能會遭遇有關高等教育、宗教或長途旅行的問題。有時，社會大眾無法接受這些人的社會或哲學觀。他們可能有過度擴張的問題，而這會導致失敗垮台。最糟糕的情形是缺乏仁慈，因爲南交點帶來的限制破壞了木星善良仁慈的特質。

有這個相位的人包括變性人查茲・波諾（Chastity Bono）、天才老爹比爾・寇斯比（Bill Cosby）的獨子恩尼斯・寇斯比（Ennis Cosby）、文森・梵谷、珍妮佛・安妮斯頓、網球女將史黛菲・葛拉芙（Steffi Graf）、鋼琴家賀比・漢考克（Herbie Hancock）、彼得・賀柯斯和模特兒伽莉・提格斯（Cheryl Tiegs）。極具爭議的休克搖滾明星瑪麗蓮・曼森（Marilyn Manson）也有這個相位。

木星與月交點的三分相或六分相，表現可能類似北交點與木星合相，但是程度比較輕微。木星與月交點的四分相代表社會或宗教的哲學和態度，可能與社會大眾相反。這些人也可能缺少機會，會遭遇財務困境，很難在人生中取得進展。

月交點與土星的相位

北交點與土星合相，可以減少一些土星常見的限制。這可以幫助一個人更有耐心、更加保守，也更務實，同時也有助於與年長者和權威者建立良好的關係，對方能幫助他們實現雄心壯志，他們也特別能拿捏分寸，知道該在什麼時間點接近這些人。他們常與比較年長的人走得很近，常常是家中長輩提供他們特別的幫忙，助他們一臂之力，達成目標。這些人過去受到家族的守護，所以現在必須培養自力更生的精神。他們可能是接近成熟的靈魂，正在學習如何擔負責任，而宇宙會給予他們多一點協助。這個相位最強烈、最正面的特質之一就是自我紀律，他們可以利用這一點來完成良好的工作。這些人如果能用建設性的方式利用這個相位，就可以成爲各行各業的翹楚。當他們融合了組織、耐心、方法論和自己的節奏，任何成就都沒有極限。

這個相位出了許多歌手、演員、音樂家、作家、占星師、教育家、政治家、運動員和服裝設計師。時裝設計師比爾・布拉斯（Bill Blass）、義大利高級訂製服設計師柔伊・方坦納（Zoe Fontana）、皮爾・卡登都有這個相位。由於土星在天秤座是旺位，這個相位落在風象星座時特別能有所發揮，像是雙子座、天秤座和寶瓶座。

土星最知名的角色就是工頭，這也會帶來一些挑戰。有時這會表現成年輕時期的疾病，雖然這些人最後可能很長壽。他們可能會在這個相位落入的宮位所象徵的生命領域中面臨痛苦掙扎，但這些考驗都是要幫助他們培養耐心和自給自足的能力。

當北交點強化了土星的負面特質時，這些人可能會有憂鬱傾向。如果這個相位落入情緒化的水象星座，就可能更加明顯。最極端的表現就是他們可能很悲觀、麻木、自私、貪婪，甚至冷酷無情，爲自己和身旁的人帶來各式各樣的問題。如果這個極端表現的合相落在火象星座，就會更明顯，特別是牡羊座，或是火星也加入這個合相。提莫西・麥克維（Timothy McVeigh，編註：一九九五年四月十九日，他所策劃的奧克拉荷馬市爆炸案，導致一百六十八人喪生）就是這個狀況，我們會在下一章討論他的星盤。我還發現一些擁有這個相位的人是殺人犯。

當然，還有一些擁有這個相位的人會有比較正面的表現，像是棒球明星漢克・阿倫（Hank Aaron）、演員嘉莉・費雪（Carrie Fisher）、音樂人約翰・弗格帝（John Fogerty）、老牌女星佛羅倫斯・亨德森（Florence Henderson）、演員艾許莉・賈德（Ashley Judd）和喬治・席格（George Segal）。

南交點與土星合相，象徵一個人已經從前世帶來許多土星的態度。這可能有正面的表現，但也可能打從一開始就充滿限制，因爲年老、憂思的土星本來就有限制和悲觀的本質。這些人可能有一些刻板的習慣、觀

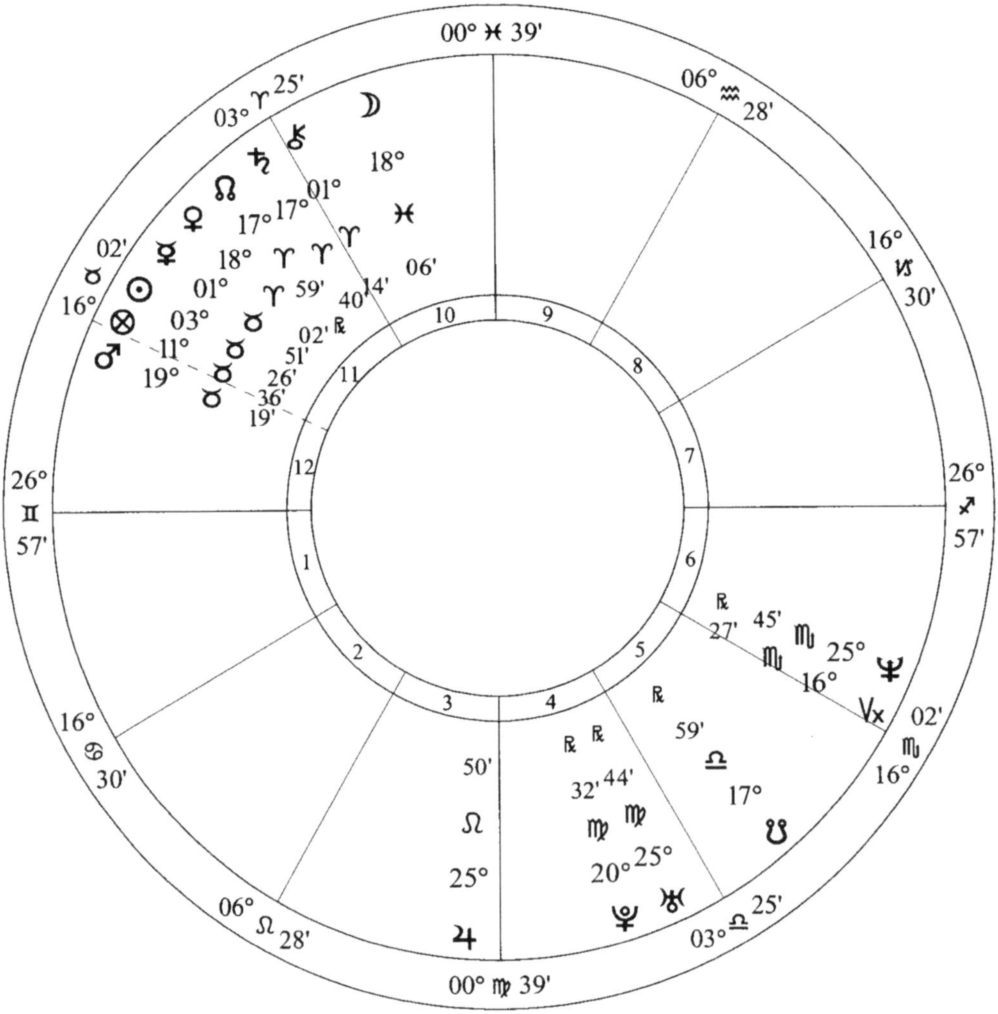

圖25　提莫西．麥克維的出生星盤

一九六八年四月二十三日，上午八點十九分，紐約洛克波特市

點和志向，早已不合乎現代社會的規範，以致社會大眾無法接受，而他們可能因此與世隔絕，對人生保持抽離態度，忽略社會責任。在我們想要逃避的過去世的影響中，這是最困難的相位。這些人很容易變得很固執，陷在過去。他們一定會用一些老方法和舊心態，與年長者走得很近。這個相位落入的宮位可以看出在哪個生命領域，他們會受到過去的想法或態度綑綁，有如囚犯。我們也可以根據合相落入的宮位，評估他們的憂慮程度。有時會出現悲劇、一連串令人沮喪的事件、或是整體而言很困難的情境，讓他們覺得很失望。他們看起來可能陰鬱不開朗，或是顯得很吝嗇或自私。土星主宰的身體部位也可能比較脆弱，像是骨頭、風濕病、牙齒或皮膚問題。

這些人如果用比較有利的方式運用這個相位，發揮土星的紀律、責任、組織和對界線的尊重，就可能完成非常熟練、精準和專業的工作，這些人可以自成一格，別人根本無法跟他們較勁。他們是無法模仿的，是獨一無二的。當他們從事一些需要勤勉付出的工作時，他們不會受到外界影響，所以能一路堅持拚到最後一刻。這個相位的主要影響是，他們一輩子都會辛勞工作，處理加諸在他們身上的限制。這個相位最棒的資產之一則是，他們比大多數的人都更有解決問題的能力，尤其是困難的事。不過他們往往要到最後一刻，才能看到具體的進展和獎賞。當他們克服這樣的挑戰時，可以獲得豐富的報酬。

這個相位會展現的才華非常廣泛，不過這些人可以用哲學的角度，或是超然和科學的觀點來看事情，這是很有幫助的特質。有這個相位的名人包括寶拉・阿巴杜、名主持人湯姆・布羅考（Tom Brokaw）、瑞典國寶級演員葛麗泰・嘉寶（Greta Garbo）、音樂藝術家馬里奧・羅培茲（Mario Lopez）、蒂納・透納、高爾夫球運動員傑克・尼克勞斯（Jack Nicklaus）和創作歌手葛瑞絲・斯里克（Grace Slick）。涉嫌詐騙的福音佈道家金貝克（Jim Bakker）也有這個相位。

土星與月交點形成三分相或六分相，代表一個人的目標和抱負比較合乎社會的標準，能較輕易地獲得需要的支持。如果是四分相，代表不容易達成抱負，這些人可能心裡充滿恐懼，個性孤僻，觀點保守，總是不合時機，或是會讓自己陷入孤立之中。

月交點與天王星的相位

天王星與月交點的相位，通常都會帶有一些卓越或天才的色彩。這些人擁有豐富多樣的特質，但都充滿獨特的創造性。無論天王星是與南交點或北交點合相，都有類似的特質，不過主要的差異在於，與北交點合相是剛開始發展天王星的特質，與南交點合相則是從前世帶來天王星的特質。

當天王星與北交點合相時，這個靈魂會受到鼓勵，表現更大膽、更有創意或更進步的思考方式。他們的前世受到保守主義的壓迫，因此備受限制，一成不變，所以到了這一世，宇宙會助他們一臂之力，確保他們能學會看到改變的好處。他們在過去也許很害怕改變。到了這一世，他們的想法變得比較有獨特性、創新和開放，顯得獨具巧思。他們的人生會以許多意想不到的方式進展，常會遇到不尋常或突然的狀況，所以他們的腦袋也很靈活。

如果他們能利用這個相位的最高層潛力，就能引進新的技巧或非傳統的方式，爲人類帶來廣泛的影響，或是至少能影響他們所屬的群體。他們能開闢一片新天地。他們是帶頭的先驅，常走在最前端，具有當代色彩，無論從事什麼工作，都能提出並闡述新的技巧、方法或風格。這些人很容易被酷潮的小東西、電腦、科學或新科技吸引。很多偏向科學思維的人都有這個相位，像是研究人員、物理學家、心理分析家和生理學家，還有些政治人物和藝術家，但運動員的比例較少。擁有這個相位的公眾人物包括喬治・布希、比爾・柯林頓、巴拉克・歐巴馬、電影演員切奇・馬林（Cheech Marin）、歌手琳達・朗絲黛（Linda Ronstadt）、演員艾莉西亞・席薇史東（Alicia Silverstone）、音樂巨星法蘭克・辛納屈（Frank Sinatra）、唐納・川普和獨立檢查官肯尼斯・史塔爾（Kenneth Starr）。提出「優勢線」的占星家喬治・懷特也有這個相位。

這個合相通常還有一些緊張的能量，常會出現在合相落入的宮位，當事人可以用建設性的方式來利用並疏導這些能量。在這個宮位還會展現一些優勢，像是能接受新穎的事物，能意識到改變的潮流，並利用這份遠見。這些人帶有非常極端的能量和與電有關的影響力，而且可能表現得太過頭。這可能變成過度興奮，如狂風般掃過某種集體狂熱的想法，卻沒考慮長期的後果。他們是革命家，好壞都有可能，言行舉止可能很激進，令人震驚。這個相位最糟糕的表現是，他們可能很古怪、不循常規、不服從公眾信念或造反。像是希特勒這位邪惡天才、納粹德國時期納粹黨黨務中心領導人馬丁・鮑曼（Martin Bormann），還有引導很多人自殺的馬歇爾・阿普爾懷特（Marshall Applewhite）也都有這個相位。無論天王星與南交點或北交點合相，這些人可能對安樂死、對選擇自己的死亡時間這些事有些迷戀。

南交點與天王星合相，會從前世帶來某些創造天賦。他們可能不需要正式教育的幫助，就能展現耀眼才華。古典音樂神童莫札特從四歲就開始作曲，他就有這個相位。這些靈魂可能曾經待過古代的先進文明，像是亞特蘭提斯、瑪雅或雷姆利亞文明，帶著優秀的洞察力來到這一世。斯瓦米・維韋卡南達就有這個合相落在雙子座。讓西方世界認識昆達里尼（Kundalini，拙火）開悟的印度瑜伽行者尤伽南達（Yogananda），也有這個合相落在三宮。

這些人的想法與眾不同，常會提出一些不尋常的意見和方法。只要加上務實的衡量，他們獨特的解決方法通常都行得通，可能會創造許多能量，事情突然就做成了。這個相位出了許多藝術家，創造出豐富多彩的

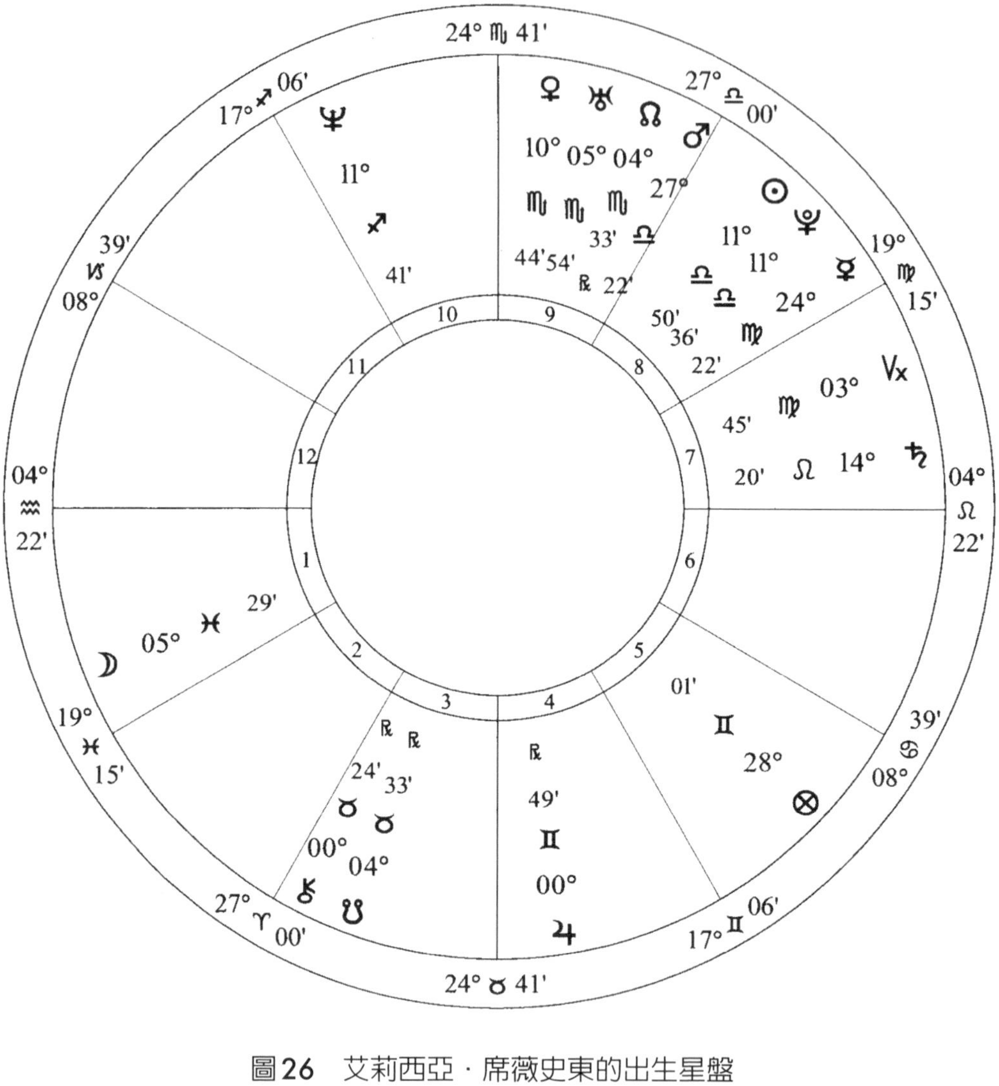

圖26　艾莉西亞‧席薇史東的出生星盤

一九七六年十月四日，下午三點四十四分，美國舊金山

作品，這也不令人意外，因爲天王星主宰色譜。這些人通常很喜愛顏色，特別是各種顏色的綜合體，像是印花、佩里斯花紋或拼色。這個相位除了藝術家，還有像是作家、演員、喜劇演員和歌手，他們的作品都以各式各樣充滿變化的風貌出名。

不過這些人在某些時候，必須應付一些突如其來、不尋常的挫折，這與該相位落入的宮位有關，而且通常都是因爲新的狀況或現況改變促成。

有這個相位的名人包括《小婦人》作者露意莎・梅・奧爾柯特（Louisa May Alcott）、卡洛・柏奈特、埃芙爾・克尼芙爾、製片家麥克・摩爾（Michael Moore）、約翰・屈伏塔、威利・尼爾森和珍妮佛・安妮斯頓。

還有一些聲名狼藉的人擁有天王星與南交點合相的相位，其中有些人的行徑很怪異，或是變得非常詭異或渙散，因爲這個相位本身帶有緊張能量。這些人在過去經歷過一些革命事件，所以到這一世便充滿焦慮不安。他們可能非常神經質。法國作家西哈諾・德・貝爾熱拉克（Cyrano de Bergerac）的一生魯莽勇敢，驚濤駭浪，危機四伏，他就擁有這個相位。最糟糕的狀況是，這些人如果內化了這個相位的能量，就可能容易狂怒失控或是變得很怪異。他們做事的方式可能極不尋常，或是用很古怪的方式解決問題，令人無法接受。他們行事極端，自斷後路。有些人會因此被稱爲賣國賊、叛徒或教唆者。正當我在撰寫前面的內容時，韓國學生趙承熙（Seung-Hui Cho）在美國維吉尼亞理工大學瘋狂屠殺了三十二人，最後自殺。他就是有天王星與南交點合相在射手座，與九宮的事物有關。他的混亂源自於他誕生的國家，而他在一個高等教育機構展現了這份瘋狂。關於這個事件，我們會在第九章進一步討論。

如果天王星與月交點軸形成三分相或六分相，會有類似之前提到的正面特質，只是程度比較輕微：這些

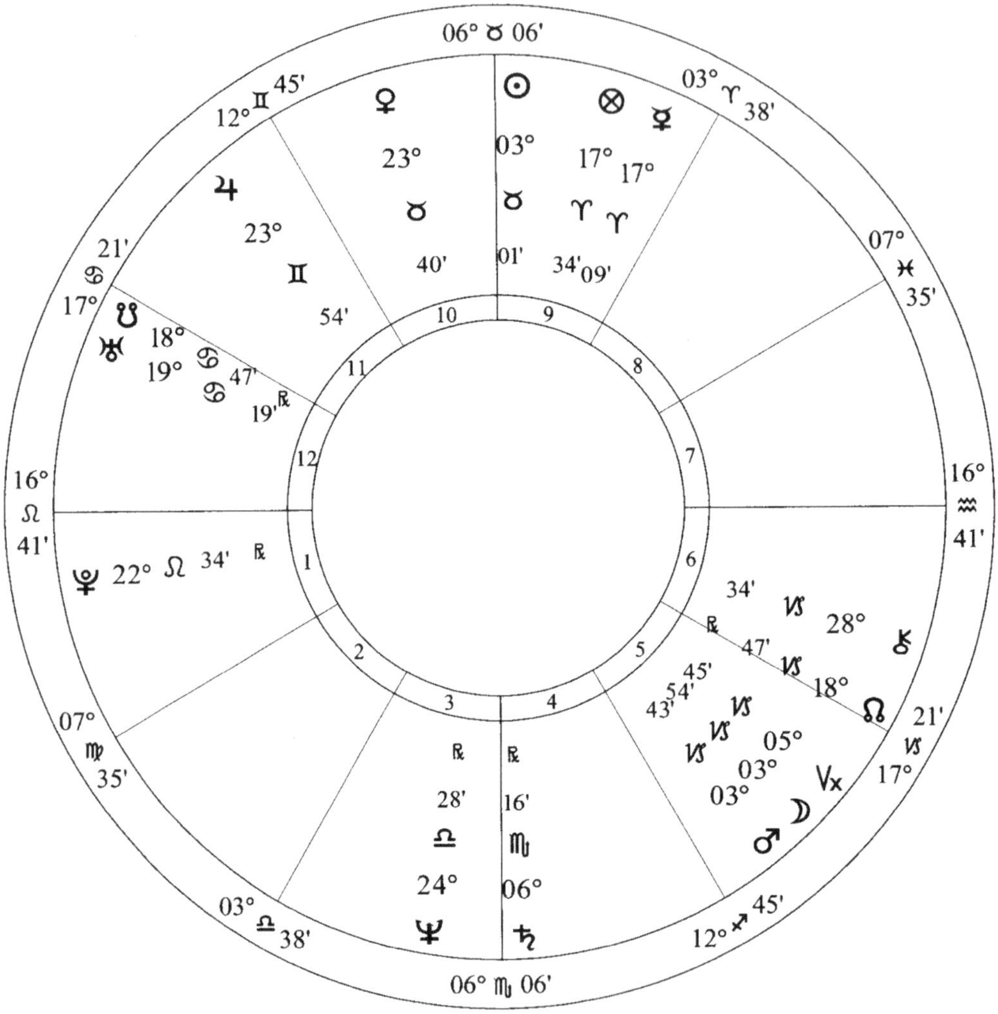

圖27　麥克・摩爾的出生星盤

一九五四年四月二十三日，中午十二點四十五分，明尼蘇達州佛林特市

人能利用新的或正在變化的公眾意見，同時引進新的方法。如果是天王星與南交點形成四分相，這些人常不遵循常規，常與時下的社會標準脫節。他們的想法常被否定、被反對、不被接受，這會讓他們很挫折，導致他們變得冷漠無感或桀驁不馴。

月交點與海王星的相位

當海王星與北交點合相時，可以強化一個人的想像力。宇宙正鼓勵這些靈魂變得更敏感，更憑著直覺行事。他們很有眼光，可以透過與海王星有關的事物獲得成功。這些人可能很喜歡影片、電影、藝術、攝影或肖像繪畫，會被這一類的事物吸引。他們也很喜歡設計、裝潢和舞蹈。詩和寫作也是很有利的人生方向。這些人非常有創造力和藝術天賦。他們能啓發人心，無論從事什麼領域的工作都能帶來正面的轉化。他們可能會迷戀神祕的事物，或是會以某種方式浸淫在海王星的國度，通常會懷抱著偉大的夢想，足以影響全世界。他們對於社會可以接受的事物有很細膩精微的體認，所以很容易受人歡迎。這個合相落入的宮位可以看出他們在哪個領域特別有想像力。他們可能會擁有與這個相位有關的夢想或幻想。

這些人很喜歡海和水，可能加入海軍，或是從事能靠近水的活動。《鐵達尼號》男主角李奧納多·狄卡皮歐就有南交點與海王星合相。有這個相位的藝術家，特別容易被與水有關的事物吸引。海王星與北交點合相的人也喜歡旅行，可以把這當成職業，旅行也對他們有利。

這個相位的隱憂之一就是對藥物的喜愛。他們一開始會把藥物當成通往開悟的管道，但是海王星的相位充滿誘惑，這些人可能被海王星的浪潮席捲而不自覺。他們也很容易被自己的慾望誤導，或是被別人欺騙。這個相位也會出現罪犯，像是綁架犯、戀童癖或性侵犯。

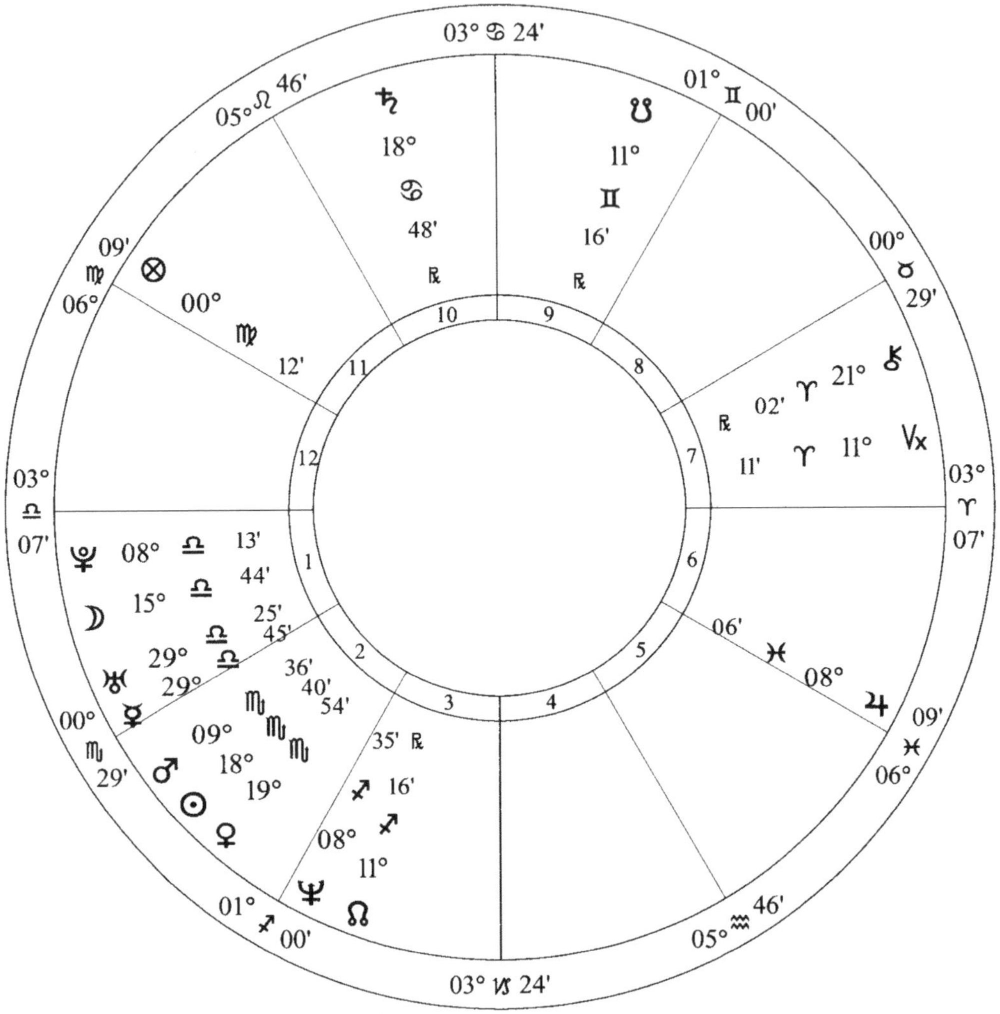

圖28　李奧納多．狄卡皮歐的出生星盤

一九七四年十一月十一日，早上兩點四十七分，加州洛杉磯市

有海王星與北交點合相的名人包括吉米・卡特、鄉村女歌手瑪麗・翠萍・卡本特（Mary Chapin Carpenter）、電影演員蜜雪兒・菲佛（Michelle Pfeiffer）、安迪・吉布、音樂家邁克爾・艾勒懷（Michael Erlewine）、美國前總統雷根、以及瑪莎・史都華。

海王星與南交點合相的人帶有靈視天賦。這些人如果能展現這個相位比較高層的形式，就能在上述的領域中獲得成功。他們可能是電影攝影師、電影製作人、畫家、藝術家、符號創作者、攝影師、舞者、歌唱家、音樂家、演員和設計師。《美國偶像》第四季冠軍凱莉・安德伍（Carrie Underwood）就是展現這個相位最高潛力的耀眼例子，不過她還有土星和冥王星形成六分相，這也強化了這個相位好的影響力。她的北交點也位於巨蟹座的有力位置，這也顯而易見，因爲她成爲全美國的「鄉村」甜心。她應該能享有長久的名氣和讚美。

不過他們當中到底有多少人能用最高的形式展現自己獨特的天賦，還是很令人質疑。海王星與南交點合相的人，前世帶來的負債很多，他們可能過著某種神祕的生活，很難被拉出來。雖然他們可能有靈性的洞見，有助於人類整體的業力成長，但很多人都寧願保持低調。他們的工作可能需要獨處，不過有些人本來就喜歡獨處或遁世隱居。有些人非常敏感，所以想要躲起來。這是一個情緒化的相位，尤其落在水象星座時。南交點的影響力可能會扭曲情緒，而這會刺激想法。有些人可能覺得自己不屬於這個世界，無法與這個世界接軌，好像住在外星球。雪歌妮・薇佛在一九七九年演出科幻片《異形》，她就有這個相位。這些人因爲這種隔離感和精神上的扭曲，更容易訴諸藥物或其他怪異的方法來處理自己的危機。毒販和一些喜歡祕密行事的人，也常有這個相位。我們可以從合相落入的宮位看出，他們的想像力和幻想會在哪個領域強化相關事物或者只是扭曲事情，也可以看出在哪個領域有些祕密在進行著。

有些人會被忽略，不會被人注意。這裡有個有趣的例子，有個男孩的私處被同學取了「灰褐色」的綽號，藉此區隔他和另一個有同樣名字、比較受歡迎的男孩。這個綽號緊跟著他不放，把他列爲次等人。他有海王星與南交點合相，落在一宮，這也使得他比同學矮，而這對他毫無幫助。這就像一記懲罰，他仍然或多或少不受人注目，有如隱形人。

他們通常會遇到一些陰謀詭計，觸動人生的際遇。潔西卡・林奇的海王星與南交點合相在射手座。她在國外執行軍事任務時淪爲戰俘，最後雖然獲救了，但是她被救援的每一個層面都受到質疑或引起爭論，甚至連她自己也有疑惑，而她的戰俘狀態也充滿爭議，只讓這一切看起來更像陰謀。前白宮雇員琳達・翠普（Linda Tripp）也有南交點與海王星合相。

海明威（Ernest Hemingway）示範了這個相位多樣的影響力。他的海王星與南交點合相在雙子座，而他是充滿想像力的作家。他最偉大的著作是《老人與海》，但他的創作也受到過量的酒精激發，使得他最後變成了酒鬼。他旅行時運氣極差，曾在兩次空難中受到重傷。他又因爲憂鬱症接受休克療法，之後記性越來越差，最後以自殺結束一生。他有幾位家人也以自殺結束生命，有人猜測他們的家族基因傾向血液中的含鐵量過高，導致大腦不穩定、憂鬱和其他疾病。

其他有這個相位的人包括露意莎・梅・奧爾柯特、卡洛・柏奈特、腹語師莎里・路易斯（Shari Lewis）、威利・尼爾森、伊莉莎白・蒙哥馬利（Elizabeth Montgomery，演出電視影集《神仙家庭》）、法國前總統席哈克（Jacques Chirac）和創作歌手邦妮・瑞特（Bonnie Raitt）。這些人全都有南交點與天王星合相的相位，其中許多人出生在一九三三年。

海王星與月交點軸形成六分相或三分相，會出現類似北交點與海王星合相的主題，只是程度比較輕微，不如合相能充分發揮最佳能量。當海王星與月交點軸形成四分相時，這些人的靈異敏銳度會受到限制，或是他們的神祕傾向與當代風俗形成衝突，導致他們覺得很孤單，受到排斥或誤解。他們可能有藥物問題或中毒的危險。

月交點與冥王星的相位

北交點與冥王星形成合相時，可以增加決心、耐力和意志力。這個相位能賦予權力、控制和體力，而這也是當事人正在學習處理的功課。擁有這個相位的靈魂可能在過去世受到霸凌或被打敗，因此無法達成目標，到了這一世，更高層的力量確保他們不會再次落敗。因此，他們現在要是對自己的目標充滿熱情，無論機會如何對自己不利，他們都會力抗到底。

這些人可以在多個領域中功成名就。他們擁有充沛的精力去達成目標，也可能是不由自主地想要完成，或是對目標太過迷戀。我們可以在五花八門的領域裡發現擁有這個相位的成功人士，像是外科醫生、運動員（例子甚多）、數學家、藝術家和其他各種領域。這個合相落入的宮位，可以看出他們會在哪一個領域培養力量。超級名模勞倫．赫頓（Lauren Hutton）就有這個合相落在一宮，她的力量就蘊藏在身體裡。實業家厄尼斯特．蓋洛（Ernest Gallo）也有這個合相落入九宮，所以他在遠離家鄉的地方找到了自己的力量。美國網球大滿貫冠軍比莉．珍．金（Billie Jean King）的這個相位則是位於七宮，她在競爭中找到自己的力量。

還有一些名人擁有這個相位，包括喬治．克隆尼、鄉村音樂作曲家約翰．丹佛（John Denver）和冰球名將韋恩．格雷茨基（Wayne Gretzky），還有「至上女聲三重唱」（The Supremes）的兩名成員黛安娜．羅絲（Diana Ross）和瑪莉．威爾森（Mary Wilson）。

這些人擁有一種天賦，可以憑著直覺理解趨勢，並用非常謹慎的方式利用這種天賦。有這個相位的人常是謀略大師。這個相位若是以最高的層次展現，且若這個靈魂已高度進化，將能激發對於理解生命意義的高度興趣，積極追尋眞理和開悟。當然，他們可以明智地運用這些天賦，對社會有所貢獻，或是只求一己之利。有些人會受到誘惑，利用自己強大的洞悉能力進行操縱，結果不斷深陷於權力遊戲和掙扎之中。他們可能選擇透過金錢或政治等外在方式來獲得權力和控制，對別人行使權力。很多政治人物都有這個相位。當一個人誇大了北交點對冥王星的影響時，可能永遠不滿意已掌握的控制權。這是一個可能失控的相位，因爲這些人非常有領導魅力，通常不缺願意屈服於他們的人。有些人會爲自己惹出嚴重的麻煩。這個相位帶有侵略性的特質，一定要找到出口，而這可能變得有毀滅性。有些人會變成罪犯，或是利用自己的權力對別人造成傷害或毀滅。連續殺人犯約翰·艾倫·穆罕默德（John Allen Muhammad）就有這個相位。這可能有些不祥的往來或連結。有時他們的人生會遭遇疾病、暴力或悲劇。舉個例子，歌手小法蘭克·西納特拉（Frank Sinatra Jr.）在十九歲時曾被人持槍綁架，要求贖金。其他有這個相位的名人包括小約翰·甘迺迪、瑪麗蓮·夢露、吉米·莫里森、占星家西德尼·奧馬爾、實業家約翰·雷賽（John Ramsey）和米高·福克斯。

若是冥王星與南交點合相，代表這個人因爲在過去世經歷了一些強烈艱困的風暴洗禮，所以帶著不可思議的力量來到這一世。如今，他們需要非常謹慎地運用和分配這些力量。這些人與更高層的力量有過協議，同意要如何使用力量，而這不應該是爲了自私的目的。達賴喇嘛就有這個相位。

這些人不太在乎表面上正在發生的事，而會去探究底下進行的事物。他們充滿質疑、好奇，喜歡探究，常能意識到別人行爲背後的動機。美國德裔心理分析家、同時也是社會哲學家的埃里希·佛洛姆（Erich Fromm）就是很好的例子。這些人才華洋溢，引人注目，出了許多運動員、物理學家、醫生、政治人物、作

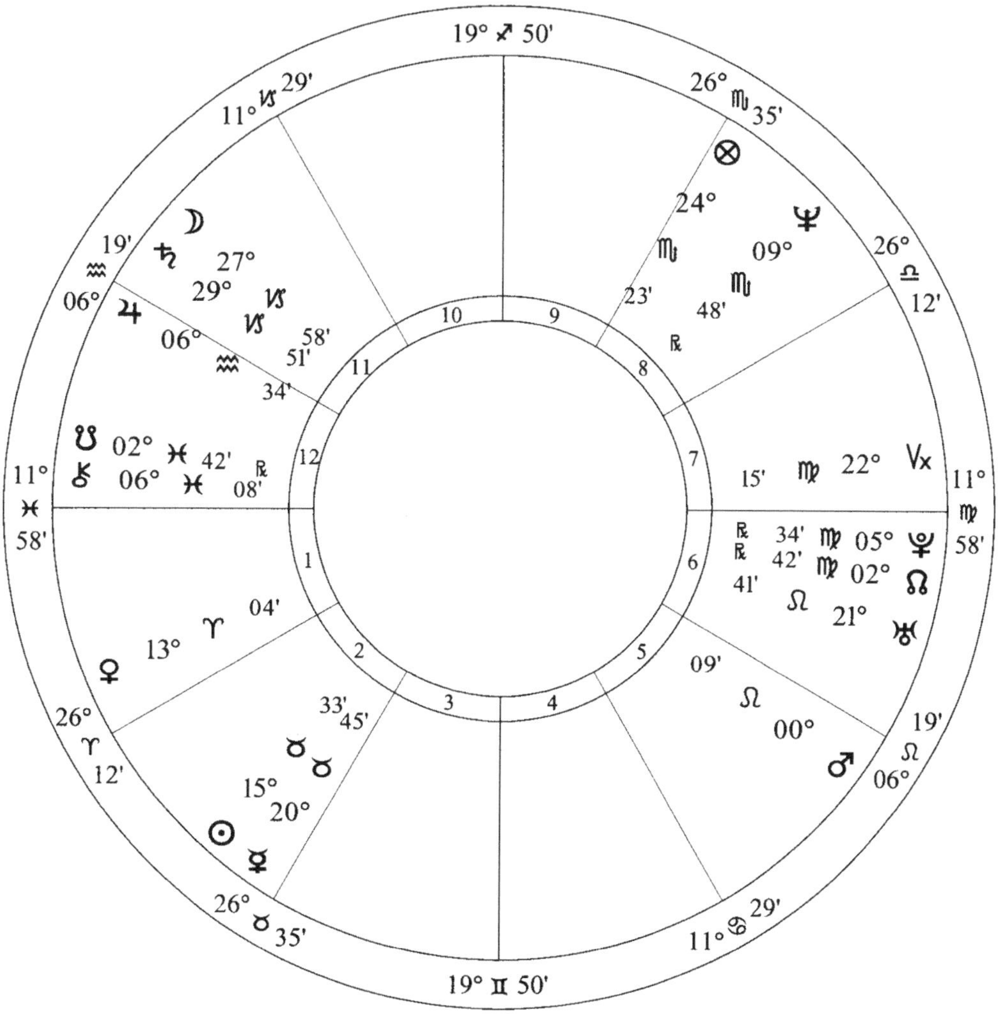

圖29　喬治．克隆尼的出生星盤

一九六一年五月六日，早上兩點五十八分，肯塔基州萊辛頓市

曲家和企業家。不過他們很難適當地控制這些能量，很難避免對自己不利。這些靈魂記得過去的危機，因此生性猜疑，會變得想操縱一切，以維持勝人一籌的狀態。這就是他們失敗最主要的原因。有些人會滿腦子想著性或感官事物，導致心神渙散。也有些人會非常迷戀死亡，迷戀病態或怪異的事物。

冥王星與南交點合相落入的宮位，可能會有一些個人的損失。電影演員克里斯多福．李維（Christopher Reeve）就有這個合相位於上升點的位置，意味著與身體有關。他的南交點與冥王星合相落入獅子座，他運用了自己的力量成爲了大銀幕和戲劇的超級英雄「超人」。這個合相與木星形成四分相，木星主宰大型動物，而他就是在騎馬比賽時受傷，元氣大傷，最後癱瘓。他用決心和意志力克服受傷的痛苦折磨，做到了一些前所未有的進步，成爲其他癱瘓者的最佳典範。我們可以看到，他如何讓自己的損失成爲別人的收穫。這就是充分利用了南北月交點——這個靈魂忠於過去承諾的誓言。

其他擁有這個相位的人，可能飽受健康欠佳、生理限制、性虐待之苦，或是多少與暴力、大災難、創傷、痛苦或邪惡的交易有關。貓王艾維斯．普里斯萊就有這個相位落入四宮，他到了人生末期，健康、經濟和藝術創作都出了問題，最後以悲劇收場。

如果冥王星與月交點軸形成六分相或三分相，就會以比較正面的方式展現，類似北交點與冥王星合相，但是少了一些沉重的業債。如果是四分相，這些人會受到限制，無法表達自己的意見，他們的行爲也會受到社會整體的壓迫。他們非常有野心，想要做些大事，但是沒有觀眾或舞台。這些人也會有搗亂或破壞的傾向，因此別人會把他們視爲威脅。

月交點與凱龍星的相位

凱龍的位置揭露我們在哪個生命領域會有一些傷口，這些傷口如何存在，與誰有關，同時可以看出我們如何療癒別人。有凱龍與月交點合相的人，無論是北交點或南交點，都可活出與凱龍有關的主題。他們會扮演受傷的受害者，受傷的療癒者／老師／發起者，或是造成傷害的人。這常是必須接受一些個人的傷口，擴展個人的覺知，然後利用這份理解去幫助別人。

北交點與凱龍合相的人特別會受到鼓勵，往上述的方向發展。有些事件會激勵他們發展療癒的潛能。也許是年輕時某個非常重要的經驗，讓他們意識到這份使命。他們可能經歷過一次個人的情感或身體危機，或是他們與某個病人或殘障者有非常密切的私人關係。他們的工作通常與療癒領域息息相關，提倡先進的療法，或是推動一種療程，幫助人們從痛苦的傷口中復原，繼續向前走。他們也可能和從事療癒的人或有教導療癒才華的人往來，有時會追隨某位個人導師主張的準則。

這些人如果能用有建設性的方式運用這個相位，就不會在受傷時花太多時間自艾自憐。他們會克服它，繼續向前，還會覺得別人如果也能這樣會比較好。他們之中有很多人都會用強硬的態度來幫助別人。他們很少生病，因爲根本沒時間生病。當他們處理一個痛苦的危機時，態度通常很堅定，絕不胡鬧，雖然有些人可能會過度冷酷嚴厲。他們除了當老師、療癒者，還有很多是活動份子和政治人物，對群眾有影響力，常會扮演正面的角色，讓別人注意到一些更廣面的、需要修補的狀況。有凱龍與月交點相位的人，無論是北交點或南交點，通常都充滿個人魅力。這些人可以吸引來追隨者，他們可能用建設性或破壞性的方式來利用這個優勢。

凱龍與北交點合相的名人包括珍妮佛・安妮斯頓、查茲・波諾、迪克・克拉克、賴瑞・佛林特、吉米・罕醉克斯、珍妮絲・賈普林、「茱蒂法官」茱蒂・謝德林（Judith Sheindlin）、約翰・屈伏塔、芭芭拉・華德斯和歐普拉。

我們從這份名單很容易發現，這些人大多數都經歷過個人的創傷。他們如何以建設性的方式來運用這個相位，必須視與月交點軸形成的各種相位而定。

這些個人的創傷有時候會造成扭曲的影響力，而他們最後帶給別人的傷害和折磨，遠勝於他們帶來的正面影響。希特勒就有這個相位（容許度較寬），不過他也有南交點與月亮合相，這有時會帶有無情的特質。

南交點與月亮合相的靈魂，來到這一世就已經具備療癒別人的第一手經驗，或是能想起一些受傷的經驗。這可能有一些痛苦的回憶，也包括人生早期的傷痛。他們可能非常重視隱私，對過去有很鮮明的記憶，很容易困在裡面。有些人會利用自己的傷痛來控制別人。有些人則變成活動份子，鼓吹一些比較不受歡迎的理想目標。如果有行星與北交點合相會比較有利，可以提供平衡的影響力，幫助他們向前走。

有這個相位的名人包括演員華倫・比提（Warren Beatty）、《柯夢波丹》雜誌創辦人海倫・格雷・布朗（Helen Gurley Brown）、音樂藝術家比利・卡特（Billy Carter）、喬治・克隆尼、演員泰德・丹森（Ted Danson）、愛德華七世（King Edward VII）、米高・福克斯、肯尼・羅根斯、喜劇演員迪克・馬丁（Dick Martin）和電影演員傑克・尼克遜（Jack Nicholson）。

這些人都具有某種沉默的特質，雖然他們都已受過啓發，可以幫助別人，彷彿曾經面對過某種痛苦的危機。傑克・尼克遜演過一些觸動人心的角色，就有非常強烈、沉默的一面，彷彿他能接觸一些別人無法碰觸的深奧智慧。他當然有過一些傷痛，演藝生涯也停頓了很長一段時間，而直到他三十多歲時，在母親和姊姊

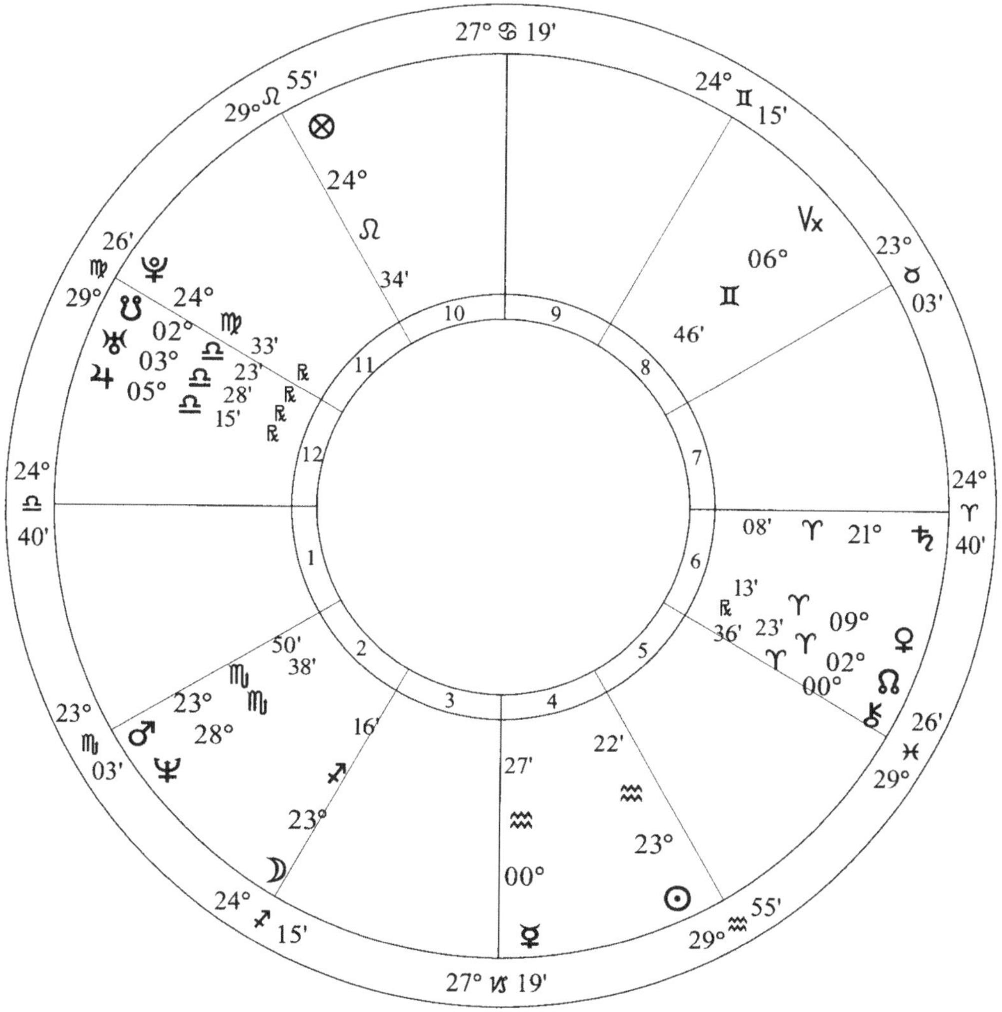

圖30　珍妮佛·安妮斯頓的出生星盤

一九六九年二月十一日，晚上十點二十二分，加州洛杉磯市

辭世之後，才知道母親其實是他的外婆，姊姊才是他的親生母親。他不知道自己的生父是誰，而他選擇不去追究。

米高・福克斯飽受帕金森氏症之苦，他利用自己的理解和知名度，讓社會大眾意識到幹細胞研究可能可以治癒許多身體的疾病。

這個相位還有些聲名狼藉的人，像是伊拉克前總統海珊（Saddam Hussein）和連續殺人犯艾德・蓋恩（Edward Gein），希區考克的恐怖片《驚魂記》就是以他爲腳本。眞實世界的蓋恩比電影角色更恐怖。他把女性殺害後，用她們的皮膚做成衣服和緊身褲，或是把受害者的屍體從墳墓裡挖出來。他因爲母親的緣故，無法往北交點的方向發展。他的母親禁止他跟任何女性接觸，限制他與外界接觸，避免受到其他人的影響。她是宗教狂熱份子，有一次看到他手淫，竟然燙傷他。他的南交點與凱龍合相在九宮，交點軸與宿命點合相，在星盤中還有很多對分相。不過他的月交點和幸運點有相位，所以他可以逃過死刑，最後在收容精神病患的機構裡過世。他的一生極其怪異，成爲人們深入研究的案例，想要了解他的心智運作。

凱龍與月交點軸形成三分相或六分相，也會有類似上面提到的正面表現。他們會根據自己對於痛苦傷痛的理解，找到方法幫助別人。如果是與月交點軸形成四分相，凱龍落入的宮位可以顯示有哪些痛苦的課題、傷口和限制，會帶來持續的、一再出現的麻煩，這就像絆腳石一樣，導致他們很難朝著北交點的方向發展。

接下來，我們會討論當月交點因「推運」而與其他行星形成相位或角度時，會出現哪些重要的人生主題。

9

推運與月交點

二次推運（Secondary Progression，簡稱二推法，另稱次限法）是一種預測技巧，這是以簡單的象徵意義爲基礎，假設一天的行星過運（transit）等於人生的一年。簡言之，如果你想要找到一個人二十歲的推運的行星位置，你可以看二十歲生日隔天的行星位置。太陽每天移動一度，所以一年會推進一度。當太陽移動時，會與本命的行星形成相位。當相位的容許度是在一度以內時，能反映出這段時間人生的重大議題。舉個例子，當二次推運的太陽來到上升點或天頂的位置時，通常會引來一些關注，發生重要的人生大事；對女性而言，這有時代表婚姻，諸如此類。內行星移動的速度很穩定，與本命行星或另一個推運行星形成的每一個相位，也都能反映當下的人生主題。當我們要預測趨勢和事件時，二次推運是最可靠的方法，主要是根據在同一段時期、在容許度內的所有相位，進行綜合分析。

外行星的移動更慢，因此在人的一生中，推運的進展不多。其實，如果你看一下你出生後九十天的星曆，你可以根據第幾天的星曆，挑選出人生重要的年分，這必然會有一個行運的行星與某一個本命行星形成相位。月交點往後移動的度數很少。九十歲時，退行大約五度而已。天頂則像太陽一樣，每年推運的速度大概是一度。

預測趨勢

如果本命盤的北交點在星盤頂部，而且是在天頂的左邊，在某個時間點，推運的天頂會碰到北交點。此時，人生會出現明顯好的影響力，通常會有一些發展和提升。如果這個相位發生時，推運的北交點已經向後退了一或兩度，這個受到賜福的趨勢會延續超過一年，加入這個與推運天頂的合相相位。也就是說，推運的天頂會先遇到推運的北交點，然後遇到本命的北交點。我們可以預見，此時會出現業力的獎賞和恩賜，以及外在地位的提升，並朝著命定的道路邁進。

我們以美國電影導演朗．霍華的星盤爲例，解釋一些重點。他的北交點進入十宮約六度。他很小就開始演戲，被父母推進演藝圈，這跟他的月亮與北交點合相多少有關。他拜北交點所賜，能在演藝圈獲得矚目。他的北交點位於星盤頂部，位置顯著，能提供助力。他在十六個月大時就已客串一些角色。他小時候雖然沒有受到太多關注，但成名是遲早的事。我們可以從他的星盤中看到這個命運的承諾。一九六〇年，他在電視喜劇《安迪．格里菲斯秀》中飾演阿比．泰勒（Opie Taylor），年僅六歲半的他因此一舉成名。此時，他推運的天頂遇到本命和推運的北交點（這裡使用的是平均的月交點）。約要一到兩年後，精確的月交點才會遇到推運的天頂。這個相位仍很重要，因爲他當時還是很紅，不過以他爆紅的時間點來看，用平均的月交點運算是最準確的。

如果是南交點在星盤的頂部，也就是落在十宮或十一宮，整個趨勢剛好相反。當行運的天頂分別與行運的南交點、本命的南交點形成合相時，就會出現困難、考驗和壓力。

事情可能如漩渦一般，往不好的方向發展，或是在某些極端的例子裡會出現急轉直下的狀況。這個時候會出現各種障礙，導致進展緩慢。很不幸地，這種趨勢會持續幾年，視年齡、還有推運的南交點和本命的南交點的距離而定。這些人可能面臨連續的挑戰，必須同時應付不只一個問題。唯一可以預知的是，許多問題都是之前的行爲導致的直接後果。可能是他們的生活方式招致這些問題，這時也可能出現健康問題。至少，他們必須非常努力，才能維持之前的衝勁。這就像大部分的考驗時期一樣，可以學到一些功課，也能爲許多方面帶來淨化。他們可以擺脫一些老方法，放下陳年的包袱或舊習慣，進入新的時期和狀態。

這段時間可能有些進展，當他們事後回顧時，還可能發現這是一個突破點，但是的確需要付出更多努

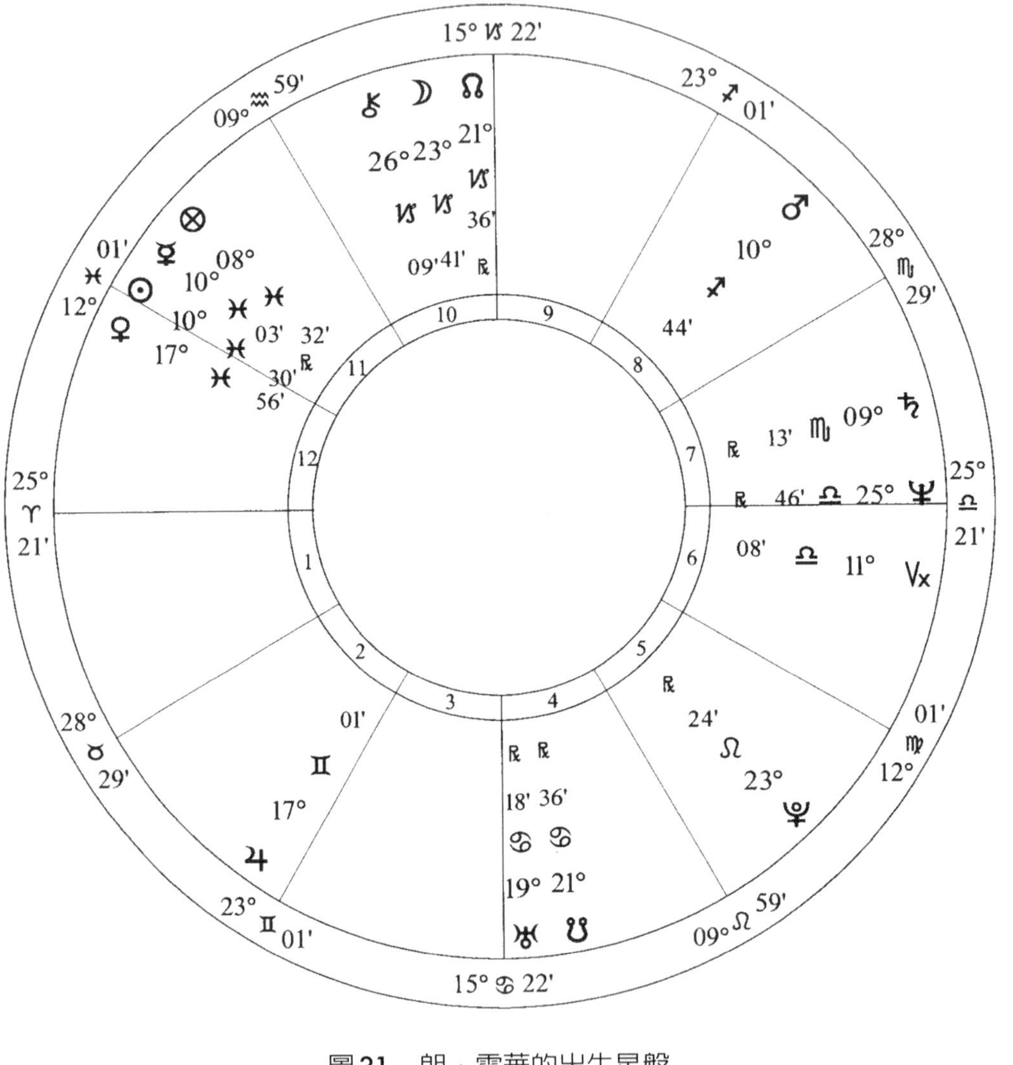

圖31　朗·霍華的出生星盤

一九五四年三月一日，上午九點零三分，奧克拉荷馬州鄧肯市

力。舉個例子，桑尼．波諾努力了很多年才成名。他從高中退學，專注投入作曲，必須做一些奇怪的工作來養活自己。在他的例子中，這個合相發生在二十二歲至二十四歲。他在這段期間當了爸爸，向唱片公司推銷自己創作的曲子。他嘗試很多種方法進入音樂圈，但都不得其門而入。後來他終於成爲唱片製作人菲爾．史佩克特（Phil Spector）的助理，在這段期間磨練自己的技巧。當這個合相在一九六〇年代初期一結束，他就成爲家喻戶曉的明星了。

茱蒂．嘉蘭的這個相位發生在二十歲，這對她而言也是極具挑戰的時期。她正嘗試從童星的角色，轉換成成人的角色，特別是要擺脫電影《綠野仙蹤》裡「鄰家女孩」的形象。

當我和一位女性朋友討論這些個案時，才發現我生命中最具挑戰的時期之一，也是發生在這個相位的階段。她也想起在剛成年時一段重要的時期，曾經歷數個重大的人生挫敗：信用和財務問題，還加上關係問題。她離開丈夫，被公司解僱，捲入一場討厭的汽車破壞事件，還切除了子宮，諸如此類一堆鳥事。當我知道在那段時間，她的月交點的確有事發生，可能是與某一個基本點形成相位，只能說這實在太有趣了。

我們也可以用「倒轉」（converse）的方式來運用二次推運法，就是改在生日前一天來看，而不是用生日過後一天。你可以從生日開始往回推，當你數到等同你目前年齡的天數時，那一天的行星位置，就與你目前的人生主題非常有關（你最好用占星程式來計算）。倒轉的推運法，跟比較常見的往前推算的推運法一樣有效，一樣準確。當我發現我一個朋友用往前推算的推運法時，看不出任何基本點的相位，但是用倒轉方式的推運法時，就發現那段時間眞的是一場災難。這非常明顯，她的本命的南交點位於十二宮，如果用倒轉的推運法，她推運的上升點遇到了南交點。這種基本點的相位常會有高潮迭起的現象，而且對她而言，特別難熬。這個合相落在天秤座，這解釋了很多當時發生在她生命中的事。如果是用往前推算的推運法，的確有行

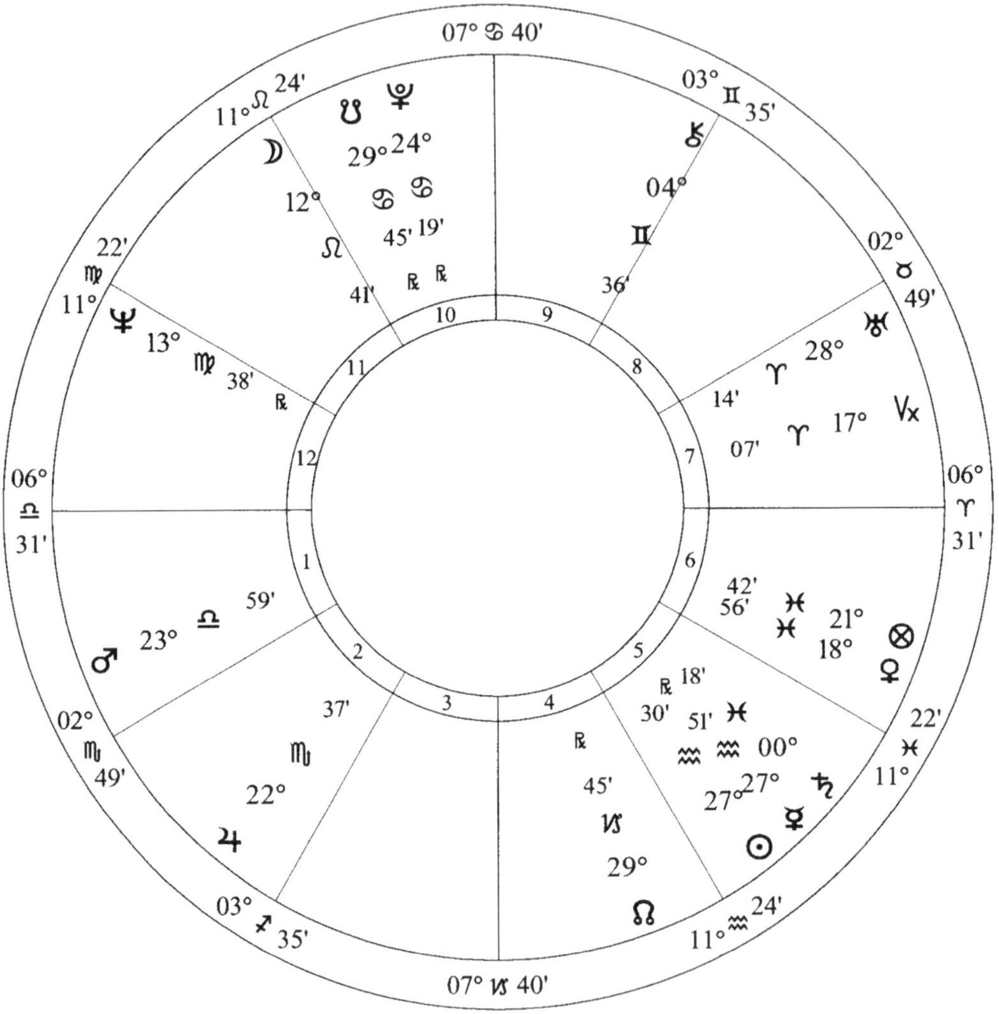

圖32　桑尼·波諾的出生星盤

一九三五年二月十六日，晚上九點二十一分，密西根州底特律市

運的冥王星與本命的南交點形成合相帶來的持續影響，這也可以歸納解釋當時發生的困難經驗。

我會在下一章完整討論行運，不過現在先簡單介紹，當有重要的人生事件發生時，通常會結合推運和行運的元素。推運搭好舞台，接著由行運來啓動事件發生，或是拖延事件。

當推運的上升點遇到本命的北交點時，這是比較幸運的吉兆，在這種情形下，北交點都是位於一宮。我們可以預期這個天生的位置可以帶來一些好處。另一方面，如果是南交點位於這個位置，就能預見會有一些困難發生。

如果我們用倒轉的方式，推運的上升點會在某個時間點，遇到位於十二宮的本命的月交點，而與推運的上升點遇到的月交點則可看出一年的趨勢。用倒轉的方式，天頂也會遇到位於九宮的本命的月交點。你只要數一下天頂與月交點之間的度數，就代表如果用倒轉的方式，兩者會在哪個年齡遇到。因此我們會說，位於九宮的北交點也是吉兆。

當推運的基本點與本命的月交點合相時，是生命中非常重要的時期，這到底有多麼美好或是多麼困難，不只要看是跟哪一個月交點形成相位，還要一併考慮本命盤的潛力，還有當時推運和行運的整體影響力。在推運法中，基本點與月交點形成的相位，有點類似我們在第二章討論過的本命的相位，只是更能反映當時的狀況。

在推運法中，當一個行星與月交點形成相位時，這也是很重要的，這可以預測一些趨勢，特別是合相。這些帶有相當濃厚的業力色彩，會讓當事人能重新調整步伐，找到命運的方向，而自由意志通常派不上用場。如果是比較不討喜的相位，當事人往往要在事情發生後，才能意識到並理解當時是什麼狀況，所以很難出力對抗。

當在本命盤裡有行星與月交點之一形成合相，我們要判斷這個相位是趨近的入相位或是離開的出相位。你要記住，月交點永遠都是逆行的，一生只會移動幾度而已。如果以順時針的方向看，有一個行星與月交點只距離兩或三度，當推運的月交點在本命星盤上向後移動時，就會遇到這個行星，形成合相。如果眞形成合相，就會產生持續的影響力，因爲推運的月交點的角度在短時間內不會有太多改變。如果這個行星在黃道星座上的度數領先月交點幾度，這個相位就是出相位，那麼就必須到這個行星逆行，一直逆行到遇到月交點，或是這個行星是內行星，例如水星、金星或火星，在出生之後就逆行，這個相位最強的影響力才會出現。你可以查閱出生後九十天的星曆，逐日檢查，確認這個行星是否會逆行，在幾歲時會遇到本命的月交點。我有一個好朋友在推運的六宮主宰行星金星，通過本命南交點的度數時，經歷嚴重的健康危機，十分令人擔心。

如果在本命盤上以順時針方向來看，若是某個移動很快的行星領先月交點幾度，像是太陽或某一個內行星，那麼按照推運，在當事人年輕時，這個行星會往前通過月交點，產生合相，此時會出現一些狀況和條件，通常會持續一到三年。不過這個行星會繼續往前移動，合相帶來的改變就會結束。但如果這個行星不是內行星（金星、水星或火星），與月交點合相時剛好是逆行，影響就會持續很久。太陽和月亮永遠不會逆行。月亮在黃道上的推進非常快，每個月約一度，所以當推運的月亮通過月交點時，只會有短暫的影響力，大概持續幾個月，容許度在一度以內。

推運的月交點相位

我們接下來會簡單介紹，當一個推運的內行星遇到月交點時會有哪些表現。這也可以反過來適用於當推運的月交點遇到內行星時，不過影響會比較久。

- **推運月亮與北交點合相**：當事人會想遠離外面的舞台，心中會暫時放下平常努力付出的事物。需要獨處的時間，而且是出於自願。女性的影響力非常明顯，會出現關係的結合，家庭充滿和諧。
- **推運月亮與南交點合相**：這是情緒上的低潮期，因爲環境會限制他們的努力，導致他們無法成功。此時還會缺乏信心，覺得自己能力不足。與女性的問題非常明顯。很可能會憂心某個親近之人的健康狀態。
- **推運月亮與月交點四分相**：這跟推運月亮與南交點合相很類似，他們必須克服阻礙，這些阻礙會對情緒和表達造成非常負面的影響。
- **推運月亮與北交點三分相**：此時能順暢地表達，很有安全感，在情感層面上很自在，所以是很快樂的一段時期。六分相的表現類似，但影響力較弱。
- **推運太陽與北交點合相**：在短暫的緊繃壓力之後，增加個人的獨特性，事業也會有進展。一開始會先感受到內在的壓力。在近親家族中，也可能有人生病或死亡。對當事人生命中的男性而言，這可能是充滿考驗的一段時間。與男性的關係很重要。
- **推運太陽與南交點合相**：這跟推運太陽與北交點合相類似，但這段時間的挑戰更困難，可能導致憂鬱或自卑情結。一位男性會成爲焦點，可能會與道德感低落的人建立關係。近親家族中，可能有分離的狀況或有人死亡。
- **推運太陽與月交點四分相**：與上面的相位很類似，環境會阻礙機會。父親或重要的男性會出現問題或遇到困難。健康方面的負擔會加重。
- **推運太陽與北交點三分相**：事情進展很順利、很幸運，會有機會和援助，能展現才華，有助於獲得他人的賞識。生命中重要男性的發展很順利，男童成長的環境與條件也很有利。六分相也會有類似的影響力。

- **推運水星與北交點合相**：心智活動的增加，專注在溝通技巧和商業往來。職業或工作出現改變，通常是朝有建設性的方向發展。與兄弟姊妹、年輕人和短途旅行有關的事物顯得很重要。
- **推運水星與南交點合相**：心智能力的負擔加重。溝通和理解技巧會受到考驗。很難達成協議，導致關係和商業的問題。太過神經質，很容易發生意外。可能會有兄弟姊妹方面的麻煩。
- **推運水星與月交點四分相**：這跟推運水星與南交點的合相有點類似，但是困難較少。不過在邏輯、理解和溝通反應上需要多花一點工夫。
- **推運水星與北交點三分相**：可以充分發揮心智技巧，很容易吸收、創造和表達觀念。這個相位對溝通能力有很明顯的加分作用。這段期間也非常適合提出計畫。六分相也有類似的影響，只是比較不明顯。
- **推運金星與北交點合相**：這會引動一些條件，有助於讓金星類型的活動恢復健康的平衡，避免痛苦的經驗。戀愛會受到挑戰。財務管理的能力也會受到挑戰。一開始會遇到挫折，但事情的結果很好。會認識新朋友，也可能透過女性獲得禮物或收入。
- **推運金星與南交點合相**：這會在金星主宰的活動中遇到挫折，通常是外在的環境或其他人造成的。人際關係缺乏和諧，特別是與女性。愛情和戀愛的領域很困難。財務方面會受到打擊，經歷虧損。整體而言不太輕鬆。
- **推運金星與月交點四分相**：有點類似上一個相位。有可能離婚、分手或分居。

- **推運金星與北交點三分相**：整體而言充滿輕鬆與和諧。社交生活增加，會認識新朋友，可能透過一位女性而有些收穫。愛情生活很順利，可能會訂婚。財務方面有成長，會收到禮物。要小心自我耽溺。
- **推運火星與北交點合相**：精力明顯提升，可望達成一些目標。能量需要好的出口，否則就可能內化，造成身體的問題。生命中的男性也可能過度興奮，過於熱情。
- **推運火星與南交點合相**：精力不足。一定要監控身體的能量，制定節奏，才不會過度運用。此時追求事物必須保持低調，不要有侵略性。身體很脆弱，需要維護健康。很容易發生意外。可能會與男性出現問題。整體而言充滿衝突。性關係也會遇到困難或麻煩。
- **推運火星與月交點四分相**：與上一個相位類似。
- **推運火星與北交點三分相**：外在的環境有利於大計畫付諸實行，不需太費力。活力增加，精力源源不絕。進入新的事業，常會與一位男性人士同心協力。性生活很愉悅。可能會結婚或生子。

當外行星因爲推運而與其中一個月交點形成相位，影響力跟出生星盤的相位十分類似，這部分我們在第八章已經提過，所以接下來只簡單加以介紹：

- **推運木星與北交點合相或三分相**：這是個幸運的階段，會有來自社團的幫助。有許多家庭活動，透過婚姻或出生帶來更多的快樂。要留意有自我耽溺的傾向。也可能過度擴張或是體重增加。
- **推運木星與南交點合相或四分相**：與上一個相位相反，這是個壞運的階段，必須清理業債。公事上的關係沒有幫助，甚至會帶來災難。必須處理一些法律事務，可能會有生意上的損失，或是與姻親有關的麻煩。

- **推運土星與北交點合相或三分相**：年紀較長、比較有智慧或有影響力的人對自己比較有利，可以成爲貴人。有可能與年紀較長的人談戀愛。與父母一方的關係更加密切深刻。
- **推運土星與南交點合相或四分相**：人際關係會帶來責任和問題。很難與別人合作。可能會有一位家庭成員死亡或是分開。
- **推運天王星與北交點合相或三分相**：會認識新的、令人興奮的朋友和人。可以透過這些人發現一些預料之外的事件，同時享受新的經驗。會因爲團體而有些收穫。可以培養新世代的興趣。
- **推運天王星與南交點合相或四分相**：可能會與一位朋友出現問題或是分開。所屬的團體會出現問題。會有一些意料之外的發展而令人心煩。可能會有分離、意外、衝突或災難。
- **推運海王星與北交點合相或三分相**：靈異的活動。可能是一段充滿喜樂的時光；與不尋常的人建立關係；祕密的結盟，或是由隱密的來源獲得收入。
- **推運海王星與南交點合相或四分相**：會有一些來自騙子的麻煩，遭到對方利用。會與一些社會底層的人往來，像是藥物上癮的人、有犯罪念頭的人、或是有嚴重心理或情緒問題的人。人脈不太可靠。
- **推運冥王星與北交點合相或三分相**：人生因爲一段新的、強烈的關係而出現重大轉變。會對療癒產生新的興趣，或是與療癒者接觸。
- **推運冥王星與南交點合相或四分相**：接踵而來的權力鬥爭，或是因爲一段關係承受沉重的負擔。身旁出現死亡的事件，或是與某個親近的人分離。
- **推運凱龍與北交點合相或三分相**：與療癒者、老師或諮商師建立正面的關係，對方能協助療癒痛苦的傷痛。能幫助正在經歷痛苦的人。六分相也有類似的表現。

- **推運凱龍與南交點合相或四分相：**面對痛苦的危機，努力度過危機。可能與某位正在體驗傷痛的人建立關係。

如果你想要了解有關幸運點或宿命點與月交點的推運相位，可以參考第三章，表現與出生星盤的相位一樣，但是影響力是暫時的。

北交點與一個行星合相，通常比南交點與一個行星合相有利，前者因爲有宇宙的助力，比較有發揮自由意志的空間，也會帶來一些好處。不過，北交點也會爲一個行星帶來相當刺激的影響，可能會扭曲該行星主宰的事物，還有該行星主宰的宮位的相關事務，或是帶來不尋常的影響，即使是事後諸葛，這理應是一段有建設性的時間。在一個全新的、比較有利的時期開始之前，可能會發生一些意料之外的事件。如果是行星與南交點合相，該行星主宰的相關事物，還有該行星主宰的宮位的相關事務，會出現困難、損失、消耗、犧牲和退化。當事人會經歷一些業力的考驗、償還業債，清除與業力相關的麻煩。

如果你在解讀星盤時想獲得最多資訊，最重要的是判斷推運行星所在的和主宰的宮位，這兩個領域會因爲推運而受到月交點的刺激。如果是本命的行星與月交點合相，要留意該行星所在的和主宰的宮位。如果是推運的行星與月交點產生相位，就要留意這個行星所在的和主宰的推運宮位。如果是一個月交點與一個行星形成相位，相關的事物會受到三種層次的影響：首先要看與這個行星本質有關的活動和人，其次是根據這個行星落入的宮位，然後是根據這個行星主宰的宮位的相關事物。

現在來舉些例子。好萊塢男星艾爾．帕西諾在一九七二年演出電影《教父》中麥可．柯里昂（Michael

Corleone）一角後，人氣大增。這部電影上映時，他的推運月亮剛好和本命的北交點形成三分相，讓他獲得大眾關注。行運的天王星當時也經過他推運的北交點，這讓他一夕成名。獲利的宮位包括收入的二宮、工作的六宮、還有十一宮的希望與願景，當時北交點位於推運的二宮，月亮位於推運的六宮，同時主宰十一宮。

提莫西・麥克維因爲在一九九五年策劃奧克拉荷馬市的爆炸攻擊，最後被處以死刑。他的北交點位於星盤上方，與金星形成緊密的合相，這讓他擁有幾近完美的童年，非常快樂，擁有許多機會。他是很受歡迎的學生，跟好學生爲伍，在其他活動也表現出色。他的金星角度比北交點略前幾度，屬於出相位的合相。土星的角度則在北交點後面，相距不遠。所以按照推運，當他推運的北交點往後移動，與本命的土星合相時，推運的土星也正接近本命的北交點，這等於出現一個雙重的相位。一旦這兩個相位確定形成，當他服完兵役後，他出現了戲劇性的轉變。一九九四年四月，他宣稱在軍中服役時被植入晶片，而自己是異族人。這發生在行運的北交點通過他帶有天生痛苦色彩的海王星，符合他此時明顯的自我幻想。此時他遇到了泰瑞・尼可拉斯（Terry Nichols），接著就利用北交點與土星合相的耐心與決心，在一年之後發動爆炸攻擊。二〇〇一年六月十一日，當他接受注射藥物的死刑時，他的推運的幸運點，剛好與本命的月交點形成四分相。

茱蒂・嘉蘭也在類似的星盤組合下，畫下生命的句點。當時她位於土星和木星中間的本命北交點，依照推運往後移動，趨近往前移動的推運土星。當行運的南交點與她推運的幸運點合相時，她死於藥物過量。而這一切都發生在象徵終點的本命四宮。

當約翰・甘迺迪在一九六三年十一月遇刺身亡時，他的推運的幸運點與本命的月交點形成四分相。此外，他的行運的北交點與本命的南交點合相，行運的南交點則與本命的北交點合相，象徵重大的生命轉折點。

阿爾希爾・佛林特死亡時，她本命的月交點與宿命點的四分相因爲推運趨近，還有壓力來自推運的海王星，與推運的月交點形成四分相。火星也爲這個四分相添加了更多的壓力。

二〇〇七年，趙承熙在維吉尼亞理工大學持槍血洗校園，雖然我無暇在此深入討論他的星盤，不過他仍是很好的案例，顯示一個本命的月交點相位受到刺激時會如何地激烈，同時容易化爲外顯的行爲。我把他的出生時間設定在中午，只能看他的月亮的大概位置，不過無論他是什麼時間出生，他的南交點都與天王星緊密合相，天王星的角度緊貼在南交點之後。當他展開校園屠殺時，這兩個行星因爲推運完全合相，亦即推運的南交點向後移動，遇上向前移動的推運的天王星，所以，他出生星盤中天王星與南交點合相的緊張能量已經累積到高點，準備爆發。

這時，行運的南北月交點分別在雙魚座和處女座的十三度，正好與他本命南交點／天王星位於射手座的合相形成四分相。行運的天王星也與行運的北交點相距五度以內，這兩個行星的組合類似他本命南交點與天王星的合相，這兩個合相都與四分相有關，而這個相位非常可能造成突如其來、出乎意料的結果。在這種狀況下，行爲通常非常難以預測。此時的行爲和事件都極具影響力，會引起關注，而事後回頭檢視時，可以追溯找出原因。這顯然正好就是當時發生的狀況。很遺憾地，這麼強烈又激進的行爲造成了這麼多的痛苦，而這一切都是必要的，如此才能讓人們意識到心理健康制度無法提供需要的人相關治療的缺失。從這個角度看來，這個事件也能帶來好的影響，提醒人們一些被忽略的警訊。此外，趙承熙的南交點和金星也有容許度較寬的合相，這意味著他很難感受到被人接受，很難享受社交生活。你還可以看到，他的出生時間接近滿月。接近滿月出生的人不像接近新月出生的人，前者通常想要被關注，所以會努力達成這個目的。

接下來，我們會進一步討論行運的月交點，還有當它們通過一個宮位時，或是與本命或推運的行星形成相位時，會造成哪些特定的影響。

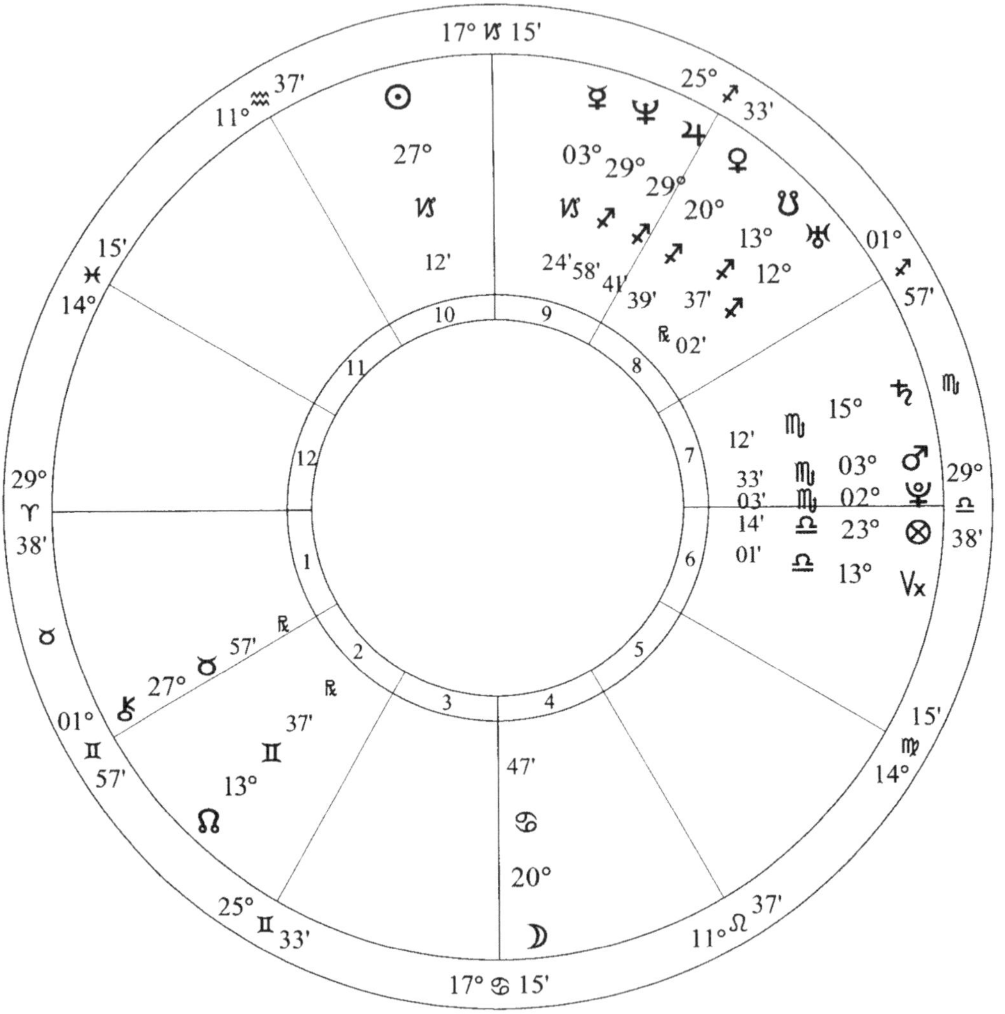

圖33　趙承熙的出生星盤

一九八四年一月十八日，中午十二點，南韓首爾市

10

行運與月交點（一）

行運的月交點經過宮位所象徵的事物，會出現快速的進展。這代表我們正在面臨一些經驗，讓我們在相關領域變得更有智慧。我們會經歷改變，還會有一些來自宇宙的推波助瀾。

行運的月交點就像是路標或檢查哨，確保我們完成靈魂或靈性的任務。它們點出了我們與時間、空間和人的關係，而我們正在浩瀚宇宙中扮演一個角色，執行某種職務。我們來到這裡並不只是追求自己的快樂，還必須根據過去累積的經驗做出貢獻，豐富更多人的生命。人們會為彼此提供許多服務，而我們可以透過月交點的相位觀察到這些互動。可能會有契約的開始或結束，可能有被視為理所當然的事物戛然而止，或是有新的機會從天上掉下來。我們是一場巨大設計的一部分，這就像一個大型管弦樂團，必須聽從更高層的力量指揮。我們就如其中一閃而過的光芒，來到此處是為了成就更偉大的事。我們已經達成協議，許下約定，不能抽腳脫身。我們現在可能記不得全部了，但我們會願意做出一些犧牲，讓這個機會出現，以達成某個目的，學會一些功課，為更大的整體累積經驗——一切都是為了更偉大的善而努力。

我們在人生百分之九十九的時間裡都擁有豐沛的自由意志，但是當行運的月交點參一腳時，就意味著會發生一些我們很難控制的事。有些事情注定如此。這都是某個計畫的一部分，遠勝於我們此時侷限的眼界。月交點可能在許多層面上運作，像是身體、情感和靈性層面，不過有很多都是在非常自然的過程中自動發生的。

當你有行運的月交點的相位時，不一定要試圖控制生命中所有的小事。畢竟這可能也無濟於事。你只要盡可能地保持智慧、遵守道德過日子，信任宇宙，享受生命的過程，想像你會有個光明的未來。除此之外，這能幫助你理解整個運作過程，做一些你必須出力幫助的事。

我們在龍頭時接納，在龍尾時清除。

行運的月交點可以讓我們稍微意識到相關宮位和行星的事物。北交點會「思考」興奮的可能性，南交點則會「知道」這裡有一種責任或義務。

整體而言，你可以追蹤行運的北交點現在通過你星盤的哪個位置，可以看出你在哪些領域會有機會獲得獎賞、幸運和快樂。這是北交點能提供的東西。北交點行運通過的宮位，能得到最多的關注。你也可以追蹤行運的南交點，發現你在哪個生命領域最脆弱、可能會遇到損失或犧牲，而你必須努力解決這些課題。南交點提供靈性成長的機會。你可以在這個領域努力尋找一些對別人有利的貢獻，與自己的靈性任務結合，以維持走在自己的人生道路上。你最需要留意的就是行運南交點通過的宮位。

行運月交點過境十二宮位

一宮主宰你的性格、脾氣、外表和身體健康。一宮的屬性顯示你會用什麼眼光看世界，你會吸引來哪些經驗，而這主要是根據你留給別人的第一印象。這裡的關鍵字是：「我是」（I am），這個宮位天生是由火星主宰。當月交點行運通過一宮時，你的態度正在改變，你會比較嚴肅地看待每件事。你可能更重視健康，改變外表。

二宮主宰你的賺錢能力、隨身的物品和財產，還有整體的財務及資源。這可以看出你如何賺錢，如何花錢。這也揭露你的價值觀，還有你如何決定事情的優先順序。這裡的關鍵字是：「我有」（I have），這個宮位天生是由金星主宰。當有月交點行運通過二宮時，你可能會花大錢或是賺大錢。

三宮主宰你的心智、溝通、短途旅行、交通工具、周遭環境、鄰居和兄弟姊妹。這是基本概念、意見、書面和口頭協議的宮位。這裡的關鍵字是：「我思考」（I think），這個宮位天生是由水星主宰。當有月交點通過三宮時，你會忙著處理日常雜務、契約和文書。關鍵的課題就是溝通和運輸。

四宮主宰你的住家、家庭、父母、遺產和不動產。這揭露你內心對自己的感覺，主要決定於你的遺產和背景提供你多少安全感和基礎。這裡的關鍵字是：「我感覺」（I feel），這個宮位天生由月亮主宰。當有月交點行運通過四宮時，最重要的就是與住家、家庭有關的家務事。

五宮主宰小孩、戀愛、藝術表達、娛樂、運動和投機。這個宮位與創造的衝動有關，這就像活出一個延伸的自我。這可能是身體形式的孩子，或是心智或其他個人努力的產物。這裡的關鍵字是：「我將要」（I will），這個宮位天生由太陽主宰。當有月交點行運通過五宮時，會特別凸顯與孩子、追求娛樂、友誼和嗜好相關的事物。

六宮主宰日常的責任、計畫、義務、服務、工作、同事、屬下、維持健康和寵物。這裡的關鍵字是：「我分析」（I analyze），這個宮位天生由水星主宰。當有月交點行運通過六宮時，工作、計畫、寵物、新的飲食或運動方式常會變成關心的焦點。

七宮主宰會吸引你注意的「他人」。這個宮位主管婚姻伴侶、生意夥伴、對手、公開的敵人、諮商師和顧問。這裡的關鍵字是：「我平衡」（I balance），這個宮位天生由金星主宰。這是代表重要關係的宮位，當有月交點行運通過七宮時，很容易與人建立各種形式的關係。

八宮主宰稅、保險、繼承物、共享的財產和資源，與二宮主宰的個人資源和收入相反。八宮也主管再生的過程、性和死亡，同時掌管像是離婚或手術的轉化過程。這裡的關鍵字是：「我渴望」（I desire），這個宮位天生由冥王星主宰。當有月交點行運通過八宮時，你可能會貸款，或是必須關心債務。

九宮主宰高層的學習、抽象心智、長遠的洞察力、哲學、教授、宗教、出版、宣傳和長途旅行。這也掌管姻親和旅人。這裡的關鍵字是：「我看見」（I see），這個宮位天生由木星主宰。當有月交點行運通過九宮時，教育或旅行可能成爲生活的重心。

十宮主宰你的公眾名譽和地位、職業、事業和權威形象。四宮是最隱私的領域，十宮則是最公開的領域，你會獲得別人的關注。這裡的關鍵字是：「我利用」（I use），這個宮位天生由土星主宰。當有月交點行運通過十宮時，你一定會受到關注，所以請做好準備。

十一宮主宰朋友、社交團體和長期的願望、希望與理想。這個宮位是五宮的外在延伸，可以在此與一個團體分享共同的創意性目標。這裡的關鍵字是：「我知道」（I know），這個宮位天生由天王星主宰。當月交點行運通過十一宮時，友誼、社團或團體關係可能出現改變。

十二宮儲藏過去的所作所爲。這個宮位主宰潛意識、祕密、幕後的活動、恢復、幽禁或隱退。這裡的關鍵字是：「我相信」（I believe），這個宮位天生由海王星主宰。當有月交點行運通過十二宮時，可能會有內省的念頭，需要重新整頓自己，或是渴望獨處。

行運月交點對行為的影響

當南交點行運通過時，我們可能會有一種感覺，知道會失去某樣東西——某樣我們非常渴望能留住的東西。我們可能失去任何被忽略的、漠視的、或是連結不牢靠的事物。有些犧牲是必要的。

這些難過的事常會讓我們期待行運北交點通過的有利宮位，我們在那個宮位的生命領域，會思考一些令人興奮的可能性。那裡有一種期盼的感覺。你常可以透過朝著北交點的方向推進，減輕行運南交點帶來的負荷。

我舉一位中年女子爲例，她的南交點行運通過一宮，她可能覺得自己的外表開始變得年老色衰，開始有些不完美。她可能努力想要留住美貌。這些相位的影響力當然會因人而異，但是這對一個上升天秤座的人或金星位於上升點的人而言，肯定是糟糕透了，這些人天生就帶有一種健康的虛榮感。當然，她有約莫一年的時間與現況妥協，而且她如果能優雅地老去，終究會明白外表不是最重要的事。她會慢慢改變，不再倚賴自己的外表。她會重新評估個人價值的優先順序，發現自己與別人的關係才是更重要的。

現在南交點行運通過一宮，對於一個對自己的身體形象標準比較寬鬆的人而言，可能會有比較嚴肅的影響。此時可能出現健康危機，特別是如果在出生星盤中有行星落在一宮。這就像宇宙在對你說：「嘿！起床囉，你還有任務未完成！」這看起來像是有些危機全面爆發時，自由意志幾乎無用武之地，但其實這是我們自己留下的後果（我們過去的習慣和行爲），才會在現在影響我們。現在你必須彌補過去不當利用身體所種下的惡果。此時，北交點在七宮吸引來的人可能是能治療你的專家，帶給你希望，幫助你恢復身體健康。

月交點行運通過的宮位展現了整體的重要性，月交點行運通過的行星則可以透露更多明確的細節，而這個行星掌管的宮位也能提供更多明確的資訊，所以當一個月交點行運通過一個宮位或經過一個行星時，會有很多種表現方式。

北交點行運通過一個行星，該行星主宰的領域（亦即宮位）會有一些收穫；如果是南交點行運通過一個行星，該行星主宰的領域（亦即宮位）則會有些犧牲，或必須償還業債。北交點會帶來增加，南交點則會帶來減緩或複雜的糾葛。

南交點的行運會點燃過去的業力，而通常與行運南交點通過的宮位主宰的相關事物，或與行運通過的行星主宰的相關事物有關。你還記得，你這輩子隨身帶來的行李箱裡面裝了你過去世所有的業債嗎？那麼，試想一下，如果有很大一部分過去的業力被自動分配到適當的宮位，剩下的則分配到適當的行星呢？

舉個例子，如果你帶到這一世的業債，還有在今生創造的業，是與性關係有關，那麼當行運南交點通過八宮時，就可能要學習一些與過去業債發生時有關的經驗。你可能會在這個領域遭遇受傷或損失，造成身心痛苦。你對失去力量或性慾的恐懼，可能會讓你絕望地奮力一搏，但卻造成反效果。南交點現在就像排水管，現在在八宮運作，你也可能因爲投資而蒙受損失。

當行運的南交點通過時，通常會帶來一些痛苦。如果是在二宮，可能會有財物的損失或財產凍結，類似行運的南交點通過金星。如果是在三宮，可能會有兄弟姊妹、溝通困難或契約的問題，類似行運的南交點通過水星。南交點會淨化通過的宮位。

南交點就像疏散通道，我們會透過它解決事情，然後清理、減少負擔。南交點也像排水管，可以緩和一些過去的負擔和殘餘物，這些東西已對你的靈魂造成陰影。你必須找些方法，塡滿相關領域的空杯子。當南交點行運通過一個宮位或一個行星時，你就像在相關的領域中領到了一張全新的白紙，可以從頭開始。所以，你會經歷一些損失是很正常的。

不過你在這一世也可能非常迅速地創造了大量好的業力，可以幫助你抵銷債務，或是獲得緩刑。試想一下健康狀況。如果你看到這個行運就要來了，你就用盡方法做些對身體有益的事，像是放棄壞的生活習慣，向專業的營養師或減重教練尋求諮商呢？你還是必須放棄一些事，但與此同時，你依然可以控制一些事，展現正念。這一切端視你能多快開始新的方法，很可能立竿見影，馬上有效。這可能讓你全身而退，毫髮無傷，也可能是抵銷或減少一些負面影響。當南交點行運通過時，總會有些業力平衡的過程，最好的應對之道就是願意犧牲，保持低調。

如果我們還是有些業債未償還，而且根據「隨伴業」的定義，必須要在今生償還，宇宙就會讓你與適合的環境、經驗和人連結在一起，確保你有機會洗刷過去殘留的業力。我們的周遭充滿誘惑，我們也無法完全不受到誘惑，不可能不在某個地方犯下靈性的罪，而這終究會有影響。即使你最後承受的罪責並不剛好等同於你犯下的罪，但是在形式上一定會有些呼應。

我們在每個領域或宮位一定都會保留一些好的業力。你保留了越多好的業力，當北交點行運通過時，就能帶來更多好的業力，安排更多的獎賞出現。你經歷的收穫和損失，比例就直接等同於你之前掙到的一切，而月交點行運通過一個行星時，在相位一形成後，最主要的影響會在此時最爲明顯。月交點的行運會安排過去的行爲、決定和選擇的影響，會在何時出現。

當我們在討論月交點行運通過每個行星時，相位的容許度非常窄。當一個行運的月交點通過一個本命的行星時，你會在形成準確相位的兩週內感受到影響力。影響力最多持續一個月或六週。你通常會在準相位的容許度在一度以內時，感受到這個行運最強的影響力。不過，這還不如當容許度只有半度時，或幾乎完全正相位時。

其他的行運和推運有助於更精確地辨識主要的影響力，但是月交點行運通過行星或基本點時，這是非常好的判斷時機的工具，可以確定一個事件會在何時發生。我們可以檢查是否有任何推運月亮的相位也在此時出現（這必須根據準確的出生時間），你就可以知道這個行運的月交點相位的影響力，是否會被減輕或強化。

有時，與行運月交點形成相位的行星會失控。或者我們可以說，是與這個行星有關的心理衝動會失控。安德莉雅·亞特斯（Andrea Yates）淹死自己的五個小孩時，行運的月交點剛好經過她推運的火星。照理說，這個推運的影響力應該是比較正面的，但是我們常看到這些與火星形成的月交點相位會有一些強迫性的行爲，這會帶來一股幾乎無法控制的衝動，想要採取行動，想要做些大事。

當行運的南交點與一個行星形成相位時，有時會出現麻煩和犧牲的狀況，這是因爲當這個行星受到南交點的刺激時，人們很容易對這個行星主宰的事物判斷錯誤。所以當事人很容易自亂陣腳，落得一敗塗地。如果是行運的北交點相位，比較可能是這個行星主宰的事物受到過度刺激或是過度活躍。

如果幸運的話，當行運的木星剛好在行運的南交點附近，一起通過你本命盤中的某一個行星，木星就會像是減震器，發揮保護作用，對抗最糟糕的影響力。金星也像是一個軟墊，可以發揮緩衝作用。另一方面，當行運的天王星剛好加入行運的月交點，通過一個本命或推運的行星時，月交點的行運就會帶有無法預測的色彩。別忘了，你一定要檢查行運的月交點是否有其他行運的行星伴隨，再來依此判斷自己的解讀。

行運月交點遇上各行星

北交點遇到太陽時：當事人一開始會有內在的壓力和緊張，之後個人的認同度就會出現某種正面的改變。此時通常會出現更多的機會、地位的提升、個人的成就和自信心增加。父親或具有父親形象的人會發生重大事件，可能獲得來自他們的援助，或是他們有些收穫。這時會認識重要的貴人，打開新的機會大門。這個相位形成後，會更強烈地表現個人的特質和自由，這其實很像本命北交點和太陽的相位，只是影響力是暫時的。我們可以從這個相位的宮位看出當事人可以在哪些領域體驗到成功或自由，也可以根據太陽主宰的宮位看出哪個領域會有好事發生，而這要看當事人有哪些業力的獎賞已經可以兌現了。當行運的北交點通過推運的太陽時，這也是個有利的相位。有機會獲得來自男性的幫忙與支持，個人地位提升，獲得更多的認同，生命中的重要男性也可能有新的機會。

南交點遇到太陽時：因著個人認同的改變，可能會突然出現身分意識的問題。自我和身分意識會受到某些壓抑，被迫走下坡，很難維持目前的狀態和地位。你可能覺得自己的事情不太順利，必須保持低調。此時可能自尊低落、有絕望的感覺、有自卑情結或身分意識的危機。身體不舒服或虛弱，活力不足。一直能提供助力的貴人可能有些改變，這會帶來負面的影響。生命中的重要人物可能會遇到挫折、損失、或是無法提供幫忙，這有點像是本命盤中南交點與太陽的相位，但影響力是暫時的。太陽落入和主宰的宮位也會面臨考驗。當行運的南交點通過推運的太陽時，也會有類似的課題出現，會在太陽主宰的推運宮位遭遇挫敗。

北交點遇到月亮時：情緒和脾氣改變，會變得比較敏感。家裡有新狀況，家庭成員會有改變——常常是有新生命降臨，人口增加。會有比較強烈的慾望去整頓家裡。女性在生活中扮演重要角色，常常從女性身上獲得好處。母親或具有母親形象人士的事會成爲注目焦點。通常別人的幫助和好處會增加，人緣也會變好。在形成合相後，能更明顯地表現個人天性的喜悅和優勢。月亮掌管的宮位的事物可興旺發展，也會出現機會。行運的北交點通過推運的月亮時也會有類似的主題出現，月亮主宰的推運宮位會有正面的發展。

南交點遇到月亮時：情緒和脾氣改變。情緒會經歷一段憂鬱期，或是無法宣洩。覺得創造天賦受到壓抑。想像力會太過泛濫，導致過度緊張或疑神疑鬼。個人、居住環境或家庭的改變會帶來一些煩惱。健康議題，還有與具有母親形象人士有關的事物會變得很重要。可能會有控制慾太強的女性帶來麻煩，也可能出現分居。身體健康很脆弱，特別是月亮掌管的身體部位和功能。這與本命盤南交點與月亮的相位非常類似，但影響力是暫時的。月亮主宰的宮位的事物可能會有失敗、挫折或減緩的現象。當行運的南交點通過推運的月亮時，也會發生類似的主題，月亮主宰的推運宮位的事物會有遲緩的趨勢。

北交點遇到水星時：很忙碌的時期。工作、環境或溝通的改變，通常帶有正面的色彩。心智會活化，神經的能量需要良性的發洩出口。會出現重要的討論和決定。會特別關注旅行這件事，擬定一些計畫。有人可能是買了一部新車，有興趣到附近蹓躂探險，與鄰居交流。與兄弟姊妹有關的活動或狀況會往好的方向發展。年輕人在生活裡扮演重要的角色。還要注意水星主宰的宮位，可能會增加一些正面的活動。當行運的北交點通過推運的水星時，相關活動也會有類似的增加趨勢，水星主宰的推運宮位也會出現令人開心的結果。

南交點遇到水星時：工作或其他的改變，會帶有令人沮喪或鬱悶的色彩。條約、溝通和旅行的領域很容易變得複雜、令人失望。想法會受到挑戰，不過這個時候通常很適合爬梳某種想法。溝通會受到限制或出現誤解。當事人必須滿足別人的需求，而對方很可能沒有考慮到當事人的最佳利益。會出現明顯的緊張、焦慮，覺得無法應付改變。水星所在和主宰的宮位的事物會遭遇困難。行運的南交點通過推運的水星時，也會出現類似的主題，水星主宰的推運宮位的事物會出現困難的變化。

北交點遇到金星時：需要重新評估財務和感情狀況。在愛情方面，會先檢視關係的狀態，因爲不想要受到束縛或是被占有，一開始會出現冷卻狀態。在這段期間，可能會出現業力的吸引力、迷戀或戀愛。在財務方面，這通常是一個正面的相位，會有增加的趨勢，而當事人理應獲得這些提升。北交點會擴大或扭曲形成相位的行星的特質，所以有些人可能變得更加自我耽溺。我們有時必須留意是否要予以控制。這通常是社交生活的增加，會有慶祝活動和一些快樂的場合。年輕女性和她們的興趣會引人注目，在生活中扮演重要的角色。

南交點遇到金星時：必須留意在愛情和金錢方面是否放錯優先順序。在這段期間，感情、愛情和感覺通常都處於低潮。當事人可能會覺得被誤解，或是覺得與另一半和迷戀的對象處於不同頻道，無法溝通，必須花很多力氣維持關係。現在可能陷在錯誤的關係裡，必須重新評估關係。帶有業力成分的迷戀，特別是帶有戀愛色彩的關係，可能會在此時畫下句點。這不一定是分離，可能是業力的元素不存在了，不再受到義務的束縛。財務可能突然緊縮，也許是財產被凍結或是無法取用。財務方面會出現突然和不尋常的麻煩或損失。是預防並重新評估事情的時候了。社交生活很令人沮喪。

北交點遇到火星時：這個相位的主題是開始著手大計畫，很容易把體力逼到極限。當事人可能突然有衝動做些大事，而且是平常不會考慮的事。很多時候都覺得無法控制，感覺自己有如玩偶，所以血壓可能會升高，或是覺得焦躁或工作過度。當事人也可能容易發生意外，所以這段時間最好注意身體的動作，還有加諸於身體的壓力。可能會有重要的經驗，與某位強勢的男性有關。會認識新朋友，展開新的事業。這段期間精力充沛，但也有點輕率莽撞，所以任何行動都應該多加謹慎。要注意火星帶來的各種危險，包括切割傷、燙傷和火等。留意火星主宰的宮位會有活動增加的趨勢。

南交點遇到火星時：工作很容易出錯，特別是新的事業。若在此時開始新的計畫，必須非常注意所有的條件和參與者。環境和人可能會阻礙進展，也很常出現挑戰或衝突。常會遇到挫折。男性可能會帶來失望或困難。無法逃避與這些男性有關的悲痛、問題或挫折；如果當事人是女性時，這種狀況會特別明顯。有時會面臨危險。這個相位會有明顯的意外傾向，身體健康非常脆弱。身體能量很低，當事人會覺得虛弱。汽車可能會出現機械零件問題。當一個人有這個相位時，必須對所有事物非常小心謹慎。要留意火星主宰的宮位，知道有哪些事情特別容易受到負面影響，容易變得複雜棘手。

北交點遇到木星時：若說金星是次級吉星，木星就是加值的吉星，所以這個相位對物質和財務方面的影響，有點類似行運的北交點與木星合相。關於這些事物，這個相位可以賦予當事人很多的控制權。當事人正在學習有關消費習慣的功課，可能必須重新評估財務狀況，在與當下情勢合作而找到正確的解決方法之前，會先遇到一些挫折。可能會有額外的收入，但只能支付多出的開銷。大筆的開銷可以帶來靈性和哲學思想方面的收穫。此時會增加對哲學或宗教的興趣。此時生命中通常會有貴人出現，扮演催化劑的角色，帶來財務或靈性的成長。出版的投資進展很順利，也會出現一些機會。長途旅行常會帶來有利的結果。北交點是一種擴張的能量振動，所以在此時，一個人很容易增加體重。

南交點遇到木星時：與北交點遇到木星的情形剛好相反。會有之前沒有考慮到的意外花費，所以常會出現財務短缺或耗盡的狀況。當事人可能冒了極大的風險做出一些事，導致自己的失敗，以爲看到了機會，其實其中有很多缺失。當事人可能承擔太多事情，做出一些不值得讚賞的承諾，不利於個人聲譽。此時的問題是過度擴張，會以爲自己有很多時間，其實不然。哲學和信仰系統會受到挑戰。出版的投資進展不順利，長途旅行令人不滿意。可能會體重減輕。

北交點遇到土星時：如果當事人一直針對正確的事投注許多時間和精力，已爲成功奠定穩固的基礎，同時遵守社會法則的運作，那麼這個相位就能帶來豐沛的好運。當事人可能因爲持續的付出和努力工作，獲得所有應得的獎賞。這時可能有一些功課和學習的經驗，不過最終都很有建設性，讓整體更加穩定。當事人會學到肯定耐心這件事，當這個相位結束時，會更瞭解自己，更知道自己的本事，進而改善自我形象。此時，通常是一位比較年長的人能提供指導，或在這個人生階段扮演重要角色。當事人會願意承擔更多責任，許下承諾。此時會開始一些關係或是進入一些狀況，能提供長期生存的好機會，特別是與職業有關的。

南交點遇到土星時：這會爲生命中努力的事物帶來相當多的限制，結果可能導致身體虛弱，或是感情的低潮期，或是遇到挫折，必須承擔沉重的責任。當事人可能會用比平常更負面的眼光看待生命和限制，可能覺得有如烏雲罩頂。權威人士可能會帶來問題，或是與他們之間有些問題，像是老闆、工作合夥人、法官或評審團，或是位階較高、知識更豐富的人。此時也很常見與土星有關的問題，像是牙齒、骨骼或皮膚問題，或是比較常感冒。也容易有一些不安、困擾或損失，與身旁較年長的人有關。可能發生生病或死亡的事件。注意土星落入和主宰的宮位，可以看出哪些生命領域會出現令人沮喪的情形以及受到影響，其中的狀況會經歷一些轉變。

北交點遇到天王星時：這個相位時常會帶來意外的事件。任何事都可能發生，與天王星落入的宮位有關的生命領域會出現天王星式的扭轉。可能會有一些機遇。生命中可能出現十分重要的短暫交會或關係，常常有如催化劑，開啓新的人生視野。當事人可能突然受到關注。會對新時代的主題或是其他由天王星主宰的領域產生興趣，像是占星學、電腦、小零件和科技。這通常是一個很有建設性的行運相位，會有意料之外的發展所帶來的正面結果。留意天王星主宰的宮位，可能會出現不尋常的進展。

南交點遇到天王星時：會出現驚喜或計畫之外的發展。此時很難擬定計畫，當事人必須更有彈性，學習順勢而爲。這是一個干擾的、破壞性的能量振動。缺乏穩定。預料之外的發展常像是晴天霹靂，帶來負面的結果。此時要保護自己的聲譽，避免不明智的冒險，很容易發生醜聞，或是留下對自己不利的汙點。天王星主宰的宮位可能會出現一些不尋常的狀況，或是造成發展上的困難。

北交點遇到海王星時：會刺激想像力，所以此時通常都很有創意。可能會自然表現出之前未被開發的藝術天分。當事人會覺得受到許多啓發，覺得被愛，也能對別人充滿同情。會擴展延伸靈性的本質。這段期間充滿某種高昂的氛圍，當事人會熱愛生命和周遭的人，滿懷珍惜和幸福的滿足感。會對冥想產生興趣，做夢頻率增加。直覺更強，也更可靠，可能出現精神層面或靈異的經驗。可能因爲心情愉悅，加上有能力「看到」和感受到渴望的結果，一些想像可能馬上就有結果。可以透過催眠來改善自己。會有成功順利的旅行。

南交點遇到海王星時：可能會涉入陰謀，或沾上酒精或藥物。想像力會帶來誤解、過度想像、或很容易自我欺騙。可能會與邪惡的人或騙子扯上關係，要留意此時出現在你生命中的陌生人。此時你必須質疑自己的判斷，也需要一個值得信任的人提供牢靠的建議。很容易遇到詐欺，而這要視海王星在本命盤的重要程度而定。會有些困惑或是令人心神不寧的事。對人生方向十分迷惘，可能很害怕有什麼事情會出錯。旅行或行程最後可能不如預期的滿意。

北交點遇到冥王星時：因著意識的改變，生命中可能會有一些重大的、永久的轉變。當事人準備去對抗阻礙，會變得更有能力，內心更有力量，足以做出之前放棄的改變。這個時期常需要處理深層的心理課題。會做出一些決定，影響最私人的生命領域，像是家庭生活、財務狀況或個人習慣。當事人可能被迫完成一些活動。會承擔大事或重大任務。這時也會有轉化和重整的現象，通常很有建設性，因爲當事人擁有力量大幅改變狀況。這時也很適合戒除壞習慣。可能會認識療癒者或是接觸新團體，因而成爲人生的轉捩點。與共同資源、稅和保險事務有關的活動會成爲焦點。

南交點遇到冥王星時：強烈且複雜的關係，通常會有權力糾葛或對抗的情形。有些事情會瓦解。會發生某個深刻或激烈的事件，促成嶄新的經驗，帶來意識的改變。可能會因爲某些狀況而被迫改變計畫，當事人不得不適應新的狀況。有些重要的課題會畫下句點，而這些課題在過去一直是紛爭的來源。有時你身處的小圈子會發生死亡事件，或是出現疏遠或分離。可能遭受攻擊，或是生活中發生暴力事件。當事人必須很小心，對周遭保持警戒。冥王星與月交點的相位跟所有令人討厭的事有關，像是綁架、流產、墮胎、自殺和其他戲劇性的事件。

北交點遇到凱龍時：凱龍在本命盤所在的宮位，代表受傷的領域，但也可以看出當事人在哪一個領域富有天賦，能協助別人，替別人帶來療癒。北交點的行運會讓與凱龍的宮位、相關的傷痛有關的活動進入高峰期，同時也能與別人建立重要的關係，或是出現療癒內心的機會，進而帶給別人療癒。

南交點遇到凱龍時：會有些令人難過的發展，與最初的傷痛有關，而這些傷痛都可以從本命凱龍的宮位或是凱龍的相位看出端倪。可能會出現損失、挫折或痛苦的事件。會接觸生病的人，或是正在受傷的人。影響可能有很多種，但通常與本命凱龍落入宮位主宰的課題有關。通常有不斷增加的痛苦和經驗，讓一個人被迫去面對這些課題。行運的月交點與凱龍形成四分相時，也會有類似的情形。

除了一個本命行星落入和主宰的宮位會受到行運的月交點的影響，上面的介紹也適用於推運的行星會如何受到行運的月交點影響。如果是後者，你就要檢查一下推運行星落入的和主宰的宮位，找出會在哪些領域出現好處或損失。接下來的介紹，也可以適用於當推運的基本點遇到行運的月交點時。

行運月交點遇上特殊點位

北交點遇到北交點時：這代表重要的十字路口，是一個業力轉化的時期。接下來會是重要的一年。這個時候可以圓滿結束舊階段的成長和經驗，展開不同的計畫，學習新功課，往不同的成長領域邁進。此時似乎有更高層的力量在指引事情的進展。當事人擁有過去十八年半的時間，實現上一個階段的業力功課，此時將根據自己達成的靈魂進化的成長程度，進入新的時期。無論你此時在心性的穩定、成熟和靈性的洞見上已經進化到何種程度，都將有助於接下來的正面發展。你一開始若還在舊的情境中打轉，就會有些困惑和挫折，但是新的經驗會出現。你會在相位就要形成之前，覺得生命的重心開始轉向。其他人可能想要將你留在過去的常規裡。這可能需要一年的時間進行轉化。

南交點遇到北交點時：這常代表人生的十字路口，而且是高度發展的階段。會出現新的覺知，可能是透過與人互動而產生的。當事人必須把過去對自己的認識，與對別人的欣賞、還有各種不同的觀點融合在一起。可能會與別人有許多意見交流，會建立很多新的人際關係。

北交點遇到上升點時：這是個人改變和個人事件非常活躍的時期。常常發生重大的轉變，會與別人形成帶有業力色彩的關係。你正處於公開亮相的階段，比較容易被人注意。你有很好的自我控制能力，抱持正面的觀點。你的個人努力很容易獲得更多支持。你很容易吸引別人進入你的生活裡。此時，你需要在個人的目標和別人的需求之間取得平衡，對方可能是一位夥伴或其他人，很容易覺得自己像是一個負擔。這段時間通常很忙碌。體重可能會增加。

南交點遇到上升點時：你在這個時候可能只想避人耳目，像個隱形人。你會經歷一些內在改變。別人可能認為你很成功，擁有完美的人生，但你卻完全不這麼認為。你容易為了別人而做，可能會為別人讓步和犧牲。其他人似乎占了上風或是可以操縱一切，而你的選擇卻嚴重受限。關係會經歷改變。體重可能會減輕。

北交點遇到天頂時：這通常是非常正面的行運，有利於職業肯定、地位提升、或是新的世俗野心。美國太空人阿姆斯壯第一次踏上月球時，就是行運的北交點接近推運的天頂。此時與上司的關係良好。很難平衡家庭和事業的活動，家庭生活可能會有些犧牲。或是此時的家庭生活或居家環境可能令人不甚滿意，或有些消耗變差的狀況，導致你把更多的精力放在外面的世界。有時可能搬家，會跟父母或住家方面有些互動。這時可能需要房屋修繕。

南交點遇到天頂時：這段時期，住家和家庭活動非常活躍，所以會把注意力放在家裡，較少在事業上投注心力。必須努力讓家庭和事業的活動達成平衡，因爲這可能會造成事業的不利和麻煩。在事業領域必須有些犧牲。地位可能下滑，上司或受益人可能不滿你的工作表現。此時會有內在的成長，自我的本質和外在的野心可能會退居次要位置。目標可能改變，住家也可能出現一些改變。與家庭成員有關的經驗和事件非常重要。父母可能會享受令人愉悅的環境，也可能提供一些幫助。

北交點遇到幸運點時：狀況對你有利，常會遇到某個能提供特別利益的人。透過這個幸運的人際關係，運勢可能出現改變。這時直覺也很管用，關於目標的時機和抉擇都很正確，可以改善狀況。可以確認相位落入的宮位，判斷哪些生命領域最有可能因此受惠。

南交點遇到幸運點時：個人的努力缺少支持，整體而言，這是一個比較不幸運的時期。選擇可能受限，可能會被逼到角落，必須正面對抗某個與自己想法和目標對立的人。很可能因爲不恰當的選擇和不明智的決定而犯錯。可以從這個相位落入的宮位看出會遭遇哪種無預警的麻煩，或是在哪些領域必須留心應對。

北交點遇到宿命點時：這是一個非常宿命的相位。當你遇到命中注定的邂逅和經驗時，似乎毫無控制力。非常容易被別人利用或傷害。可能覺得受到打壓，很寂寞或是很孤立。此時很適合仔細檢視身旁親近的人，同時要小心讓出自己的權力。現在做的重要決定會有長期影響。即使事情進展得很穩定、很順利，但似乎仍無法自己作主，必須靠別人告訴你什麼才是最好的。必須與環境合作。月交點與幸運點形成四分相時，也會出現同樣的困難。

南交點遇到宿命點時：這跟上面的相位一樣，似乎是推動事件的時期，但是是由自己無法控制的力量帶頭展開行動，逼著自己面對新的經驗，選擇會受到限制，但是最後的結果往往是好的。宇宙的力量對自己有利。其他人會更加認同自己的需求和慾望，對個人目標十分有利，儘管對別人還是有些依賴心。現在做的重要決定，將會有長期的牽連。親近的團體可能出現重大的改變。當新的關係開始時，過去的業力關係可能會在此時畫下句點。

月交點與行星的三分相和六分相，本質與北交點的行運相同。行運的月交點與行星或基本點形成四分相，比較像是南交點的影響力。該行星主宰的宮位也會因此受到影響。

我們接下來會討論行運的行星與本命月交點形成的各種相位。

11

行運與月交點（二）

行運的行星經過本命的月交點，會帶來與行運月交點經過本命行星時類似的主題，這部分我們在上一章介紹過了。不過，行運的行星經過月交點時會反映短暫的狀況，無論是好轉或惡化，看似大部分都超出自己的控制範圍，所以這些通常爲短暫的狀況，都跟與本命月交點形成相位的特定行星的特性和本質有關，當事人通常會受到鼓勵（北交點）或被迫（南交點）而採取一些行動，運用自由意志。此時會出現一些及時的機會作出修正，或是一些必要的改變，確保當事人能繼續朝著靈魂之旅的目標邁進。當行運的行星通過北交點時，必須放眼未來，採取行動，作出修正；當行運的行星通過南交點時，則必須反觀過去，採取行動。如果是後者，通常是因爲之前做出的承諾，或是根據當事人在過去行動中已學會的經驗。此時也必須處理之前忽略的問題。

在解讀這種相位時，行運行星主宰的宮位非常重要。你要確認該行星主宰的本命宮位，知道在這個相位形成的期間，出現的條件和情況會影響哪些事物。影響的方式必須視相位的本質而定——也許是行星與本命北交點形成相位，帶來提升；也可能是行星與本命南交點形成相位，面臨衰退。這可能會導致無法實現期望。爲了避免最糟的狀況發生，你要在這個行運相位形成之前，確保你已經針對該宮位有關的事務盡了應盡的責任。當行運的相位與星盤的主宰行星（又稱命主星，也就是上升星座的主宰行星）有關時，你就要特別留意。當命主星與本命的月交點形成相位時，比較會對私人領域造成影響。

由於推運的月交點會從本命的位置稍微往後退，所以，行運的行星會先通過推運的月交點，然後再遇到本命的月交點。你可能會在該行星與本命的月交點形成之前，就先覺察到恰如其分的能量和表現。這個相位的容許度是正負五度，進入五度的容許度時，就能預期應有的表現，不過最明顯的影響會出現在當行星與月交點距離三度以內時。

北交點的影響力會擴展、開啓、增加和放大形成該相位的行星的特質；南交點的影響力會收縮、封閉、耗損和縮減形成該相位的行星的特質。當行運的行星通過本命的北交點時，通常都會有些個人的收穫增加，或來自別人的有利條件；當行運的行星通過本命的南交點時，通常都是比較辛苦的時期。當有行運行星通過北交點時，通常會出現機會；而當有行運行星通過南交點時，通常都會依序讓步。此時通常會根據該行星的特質而出現某個人，提供某種東西給你，或是從你身上尋找某種東西。

本命月交點遇上行運的行星

內行星（月亮、太陽、水星和金星）行運通過月交點時，通常是暫時的相位，代表一些短暫的狀況。除非剛好有好幾個內行星同時行運通過一個月交點，否則影響通常不會太明顯。不過，這種相位的重要性足以強烈抵銷其他相位的影響力。當一個行星行運通過你的南交點時，你可能無法完全享受其他好的行運相位帶來的成果；而當有行星行運通過你的北交點時，即使當時還有很討厭的行運相位，你也不會面臨最困難的功課。

我們現在會從移動最快的行星開始，然後依序介紹。

月亮與北交點合相：會變得比較敏感。在發生的事件中，女性扮演重要角色，常會爲你帶來一些好處。此時會出現母愛、滋養的主題，通常是有某個人對你扮演這樣的角色。此時會比較關心家庭生活，或是成爲重心。健康議題可能也很重要。月亮主宰宮位所掌管的事物也可能有明顯的進展，且通常是好的、有利的進度。

月亮與南交點合相：會變得比較敏感，或是性情改變。女性扮演重要的角色，家務事的分量越來越重。

此時比較可能是你扮演母親的角色，成爲某個人的滋養者。你會扮演付出的角色。女性的利益和健康議題會顯得特別重要。可能會有很明顯的事件發生，與月亮主宰宮位所掌管的事物有關，必須在這方面多加努力。

水星與北交點合相：會出現新的消息、資訊和溝通，通常都帶有鼓舞人心、放眼未來的調性。會非常忙碌地投入與水星有關的活動，像是書信往返、文書工作、計畫或旅行。與代理人、顧問和傳遞人員的往來很順利。在事件中，年輕人會比較活躍。這個行運會讓水星主宰宮位的事物獲得改善和強化。如果水星在此時逆行，可能會在短時間內出現多種變化。

水星與南交點合相：會謹慎地運籌帷幄，完成商業事務。新的資訊或溝通容易構成挑戰。過去會具有某種重要性。需要解決或更新某件過去的事。會有新的資料進來，目前的狀況也允許你放下或徹底消除一種老想法。會因爲行程出錯、與旅行有關令人挫折的事、或是與代理人交涉等等，搞得你筋疲力盡。年輕人扮演重要的角色。你可能會在水星主宰宮位的相關事務上感到挫折。如果水星在此時逆行，可能會在短時間內出現多種變化。

太陽與北交點合相：發生在每年的同一天，通常會有一些讚美、欽佩或榮譽出現。會有貴人鼓勵你努力，提供你一些禮物或機會。男性或貴人常在事務中扮演重要角色。這個相位通常都能提振能量，讓人變得更亮眼。太陽主宰的宮位會出現進步和改善。

太陽與南交點合相：事情會出現令人沮喪的轉折，必須妥協。別人可能會質疑你的資格，可能並不賞識你的努力，讓你的自我很受傷。本來的貴人會對你有些要求。你很難突破阻礙，跟別人交涉時會有些挫折。男性可能扮演重要的角色。現在你必須調整自己的方法，按照目前的條件做出必要的修正。你在努力付出時，會覺得心力交瘁。

金星與北交點合相：想一下與金星有關的一切！這時，你通常會獲得額外的錢，有金錢的流動。此時你會很想放任自己，會買新東西來美化環境或自己。會接觸年輕女性、髮型設計師、室內設計師和理財顧問等等。社交活動會變多，有很多派對和送禮會等。可能會收到愛人的鮮花和禮物。金星掌管的宮位的相關事務會受惠。此時金星如果逆行，可能會在短時間內出現多種變化。

金星與南交點合相：會出現財務或關係的問題。會有超出預算的額外開銷，你需要檢視自己的財務狀況。你自己的關係如果進展得不錯，這是值得質疑的；你也可能聽到誰的關係出問題，需要你的建議。別人可能會需要你提供某樣東西，對方可能是年輕女性。此時會有一些整體的不和諧。金星主宰的宮位可能會因爲這個行運而經歷某種退步，或是因爲一些限制性因素而飽受苦惱。此時金星如果逆行，可能會在短時間內出現多種變化。

火星與北交點合相：會有人願意替你採取正面的行動。男性通常扮演重要角色。此時精力充沛，可能會更主動，準備好接受挑戰或擊敗全世界。會開始一些費時耗力的計畫，預計在未來完成。火星主宰的宮位的事物會因這個行運而受惠。此時火星如果逆行，可能會在短時間內出現多種變化。

火星與南交點合相：事情發展不如人意。可能會出現對抗或意見不同，有人會要求你妥協，因此惹惱了你。你可能需要非常努力才能控制自己的不耐煩、侵略性和憤怒。狀況通常很困難，讓你元氣大傷。別人需要你替他們出頭，採取行動，導致你分身乏術，幾乎無法負荷。你可能要處理一些因爲過去的行爲和決定造成令人不滿意的結果。此時可能出現健康問題。火星主宰的宮位的事物可能出現退步，或是因爲一些限制性的因素而煩惱。此時火星如果逆行，可能會在短時間內出現多種變化。

木星與北交點合相：可能有旅行或受高等教育的機會，也許是拿到文憑或證書。與出版和發行有關的事物進展順利。可能會有某個帶有哲學思想的人提供一些特別的幫忙和協助。這是一個感覺良好的相位，常常會讓你忍不住承擔太多的事情，做出重大承諾。體重可能會增加。木星掌管的宮位會有重大的改善，是令人開心的擴增。此時木星如果逆行，可能會在短短幾個月內出現多種變化。

木星與南交點合相：旅遊計畫或行程可能會有意外、麻煩的結果。可能出現法律糾紛。可能有宗教或哲學的問題，問題也可能來自跟這些事物有關的人，或是自己所屬的宗教或哲學團體。你會重新評估人生的信念和哲學，讓其中一些成爲過去。有關出版的投資需要更費力。代理人會對你有更多期望。體重可能會減輕。需要留意木星主宰宮位的相關事物。當南交點淡化了木星的幸運特質和擴張潛力時，不建議冒險。此時木星如果逆行，可能會在短短幾個月內出現多種變化。

土星與北交點合相：通常會有上位者或是能幫助你的權威人士提供機會，讓你運用天生的能力。地位和名聲會增加。會出現物質方面的擴張。會看到務實和時機成熟的前景。土星主宰的宮位會受益，可能是更穩定，未來的展望也更好。你會對相關的事物覺得更滿足、更有信心、更有安全感。此時土星如果逆行，可能會在密集的時間內出現多種變化。

土星與南交點合相：很難找到支持的人，會跟上位者、權威者或比較年長的人有相處上的困難，或是意見分歧。他們很苛求，要求很多。會出現限制或受限的狀況。這是一段模糊不明確的時期，你必須花時間重新建立地位和名聲。會出現物質方面的減少。此時會有身體虛弱的狀況，或出現與土星有關的健康課題。需要花很多力氣處理過去被擱在一旁的課題或問題。你可能在此時做出最重要的貢獻，雖然可能需要非常多的犧牲。土星主宰的宮位會遇到阻礙和問題。此時如果土星逆行，可能在密集的時間內出現多種變化。

凱龍與北交點合相：你會被迫處理一些痛苦的經驗，爲凱龍落入宮位的領域帶來相當豐富的療癒。所以此時大門已經敞開，你比較有能力與別人分享自己的天賦，進而爲他們的人生帶來振奮的力量。此時的表現類似行運的北交點與本命的凱龍合相。此時如果凱龍逆行，可能會在約莫一年的時間內數度與北交點形成相位。

凱龍與南交點合相：情緒的低潮期。可能是一段痛苦的學習期，因爲不當地運用凱龍落入的宮位象徵的技能，導致自我失敗，你才會瞭解到自己擁有的力量會因爲這樣的誤用而傷害別人，然後會在未來改善。此時的表現類似行運南交點與本命的凱龍合相。此時如果凱龍逆行，可能會在約莫一年的時間內數度與南交點形成相位。

天王星與北交點合相：會出現意外的狀況，通常都對個人有利。會有偶遇或偶然的情況。會引進一些不尋常的想法或非傳統的方法。此時的表現類似行運的北交點通過天王星。天王星主宰的宮位的事物通常會因爲這個相位，表現擴張或提升的元素。此時如果天王星逆行，可能會在約莫一年的時間內出現多種變化。

天王星與南交點合相：會出現非常不確定和意外的事件。會出現意料之外的狀況，通常對個人不利。你可能會在最想不到的時刻被迫改變，可以在事後反省原因和過去的錯誤。此時的表現類似行運的南交點通過天王星。天王星主宰的宮位的事物會成爲焦點，你在這個領域的個人特質會受到壓抑，或是有不尋常的狀況造成限制。此時如果天王星逆行，可能會在約莫一年的時間內出現多種變化。

海王星與北交點合相：這是一段很有創造力的時期，通常靈性能獲得啓發。這時的表現非常類似行運的北交點通過海王星，印象、直覺、夢境和靈異感應都會增加，也更可靠，可能會有相關不尋常的經驗。你通常會覺得自己很有福氣，也很能感同身受，願意對別人付出，也願意試圖爲更大的目標做些好事。海王星主宰的宮位的事物會有進步的趨勢。此時如果海王星逆行，可能會在幾年內出現多種變化。

海王星與南交點合相：也許你多少能看到事情背後更大的架構，還有個人的角色，但可能不會採取行動，特別是如果必須面對過去犯下的錯誤。你也許寧願假裝一切都很好，繼續同樣的道路，可能會用一些方式逃避現實，像是酒精、藥物，甚至是睡眠。這個相位的表現類似行運的南交點通過海王星。海王星主宰的宮位的事務可能會經歷一段困惑或不確定的時期，或是根本很難去定義並瞭解這些事。此時如果海王星逆行，可能會在好幾年內出現多種變化。

冥王星與北交點合相：有建設性地改革重生。你可以運用情境、狀況、環境和資源，建立並改善多種不同的生活領域。這個時期適合根據經驗來修正策略，提出偉大的個人倡議，同時還會具備能力達成渴望的結果。這個相位的表現類似行運的北交點通過冥王星。不過因爲冥王星的移動緩慢，這個相位的容許度比較寬。冥王星主宰的宮位會成爲焦點，這個宮位代表的生命領域會出現最多的改善。

冥王星與南交點合相：會帶來轉化、重生的影響。狀況可能會突然超出個人控制，常會引起混亂，逼著你做出改變。可能會有些挫折，導致權力鬥爭，畫下令人不安的句點。這個相位的表現類似行運的南交點通過冥王星，不過由於冥王星移動緩慢，容許度可以加寬。這個相位所有的影響，還有改變的狀況，可能很慢才會具體呈現。冥王星主宰宮位的事物，最可能成爲轉化的焦點。

業力的引爆

當一個行星與月交點形成相位時，一個人無法完全控制事件和狀況。此時的控制權在宇宙手上。如果行星是與北交點形成相位，個人比較有控制權，但不總是握有完整的控制權。這要看這個人此時應得多少獎賞而定。這個人在此時實際得到的獎賞，若是不如他／她應得的分量，多餘的獎賞便會留到未來，成爲好的業力。當行運的行星與南交點形成相位時，個人比較沒有控制權。此時會有機會償還業債、結束往事、爲他人服務或做出犧牲。我們能意識到大部分的事，知道需要採取一些必要的行動，與這一生創造的義務有關——這通常是不久之前創造的。也可能發生一些令人極度挫折的事，或是無法解釋的事件和發展，這是很久以前的一些互動所造成，是由業力控制的，我們可能無法清楚地憶起。我們可以從形成相位的行星的本質，來解釋這些未解決的困難和後遺症，也可以根據這個行星，判斷欠了某個人哪些業債。所以如果太陽行運通過南交點時，與權威人士或某位贊助者發生無法解釋的問題，就可能是在很久以前，你曾經對一位贊助者做過一些錯誤的事所導致的。你可以用這種方式判斷每一個行星，而你可能會發現，你和別人的問題，可能會偏重與某一個行星有關。你也可能發現，某些類型的人際關係特別容易出現失衡的狀態。當一個行星行運通過南交點時，如果沒有這麼多殘餘的老舊業力或是明顯的問題與該行星有關，或是與該行星代表的人或事有關的領域，就不會發生太多痛苦憂慮的事。

你的月交點主宰行星的行運會特別重要，特別具有個人色彩。

最後提醒：你要留意，當一個行運的行星與月交點形成相位時，你要留意該行星是否與其他本命或推運的行星形成重要相位，因爲這會影響整體的結果。舉個例子，如果每次有一個行星行運通過本命的北交點時，同時也與太陽形成四分相，就會因爲同時遇到的其他障礙而減少獲得的好處。你必須根據這些相位修正你的解讀。

我們接下來會討論太陽回歸（Solar Returns），以及我們如何能單獨透過月交點，而不考慮星盤中的其他因素，以揭露接下來的一年會發生的許多事。

12

月交點與個人流年

太陽回歸與月交點

太陽回歸盤是呈現太陽每年回到出生時的黃道位置的精準時刻。這通常發生在生日的一天以內。這種盤如果能根據已知的出生時間精準計算，再設定成目前的居住地，就能反映接下來一年的狀態、形勢和事件。太陽回歸盤就像輔助的出生星盤，猶如只有一年期限的個人地圖。

不過，我在這裡沒有必要提供你一些特別的指示，告訴你該如何解讀太陽回歸盤中的月交點，因爲太陽回歸盤的解讀方式跟出生星盤十分類似。我們到現在爲止介紹過的所有方法，都可以用來解讀太陽回歸盤中月交點的影響。舉個例子，太陽回歸盤中的月交點位於顯著的位置，就像我們在第二章介紹過的，你可以依此來找出接下來一年的整體主題。唯一的差別在於，太陽回歸盤中的主題只會維持一年。

我在一九九〇年初期開始研究太陽回歸盤，當時坊間對太陽回歸盤的介紹還不多。我先開始研究自己之前所有的太陽回歸盤，跟我的日記、還有我對日期和事件的出色記憶做比對。結果發現，一年中若沒有行星與月交點合相，通常就是最輕鬆、最開心的一年；比較能隨心所欲，私人的事情進行得很順利時，通常就是北交點落在星盤中最高的位置，或是靠近上升點時。這些年的機會會增加，有更多扇門爲我敞開，判斷力很好，會出現貴人提供幫助，最後帶來擴張或改善狀況。

我發現南交點在最高的位置時，表現剛好相反。這時會有更多考驗，很難達成目標。計畫或關注的事比較難獲得支持，有時會形成一些困難的關係。我在此可以做出結論：在那些年，我就像進入壞選擇的季節，會對地位、名聲和工作狀態造成負面影響。任何計畫都會出現複雜的發展，會發生損失和挫敗，似乎非常無法控制結果。負擔很沉重，生活就像一場痛苦掙扎。

接著我開始研究別人的太陽回歸盤，亦得出類似的結論。我再次發現，其中有一些業力的牽扯，月交點可以顯現一個人到底是在收割一些好的業力，或是償還一些業債。當北交點在最顯著的位置時，宇宙的力量非常活躍，會在你的行爲中發揮作用，允許你獲得一些好處；如果是南交點位於顯著的位置，則會特別嚴格，限制特別多。如果是後者，你的作法可能違背了自己的最佳利益，所以宇宙給予你阻礙，提醒你用錯了方法。其他時候，你之前的行爲造成的形勢，導致你如今沒有機會創造太多進步，直到過去的事情解決了，才能繼續前進。當我們解讀太陽回歸盤的月交點位置時，類似出生星盤中的月交點位置，還是以哪一個月交點位於優勢線之上爲基準，只不過在太陽回歸盤中，影響力只維持一年。

你可能會想問，如果出生星盤顯示月交點位於星盤上方，但是在目前的太陽回歸盤中，位置剛好相反，又該如何解釋。我也曾經問過自己這個問題，但這並不難懂。出生星盤顯示的是位置顯著的月交點一輩子的影響力，但是太陽回歸盤中只顯示位置顯著的月交點一年的影響力。你的出生星盤中，如果北交點位於最顯著的位置，但在太陽回歸盤中，南交點位於星盤的上方，那麼這一年你會做出一些貢獻，還有一些退讓。這是一個做決定的重要時期，你現在的每一個選擇都會馬上出現結果，可能會有一些長期的複雜牽扯。如果在出生星盤中，南交點位於顯著的位置，而在太陽回歸盤中，北交點位於顯著的位置，那麼在接下來的一年，會有能量、機會，還有供你消化的身心糧食湧入，補充你的倉庫。事情會進展得更容易、更順利，你可以歡迎並接受新的狀態，而當你進入新狀態時，可以放心信任自己的判斷力。這時會有一些對未來有幫助的進步。

當然，當我們根據在太陽回歸盤中哪一個月交點落在優勢線之上的顯著位置，來判斷會發生多少的好事或是遭遇多大的壓力，還是會有一些例外。我們可以從太陽回歸盤中的其他特色看出端倪。如果天頂有強勢的四分相，那麼即使北交點位於星盤最高點，仍會面臨一些挑戰。如果這是與火星、土星或冥王星形成的四分相，情況就會更加嚴重。如果是同樣的情形，再加上南交點位於星盤最高點，狀況會更加凶險。

如果太陽回歸盤中的北交點與上升點合相，代表有些由宇宙操控的行為，這部分我們在第二章已經討論過了。雖然會出現許多有利的條件，但還是會發生一些事件，而我們只能被動回應。這會有些學習的經驗。但幸運的是，我們正處於極佳的位置，可以沉著應付麻煩事，最後能獲得利益或好處。若是情況剛好相反，是南交點與上升點合相，這就代表會出現一些有濃厚業力色彩的狀況，我們的處境會需要為某個人犧牲，或是為了某個人的行為讓步。不過如果同時有吉星與北交點合相，落在七宮，就應該會有一些個人的利益或好處。

當月交點落在上升點或天頂時，這一年通常會有一些重要的活動。通常需要一些努力才能讓個人領域維持和諧，找到平衡。必須對關係多加注意，或是調整關係，才能讓家庭生活和事業領域腳步一致。如果合相越緊密，帶來的改變就會越突然、越明顯，可能是搬家、換工作、關係改變或改變外表。不過如果上升點或是上升點的主宰行星還有一些能帶來助力的相位，我們就能歡欣接受這些改變，沉溺其中。所以我們要考慮與上升點、上升點的主宰行星和天頂是否有任何重要相位，當然還要特別留意月交點本身是否還有其他重要相位。

當有行星與月交點合相時，通常會讓相關主題變得更複雜或更豐富有趣。不過這只是短暫的影響，所以你可以參考第十章的介紹，來解讀當一個太陽回歸的月交點與太陽回歸盤的行星或某個基本點形成合相時，代表什麼樣的意義。太陽回歸盤中的相位容許度可以很寬，有些時候最多可到十度，不過越緊密，越能強烈凸顯一些主題。入相位的感受會比出相位更強烈。

如果在月交點軸線的任何一端有不只一個行星，或是在兩端都有多個行星，就要根據哪個相位最緊密來判斷最強烈的影響。每個相位都有自己的影響力，但是最緊密的相位的影響力會最明顯。如果兩個相位的緊密程度一致，那麼與比較靠近天頂的月交點形成的相位，影響會比較明顯。

太陽回歸盤只是一個投射，所以一定要和出生星盤比對。我們可以做一個雙盤，太陽回歸盤在內，出生星盤在外，或是在太陽回歸盤的核心周圍標記出生星盤中的行星（簡稱本命行星）。留意一下，是否有本命行星與太陽回歸盤的月交點形成相位，或是本命月交點和太陽回歸盤的行星形成相位。如果有這種情形，你可以利用第十一章的介紹來加以解讀。假設你的太陽回歸盤的月亮與本命盤的南交點合相，那麼根據上一章的介紹，你會知道自己會變得更敏感，可能會更加注意家庭事務或某些健康議題，也許主要跟你的母親有關。或者如果是太陽回歸盤的北交點與本命的海王星合相，那麼根據第十章的介紹，你知道自己可能有旅行的機會，或是覺得自己很有創意，對生活很滿意、很快樂，諸如此類。無論是任何相位，包括合相以外的相位，你都可以在前面三章找到完整的介紹。太陽回歸盤是在某一個特別時間點的行運盤，所以會有些短暫的相位，其影響力非常類似推運和行運的解釋。不過在太陽回歸盤中揭露的主題會持續一整年。

在太陽回歸盤中，月交點的相位越多，接下來一年的事情就越多。

案例解析

讓我們以寶拉．阿巴杜爲例，圖34是她即將成爲《美國偶像》裁判、一連串成功表現之前的太陽回歸盤。太陽回歸盤中的北交點是在優勢線之上，占據顯著的位置，也代表可能會有世俗的影響力和物質收穫。太陽回歸盤中，北交點也與土星合相。我們根據第十章的介紹，可以得出以下結論：

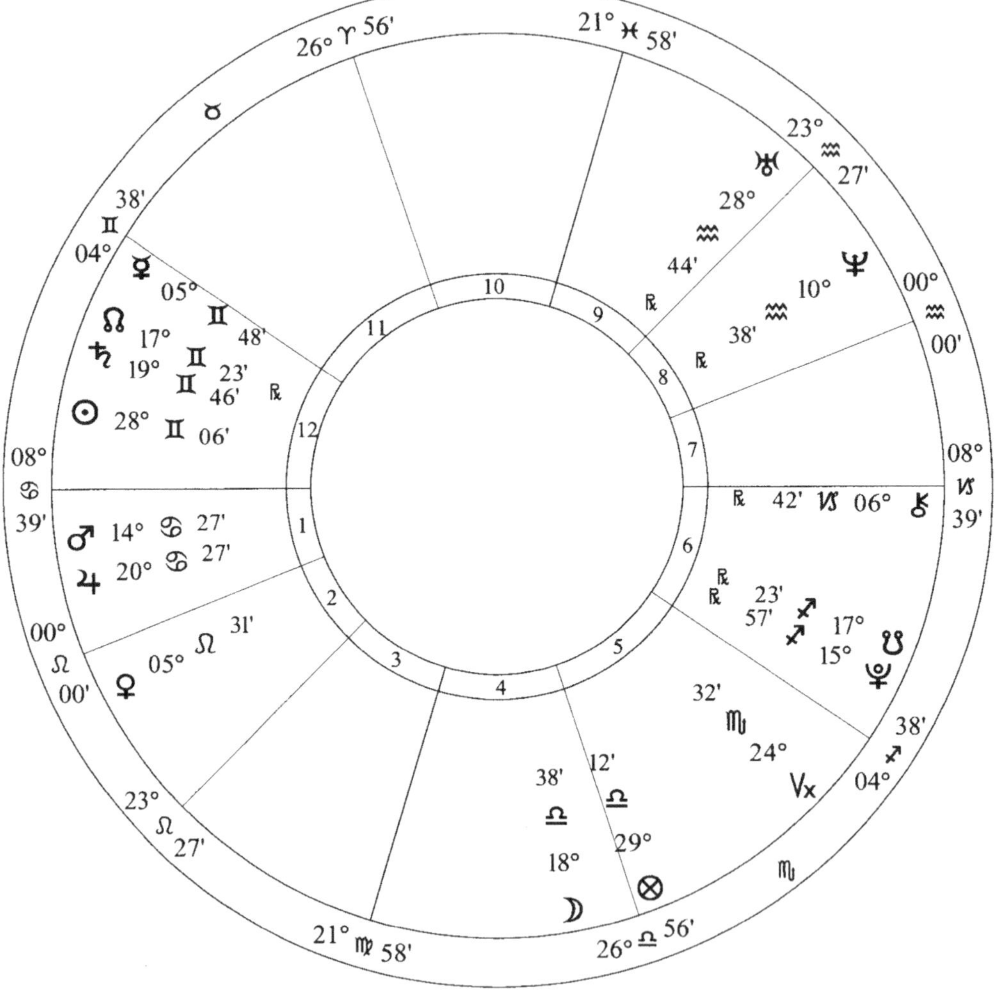

圖34　寶拉・阿巴杜的太陽回歸盤

二〇〇二年六月十九日，早上六點三十三分十三秒，加州洛杉磯市

如果當事人一直針對正確的事投注許多時間和精力，已爲成功奠定穩固的基礎，同時遵守社會法則的運作，那麼這個相位就能帶來豐沛的好運。當事人可能因爲持續的付出和努力工作，獲得所有應得的獎賞。

這時可能有一些功課和學習的經驗，不過最終都很有建設性，讓整體局面更加穩定。當事人會學會對耐心的肯定，當這個相位結束時，會更瞭解自己，更知道自己的本事，進而改善自我形象。此時，通常是一位比較年長的人能提供指導，或在這個人生階段扮演重要角色。當事人會願意承擔更多責任，許下承諾。此時會開始一些關係，或是進入一些狀況，能提供長期發展的好機會，特別是與職業有關的。

這一切都在寶拉的那一年印證了。太陽回歸盤中的月亮、北交點和土星的大三角，改善了事情的可能性。我們也可以看到，寶拉的太陽回歸盤中的金星正接近她本命的北交點，這落在獅子座十一度。根據第十一章的介紹，我們知道：

這時，你通常會獲得額外的錢，有金錢的流動。此時你會很想放任自己，會買新東西來美化環境或自己。會接觸年輕女性、髮型設計師、室內設計師和理財顧問等等。社交活動會變多，有很多派對和送禮會等。

我們很容易就能看到，寶拉在那一年的確遇到這些事。她還有兩個月交點的合相：太陽回歸盤的南交點與冥王星合相，太陽回歸盤的海王星與本命的南交點合相，所以這裡必然有些外界比較少注意到的私事發生。所以你現在知道了，光是月交點，我們就可以看出多少故事。

我們現在來檢視美國女殺人魔派翠西亞．克倫溫克爾在一九六九年八月謀殺查爾斯．曼森之前的太陽回歸盤。她的太陽回歸的南交點落在十宮，是個顯著的位置，也代表一些有問題的狀況。南交點與天王星緊密結合，而根據第十章的介紹，我們知道：

南交點遇到天王星時：會出現驚喜或計畫之外的發展。此時很難擬定計畫，當事人必須更有彈性，學習順勢而爲。這是一個干擾的、破壞性的能量振動。缺乏穩定。預料之外的發展常像是晴天霹靂，帶來負面的結果。此時要保護自己的聲譽，避免不明智的冒險，很容易發生醜聞，或是留下對自己不利的汙點。

當這個合相的位置非常靠近天頂時，也特別具有破壞性。

我們還發現克倫溫克爾有兩個相位讓海王星與南交點產生連結：太陽回歸盤的海王星靠近本命的南交點，太陽回歸盤的南交點靠近本命的海王星。根據第十章的介紹，我們知道：

可能會涉入陰謀，或沾上酒精或藥物。想像力會帶來誤解、過度想像、或很容易自我欺騙。可能會與邪惡的人或騙子扯上關係，要留意此時出現在你生命中的陌生人。此時你必須質疑自己的判斷，也需要一個值得信任的人提供牢靠的建議　會有些困惑或是令人

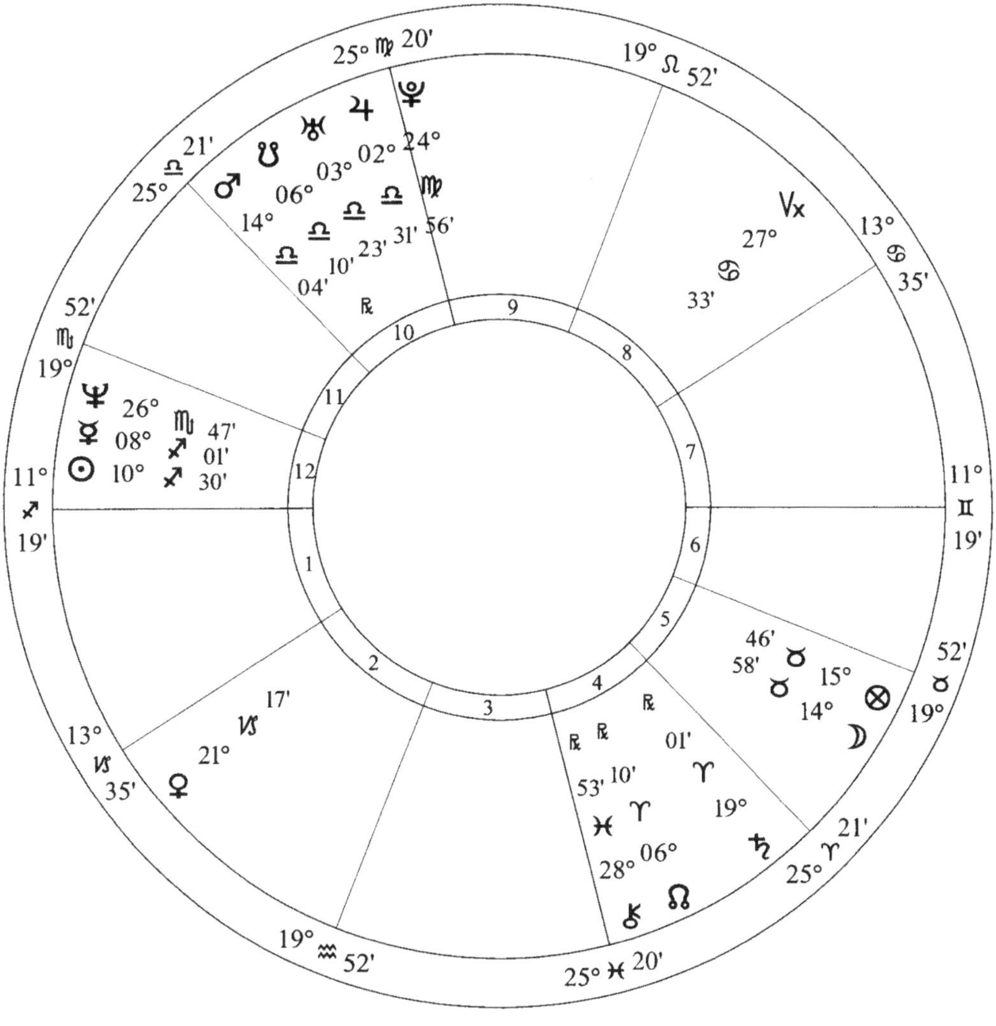

圖35　派翠西亞‧克倫溫克爾的太陽回歸盤

一九六八年十二月二日，早上七點四十九分四十八秒，加州洛杉磯市

心神不寧的事。對人生方向十分迷惘，可能很害怕有什麼事情會出錯。旅行或行程最後可能不如預期的滿意。

在她的太陽回歸盤中，南交點與火星的距離不遠，代表會有來自男性的困難，可能無法避免一些與他們有關的重大問題、挫敗和悲傷。她的北交點主宰行星是火星，加上南交點和天王星的能量後，會變得更具破壞性，更難以控制，最後造成自己的失敗。基本上，她其實是把自己的力量給了別人。

所以，光是檢視一張太陽回歸盤中月交點的每個相位，就可以得到如此多的線索，知道這一年會發生什麼，這實在很驚人。

就在我開始寫這本書時，有一位作家朋友請我幫她看太陽回歸盤的月交點。我很好奇，光是根據月交點，到底可以看出多少她接下來這一年會發生的事。月交點占據三宮和九宮，北交點是在星盤的下半部。月交點分別是牡羊座和天秤座的前面度數，這是可能發生大事的度數。把這兩個元素合併起來，再加上她是已出版過許多書的作家，我知道這應該與一本書的計畫有關。一方面，今年對她而言可能很辛苦、很費力，她的計畫可能很難啓動；但從好的一面來看，她做的事可能會有一些特殊的意義。

當我問她這個計畫時，腦海中突然出現一個念頭。我想她可能正在計畫出版某一類型的書，跟她平常的小說完全不同，而這可能與天秤座有關。這本書可能比較像是爲眾人服務，而不是爲了個人的成就。結果我們都大吃一驚，因爲她一直想要寫一本非小說類的書，主題是如何與罹患阿茲海默症的父母相處——她的母親就是因爲阿茲海默症辭世。她還沒開始著手寫作，是因爲這會占用她的時間，打斷目前正在創作的小說。但是當她最近讀了剛過世的父親寫的阿茲海默症筆記，她覺得似乎有責任或是有某種召喚，要她在最近寫這本書，而她的父親正是天秤座！

不過後來這一切並沒有發生。她繼續花時間寫穿越時空的小說，這花了她很多時間和心力，結果市場反應不佳。她的太陽回歸盤也反映了實際的狀況。她也從來沒寫過穿越時空的小說。這就像一場冒險，是她寫作的新方向，需要很多的能量，而位於三宮的牡羊座的北交點也印證了這一點。她也沒有機會去寫阿茲海默症的書。雖然這是一個理想的時間點，但是水星與她的太陽回歸盤的月交點和上升點形成四分相，這也顯示根據之前的努力創造的局面，可能會干擾一個人達成更高層的目標，無法再有進步。

所以，宮位和星座都很重要。北交點的宮位通常意味著好事會在哪裡發生，南交點的宮位則代表在哪裡可能有耗損的狀況或是缺乏機會。挫折通常也與這個宮位有關。

假設你的金星在一宮，與南交點合相，這會對個人造成影響：整體而言，你可能悶悶不樂，覺得生活欠缺和諧。你可能爲伴侶犧牲。從星座可以看出更多線索。如果同樣的組合落入四宮，可能某位家庭成員有不輕鬆或不和諧的狀況，如果是天蠍座，這可能代表一位女性家庭成員需要動手術。如果是火星與北交點合相落在一宮，你可能非常自私地追求自己的目標，可能不太尊重別人的想法，但是能創造許多個人成就，特別是當這個合相落在火象星座時。

我們稍早介紹過的內容，都可以應用在太陽回歸盤上。假設你的太陽回歸盤中，北交點與幸運點落在第十宮。這應該對你的事業和名聲非常有利，除非在南交點那端有什麼阻礙。另一方面，即使是北交點位於天頂，但如果太陽回歸盤中的南交點與你本命的幸運點合相，或是與某個個人行星合相，那麼就很難享受到所有的好處。

月交點與太陽和水星的相位通常都非常重要，因爲這與自我／身分認同、商業／工作事務有關。我們可以根據哪一個月交點位於優勢線之上，來判斷相位的影響會出現在哪一個領域。如果北交點位於星盤頂部，但是南交點與太陽或水星合相，就無法帶來太多的好處。

如果南交點位於天頂，又與某一個行星合相，痛苦掙扎就會特別強烈；與冥王星合相，可能代表權力鬥爭會影響事業和家庭領域；與海王星合相，可能會對人生的方向覺得特別迷惑；與天王星合相，可能會有意外的發展，同時影響職業和家庭領域；諸如此類。

如果月交點剛好落在宮頭，會對該宮的事物有特別重要的意義。

太陽回歸盤的月亮每個月前進一度，一年會前進十二度。當月亮往前移動時，可能會與太陽回歸盤的月交點形成相位。太陽回歸盤中的月亮與月交點形成相位時，可以看出在相位形成的這一個月，會發揮什麼樣的影響力。

如果你已婚，也可以根據自己的太陽回歸盤看出你的伴侶的發展狀況。你的太陽回歸盤的七宮，也就是你的伴侶的一宮，所以你可以從七宮開始解讀他或她的其他宮位。你只要把星盤上下顛倒即可。舉個例子，你的十一宮就是伴侶的五宮。如果你們是比較晚才結婚，各自已有小孩，這個宮位就能貼切反映出你的伴侶的孩子，也就是你的繼子女。如果有月交點落在十一宮，你就會知道這不只會影響你的友誼，還有你所屬的團體，也可能會影響你的繼子女。如果你比較有興趣知道自己小孩的狀況，你就從五宮開始，這是你的小孩的一宮。讓上升點落在五宮，然後開始進一步解讀。你會發現，你的太陽回歸盤的六宮，就是你孩子的財帛宮；你的太陽回歸盤的九宮，就是你孩子的小孩的宮位；而你的太陽回歸盤的十一宮，就是你孩子的伴侶宮。依此看來，你可以根據一張太陽回歸盤，提出多重的解讀。

一個行星實際落入的宮位是最重要的，勝過於該行星主宰的宮位。

當你在解讀太陽回歸盤時，可以自由運用前面的介紹。如果你想要有獨特的解析，可以先把這些技巧應用在上一次月交點回歸時。月交點回歸是生命中很重要的十字路口，代表一個業力成長的新階段的開始。月交點回歸盤的行星組合就像一張地圖，指引了接下來十八年半的方向，這與你的任務、你必須做的工作、還有你會擁有的幫助特別有關。如果你需要一些概論的解釋，幫助你解讀月交點回歸的意義，你可以參閱書末的參考書目，其中會列出我之前的著作。

我們接下來會討論月交點在關係中的表現。

13

月交點與雙人合盤

既然月交點軸線代表今生必須學習的功課，顯示命運的強迫性力量，那麼當兩個人之間有月交點的連結時（例如其中一方的行星與對方的月交點有相位），他們便猶如遇到磁鐵，會被彼此吸引。其中一方或雙方通常都會希望有些互動，往往是一方或雙方都在對方生命中占有某種重要的意義。行星的一方（譯註：下文簡稱「行星人」）可能在月交點一方（譯註：下文簡稱「月交點人」、「南交點人」或「北交點人」）的生命中扮演重要的角色，就像月交點人可以運用的某種工具，用來面對月交點軸線象徵的一些課題。他們可能不會被迫進入一段關係中，只是在彼此的生命中路過，留待未來的互動。不過如果你願意與一個人發展深入的、有意義的關係，互動非常強烈，其中帶有業力的色彩，那麼無論這是最愉快或最不愉快的關係，通常其中都會有月交點的相位。

當兩個人有北交點與行星形成相位時，通常代表有新的關係，兩人會期待未來的相遇有好的互動。雙方都想要互動，不過環境並不允許，或是其中一方無法在這一生實現或完成這段關係。這段關係是未來式，日後將會繼續。在這段關係中，兩人站在平等的立基點，沒有之前的責任義務。雙方只會覺得有機會在未來一起體驗新的成長，創造一些令人興奮的事。行星的本質可以看出雙方覺得注定要發展的關係類型。

在合盤中，當兩人有行星與北交點形成相位時，行星人會爲北交點人帶來新的成長機會。學習經驗的本質，或是行星人可以與對方分享的特質，全都可以在行星的本質中看出端倪。行星人會代表、表達或擁有北交點人需要發展的特質，才能獲得新的靈性成長，體驗到某種滿足感。不過如果北交點人還沒準備好接受這種經驗，行星人就會覺得很焦慮或緊張。北交點人會認爲行星人破壞了自己的舒適圈，還沒準備好接受新的學習經驗。

不過這種關係通常都有愉快的、令人振奮的感覺，雙方都能從互動中受惠。行星人會受到北交點人的激勵和鼓勵，繼續培養累積與這個相位的行星有關的特質。通常北交點人都能有些收穫，而行星人必須做些努力。這種雙方有北交點與行星形成相位的關係，多少都帶有正面的特質，但還是要看行星的本質而論。舉個例子，如果是土星與北交點形成相位，代表雙方必須付出更多努力，勝過於太陽或木星與北交點形成相位，後兩者通常比較不費力。如果是水星或火星與北交點形成相位，行星人可能會用自己的支持或建議去催促北交點人。

當兩個人有南交點與行星形成相位時，也會有類似的感覺，因爲雙方之前已經相遇過，還一起度過許多時光。這種關係一開始都很輕鬆、很自在。行星人會象徵或提供一個舒適圈，而這與行星代表的領域有關，讓南交點人很自在。

這種相位代表有之前的責任義務或是一些狀況，是行星人想要在這一世取得平衡的；行星人欠了南交點人一些東西。南交點人已經有些貢獻，或是做了一些好事（與行星的特質有關）。如今能量的流動，大部分都是朝向南交點人。行星人可能無意識地覺得必須在與行星有關的領域中，替南交點人做些事情，有時則是利用一些與行星有關的技能或特性爲南交點人帶來一些幫助。南交點人最後可能會讓行星這方變得心力交瘁。南交點人正在討債，這就是爲什麼這些關係有時會有損失或犧牲的情節出現。

當這些關係必須解決一些過去的業力時，有時會變得很困難或是無法繼續。可能會有一些過去世的陰影對今生的關係造成壓力。這段關係可能會以某種方式重複過去的模式，提醒雙方一些責任義務。最糟的狀況就是，雙方又跌入了過去的窠臼中。南交點人會對行星人扮演限制的影響力，會很謹慎地建議行星人不要陷入最新的趨勢或衝動裡（可以從行星來判斷性質）。南交點人會在由行星主宰的領域中，自由地給予行星人這方建議。有時這種互動模式行得通，不過行星人最終都會覺得因爲南交點人的負面意見而受到壓抑。有時候則是南交點人覺得行星人無法帶來新的成長，在這段關係中看不到未來，到最後，南交點人會隨著成長而對關係失去興趣，因此想要離開這段關係，或者就是漸漸疏遠。當一個人年紀漸長，對靈性成長和發展比較有興趣時，會比較珍惜與南交點有相位的關係。雖然這些南交點的關係通常比較困難，但也不總是如此。這必須要看過去的關係是如何進展，還有當雙方分開時，是否有些不平衡存在。

這一世的北交點關係，通常會變成下一世的南交點關係，所以你要檢視一下自己如何處理北交點的關係。如果在這段關係中的付出與得到有些不平衡，那麼在未來就必須讓業力的天秤重新取得平衡。

有時兩個人之間既有北交點的相位，也有南交點的相位，這就代表他們在未來和過去都有連結。他們可能共同參與某種業力成長，已經進行了好幾世。有時南交點或北交點都各自擁有多個相位，或是同時都有多個相位。每個相位都必須分析，以最貼近的相位優先。

我們可以用各種角度思考兩個人之間的月交點相位。我們會檢視兩個人的出生星盤，先從其中一人的行星或基本點與對方的月交點合相開始。這種合相可以有五度的容許度。月交點與基本點的合相因爲會對軸線造成雙重的強度和吸引力，所以通常都是最強烈、最令人不由自主的關係。內行星與對方的月交點軸的合相，會比外行星與月交點軸的合相更加重要，也更具有私人意義。如果是外行星與月交點軸形成合相，這代表在某段時間出生的一群人，外行星都與你的月交點軸合相，或是他們的月交點都與你的外行星合相。不過無論如何，只要你們兩個相遇，都會是很強烈的相位。

關係指合盤中的月交點相位

太陽—北交點：這是一段新的關係，朝著未來發展。雙方都能互相受惠，成爲對方事業上的推手，幫助對方更上一層樓。北交點人就像陽光，鼓勵太陽人用樂觀的態度看待未來，幫助太陽人以任何創造性的努力，獲得更多的認同；太陽人就像提供能量的打氣筒，可以幫助對方在社會上達成雄心壯志，更認清自己的獨特之處。這是一個和諧的、不受拘束的、激勵的相位。雙方都願意爲這段關係付出，就算有些缺點也不介意，因爲他們預期的是一段未來（世）的關係。這段相位帶來的機遇和幸運主要表現在北交點落入的宮位，還有太陽落入和主宰的宮位。如果其中一方是男性，這段關係就會更好。通常會有其中一方扮演如父親般的角色。

太陽—南交點：這是一段過去世的連結，南交點人已經爲太陽人付出了許多，幫助對方獲得利益，達成願望。如今南交點人就像拿了一只空杯子，樂於接受太陽人的回報和任何付出。太陽人打從心底覺得對南交點人有某種義務，通常有些愛慕和熟悉感。太陽人可能會扮演父親的角色，或是在南交點方有需要時給予鼓勵支持，幫助對方克服恐懼。當太陽人嘗試尋求認同、展現個人特性時，南交點人可能會試圖阻止。雙方之間有未解決的自我或權威課題，導致問題出現。有時南交點人會覺得太陽人是個人成長的負擔或阻礙，最後因爲自己有所成長，以致對這段關係失去興趣。如果雙方是一男一女，這段關係會更緊密。

月亮—北交點：強烈的情感連結，帶有一拍即合的吸引力。雙方馬上就有命中注定的感覺，通常是由月亮人開始這段關係，提供北交點方滋養，認爲對方缺乏滋養。月亮人試圖成爲好典範，向北交點人許下承諾，願意保護對方的安全和保障。北交點人也會做許多事激發月亮人的滋養／母性特質。這些都會成爲雙方關係的主軸，導致幾乎無法切斷這份連結。有時雙方都會沉浸在提供彼此情感層面的安全感和同情之中，以至於與外界失去接觸，只活在兩人的小世界裡。月亮人通常是付出最多的那一方，但很樂在其中。北交點人則是雙方互動中最焦慮不安的一方。如果其中一方是女性，這段關係就會更強烈。這樣的關係可能會持續許多世。

月亮—南交點：看第一眼就充滿吸引力，覺得跟對方在一起非常自在和熟悉，關係的基礎就是互相同情，還有安全感。其中一方在過去世可能是對方的母親。月亮人會覺得有責任提供南交點人庇護和滋養。南交點人會覺得在情感上虧欠月亮人。這種關係很強烈，但是雙方如果又陷入過去的窠臼和習慣中，畫下某種情感的界線，互相限制，關係就會出現問題。他們可能想擴大對方的情緒波動和情感層面的恐懼，因此很少抬起頭來看看周遭世界發生了什麼事。月亮人最後可能會覺得因為南交點人的負面態度，覺得情感上受到壓抑，而南交點人也會覺得被限制，沒有機會獲得新的成長。

水星—北交點：在心智層面很契合，溝通很順暢，可能帶來新的成長。雙方都覺得受到刺激，想要交換意見，有很多事情想討論。北交點人可能會鼓勵水星人得體地表達自己，讓自己的意見被外界接納，因此水星人可以更有收穫。水星人憑著直覺就知道這段關係對未來有利，所以想要與對方建立一段關係。水星人也會鼓勵北交點人考慮新的概念，分析目前趨勢的可能性，進而在時下最新的潮流中獲利。北交點人也許會覺得新概念太費力，但最後可能會採取跟自己目前看到的不同的方式，所以，北交點人可能會開始覺得水星人太強勢。這種關係通常是愉快的互動，有利於生意，也是很好的友誼關係，通常都帶著點兄弟般的意味。

水星—南交點：能在心智層面上自在地互動，溝通順暢。這段關係帶有兄弟般的意味，雙方在前世可能當過兄弟姊妹。在過去世，南交點人可能在心智層面或商業能力方面幫助過水星人，也許提供有利於水星人的意見或解決方法。如今水星人覺得必須報答南交點方，所以會無償地提供南交點人資訊，分享想法。如果互動太過頭，水星人最後可能會對南交點人的存在感到筋疲力盡；而南交點人可能會限制水星人的想法，覺得水星人太雜亂無章，或者根本只是半吊子。在商業領域，南交點人可能覺得自己知道什麼才是對水星人最好的。水星人最後可能覺得南交點人太愛說教，觀念太保守，不能接受自己的想法，或是否定自己的想法。不過這通常是個互利的相位，有助於智慧或邏輯思維的交流，通常都與傳授、教學和諮詢的能力有關。

金星—北交點：看第一眼就充滿吸引力。雙方都想讓對方留下印象，覺得必須再次相遇，也願意對這段關係投注心力。如果是一男一女，雙方有時不禁會想，如果能成爲戀人會是什麼樣的狀況——雖然兩人都很清楚，兩人在這一世不可能成爲戀人，因爲條件並不允許。這只是輕鬆相遇的階段。兩人都很安於靜候時機，同時很享受對方的陪伴。北交點人會對金星人的魅力和自在印象深刻，金星人則喜歡北交點人營造的感覺，可以讓他們意識到自己的吸引力或創造力。這是一段友善的、合作的關係，非常有利於公共和社交領域、還有商場人脈的互動，如果是與金星有關的事物就更加分了，例如藝術和美化。雙方會分享共同的利益，同時也非常契合。

金星—南交點：這是很自在的關係，通常是社交關係。這個相位意味著在過去世，南交點人曾對金星人做過一些好事，如今，金星人想要讓南交點人快樂。金星人會給予南交點方讚美、欣賞、愛情、金錢、好處、藝術品禮物或漂亮的東西，任何能寵愛南交點人、讓他們感到開心的東西。南交點人最後可能會讓金星人覺得筋疲力竭。南交點人會建議金星人如何處理愛情與金錢，通常看法都比較謹慎或保守。金星人可能會覺得對方是鬱悶、掃興的人。無論如何，兩人之間總會有些有關美、愛及和諧的事物來轉移注意力，讓雙方都覺得很滿意。在某些時候，南交點人可能覺得沒有成長的空間，讓關係冷卻。除非雙方過去的失衡已經獲得平衡，這段關係也夠穩固，可以繼續進行到下一階段，否則關係可能就走不下去。如果是一男一女，可能在過去世有過一段無法開始的失敗戀情。在這一世，他們可能覺得一定要在一起，但是現實環境又不允許這段關係能完整發展。他們可能勉強接受一些偷來的時光，或是用一些不同於其他戀人的名分在一起，一切只是爲了在一起。這也解釋了爲什麼完全不同世代或背景的兩個人之間，會有無法解釋的吸引力。

火星—北交點：充滿活力和刺激的互動。這是一種活潑的、具有生命力的和生動的能量交換，雙方都很直接，也能向對方敞開心胸。火星人會激發北交點人，常在關係中扮演帶頭的角色。火星人充滿野心，可以看到北交點人能用哪些方式採取行動，以改善自己的處境，通常是在財務或事業方面。對火星人而言，北交點人顯然正處於一個位置，可以利用現代的趨勢、潮流或大眾的信念而有所收穫，而火星人也願意提供自己的能量去幫助北交點人。火星人會有一點冒昧，北交點人則可能還沒準備好接受這些建議。有時火星人太過自我，導致雙方無法平等互動。北交點人可以點出方向，爲火星人加油打氣，讓火星人可以更有效率地參與活動。火星占據和主宰的宮位，還有北交點占據的宮位，可以顯示他們最有熱情去一起探索的活動類型。如果是兩位女性，火星人可能會介紹北交點人一位令人興奮的男性。

火星—南交點：這種關係一開始雖然很順利，雙方都很享受對方帶來的能量，不過後來通常很困難，也很難持續。雙方在過去世可能有談過戀愛或結婚，也可能是運動領域的競爭者、兄弟姊妹或軍人，南交點人爲了火星人付出能量。他們可能發生過一些衝突，火星人可能不公平地對待南交點人，或是對他們發洩憤怒。如今南交點人來討債，火星人馬上就覺得有所虧欠，因此，南交點人可以輕易地榨乾火星人的能量。南交點方也會限制火星人，還認爲火星人太過專橫。火星人則是認爲南交點人強人所難，感覺被扼殺，很不自由。火星人內心會覺得憤怒，不斷累積敵意，最後可能會突然爆發，以草率的行動發洩。如果火星人是女性，相位很緊密，她可能會給予南交點男性性愛的能量；如果剛好相反，南交點女性則會榨乾火星男性的能量。如果雙方是同性，火星人可能會試圖滿足南交點人的要求，不過在這種狀況中，雙方可能會忽略正在累積的緊張能量，等到發現時，爲時已晚。雙方如果有些距離，這段關係會比較容易維持。

木星—北交點：兩個平等的人能建立互相支持、樂觀的關係。雙方正在培養善意，通常一定會照顧對方，或為對方供應某些東西。雙方會分享類似的價值觀、哲學和信仰。雙方都能激發對方最好的一面。通常是北交點人提供哲學方面的刺激，木星人提供物質的支持。對於任何類型的關係而言，這都是非常好的相位，不過這常形成的是師生關係。

木星—南交點：木星人可以帶給南交點人機遇或幸運。這樣的關係來自過去世的互動，通常是有法律認可的關係，其中發生一些不公平或不道德的行為，通常都是木星人對南交點方做了一些事，與宗教、教育和財務有關。如今，木星人想要彌補過去扮演的角色的缺陷，改善狀況，也願意為南交點人犧牲。而這常是透過物質和財務支持來表現。南交點人樂於接受，可能因此讓木星人過度付出，而南交點方也會提供財務或哲學的建議。南交點人可能很愛說教，但是木星人能夠忍受。這個相位並不算太糟。可能有強烈的精神層面色彩，雙方都能受益。雙方常會一起參加大型的宣傳活動。他們可能必須花上好幾世，才能解決一些事情。木星人可能會在木星占據的宮位、或是宮頭是射手座的宮位受到限制，無法做出貢獻。《好色客》發行人賴瑞．佛林特和第四任妻子阿爾希爾．佛林特就有這個相位——他的木星與她的南交點合相。他的七宮宮頭是射手座，他給了她一段婚姻，還有合法的伴侶關係。

土星—北交點：這是一段嚴肅關係，雙方都會承擔責任。這段關係發展得很慢，可能會有些狀況強迫他們在一起，他們之間可能毫無吸引力。土星人會給予北交點人實際的物質幫助，北交點人則會幫忙減輕土星人背負的重擔。即使這也是一段未來式的關係，也會有一些共同的機會和利益，不過這也是最難維持的一種關係，因為關係很嚴肅，必須背負責任。這段關係一旦開始，穩定下來後，就會維持很久，雖然這對婚姻而言通常有點太沉悶。最好是兩個人分開住。

土星—南交點：沉重、嚴肅的關係，對彼此而言，這都有點太令人掃興，感到無趣。他們通常會管教對方，導致一種雙重土星的狀況。南交點人會建議土星方如何做出更好的規劃，如何經營他們的事業，而土星人會覺得虧欠南交點人，覺得必須為南交點人達成一些具體的、有建設性的目標，通常都是以教導的方式進行。雙方都會畫下界線，互相限制，常會激發對方嚴肅的一面，態度趨於悲觀。這可能成為悲慘的戀愛關係，或是因為互動冷淡，導致關係只有「悲慘」兩個字可以形容。南交點人可能會接受土星人必須提供的付出，然後繼續人生的道路。在成熟的關係裡，紀律可以滿足雙方的目標，而雙方對習俗和傳統的理念相同，（也許）可以促成一段長期、緊密連結的關係。

天王星—北交點：這個相位具有強烈的未來色彩。兩人在一些新穎的、流行的、或最先進的活動中分享不尋常的興趣。他們可能一起投入電腦、占星學、精巧機械或發明的事物，或是一種革命性的想法。天王星人的貢獻有濃厚的新時代風格，他們也會試圖向北交點人證明，在這些事物上考慮他們的想法是有加分效果的，勝過於只採用之前的想法和信念。天王星人有時會讓北交點人感到緊張。北交點人會引導天王星人去理解外界對他們獨特的想法或能力會作何反應。

天王星—南交點：這是一段有趣或不尋常的關係，開始和結束都很突然。天王星人會想要向南交點人展現自己的獨一無二，而南交點人會被這段關係的某些特質深深吸引，受到刺激。這是一段延續過去世的關係，在過去世，兩人的相遇是出乎意料的，天王星人對南交點人帶來革命性的影響，會撼動南交點人，讓對方震驚不已，或是為對方帶來解放。這其中有些一觸即發的動力。

海王星—北交點：這是一段稍縱即逝、偶遇的戀情或關係，會有共同的興趣，但可能需要其他的月交點相位，兩個人才能在一起。雙方常會在音樂、藝術、電影或其他娛樂方面有類似的品味。他們通常會鼓勵彼此分享類似的興趣，也可能一起專研形上學的主題或啓蒙的概念。這個相位非常適合一起在攝影、電影等領域工作。他們可能鼓勵彼此追隨大眾的腳步，到了有點過頭的地步。

海王星—南交點：海王星人可能覺得有義務爲南交點人的生活帶來一點靈性的光輝。在過去世，海王星人可能是南交點人的神祕學或靈性導師。到了這一世，海王星人可能透過顯靈的方式表達一些祕傳的理論和想法，而且認爲南交點人會從中受益，或是精神受到鼓舞。南交點人的確覺得受到鼓舞，想要獲得更多，因此讓海王星人筋疲力竭，但是海王星人有時會有些怪誕罕見的行徑。在極端的例子裡，南交點人會認爲海王星人被矇騙、被迷惑或不成熟，海王星人則會認爲南交點人太保守或太負面。他們有時對音樂、藝術、電影和娛樂會有不同的品味，不過海王星人通常會放縱南交點人。在最糟糕的狀況中，海王星人曾在過去誤導了南交點人，所以現在很虛僞，只是假裝想要把過去未了的債務結清，但還是繼續犯下錯誤。

冥王星—北交點：雙方想要更瞭解彼此，卻找不到共同的基礎來跳脫表面的膚淺。他們很崇拜在對方身上看到的足智多謀和實力。雙方都想改善狀況。雙方如果都投入與冥王星有關的領域——神祕學或是對療癒的共同興趣，關係就會很順利。他們很樂於分享策略、提出有架構的想法，互相展現耐力。

冥王星—南交點：這段關係是基於過去世的義務。冥王星人覺得必須對南交點人讓步。在過去世，南交點人曾經爲冥王星人出頭，或是冥王星人濫用自己的權力，不公平地對待南交點人。冥王星人很桀驁不馴，擁有如鋼鐵般的意志力，想要在今生平衡兩人之間的狀況。兩人之間一些未解決的業力，會與冥王星和南交點占據或主宰的宮位有關。冥王星人會提供南交點人能量和幫助。南交點人會在一些方面給予冥王星人建議，幫助他們更有力量，而無論建議本身是否與金錢有關，多少都會扯到錢。南交點人會限制冥王星人，或是對冥王星人有所要求，這可能會榨乾冥王星人的力量、能量、金錢或性。這可能是爆炸性的結合，充滿有如宿命般的吸引力，而雙方都想要拿到主控權。冥王星人可能覺得對南交點人有某種責任，到底由誰主控這件事，最後可能會變成彼此嫉妒的焦點，帶有毀滅性的色彩。南交點人最後可能覺得冥王星人拖累了自己，就此斷了兩人的關係。這種相位如果有其中一方是女性，表現最爲強烈，最具爆發性。

凱龍—北交點：雙方常會對治療身心分裂的主題有共同的興趣。他們可能會嘗試透過水晶來治療，或是一起研究其他的療癒方法。凱龍人會爲北交點人提供深入的見解，北交點人則會支持並鼓勵凱龍人。凱龍人有時會太過頭，讓北交點人有些緊張，覺得還沒準備好接受一些先進或極端的想法或做法。

凱龍—南交點：兩人之間有一種很眞實的熟悉感。在過去世，兩人曾經在一起，雙方之間有受傷和療癒的課題。雙方都會分享或瞭解對方的痛苦，互相同情。凱龍人會覺得有義務把療癒的能量或治療帶給對方，可以體會到對方有些疼痛或傷口需要獲得舒緩。凱龍和南交點落入的宮位，可以看出兩人在這一世的互動，還有兩人之間有哪些未解決的業力。南交點人常會提供凱龍人建議，教導對方如何自行療癒，但是這可能會耗盡凱龍人的療癒能量。

北交點—北交點：同年齡或差距十八至十九歲之間的人，會有同樣的交點軸，月交點會落在同樣的星座。這通常是一個好的友誼相位，但光憑這個相位，不足以有什麼特別之處。這些人有類似的人生道路、會用類似的方法，常能了解對方的深層動機。他們的月交點落入的宮位可以看出兩人的互補程度，或是這段關係是否強烈。

南交點—北交點：這是一個充滿吸引力的組合。兩個人在前世早已認識，未來可能再度相遇。這個相位通常會爲了對方而努力追求進步、達成目標，表示憐憫和賞識，也願意互相參與和回應。

上升點—北交點：這也是最有吸引力的一種關係類型，雙方會互相吸引，想要在未來一起創造某種新事物。上升點人通常會先接近北交點人。北交點人可能會因爲感受到彼此相遇的宿命意味，因此有點緊張。這有點類似月交點和月亮的相位，其中也帶有熟悉的、家庭的或女性的元素。上升點人必須留意不要讓北交點人揮霍自己的能量，導致兩人過於封閉，不與別人接觸。他們一定會在未來再次相遇，也許會延續許多世。

上升點—南交點：第一眼的吸引力，一拍即合。上升點人想要爲南交點人付出，即使南交點人會爲上升點人帶來壓抑和限制。上升點人覺得虧欠了南交點人太多，很急著想馬上回報，才能獲得自由。這個相位有點類似月亮與南交點合相。

天頂—北交點：這個相位代表北交點人會對天頂人的家庭和居家領域帶來強烈影響，可能會造成一些分裂或重新安排。天頂人虧欠北交點人一些滋養，或是對北交點人有爲人父母的責任。這通常都有家庭的關係，常是有一方扮演父母養育子女的角色。

天頂—南交點：南交點人想要幫助天頂人在事業或職業領域獲得更多的成就，建立更多的自尊。南交點人可能會讓天頂人心力交瘁。這種關係在某些形式的互動中很融洽，例如其中一方扮演父親或督導的角色。

幸運點—北交點：這種關係帶有未來的機遇和幸運。兩人會爲彼此帶來喜悅，會有絕佳的機會體驗幸運、喜悅和成功。北交點人會帶來樂觀，鼓勵幸運點人更有創意去追求兩人的喜悅和幸運。幸運點人的花錢方式可能會讓北交點人緊張，但可以幫助北交點人以更自在的角度看待金錢流動這件事。

幸運點—南交點：南交點人會從這段關係中獲利很多，幸運點人也願意與南交點人分享自己的財富和幸運。南交點人通常都很清楚幸運點人願意放棄財富來取悅自己，所以，南交點人可能會消耗幸運點人的資源，幸運點人最後會有一些損失。

宿命點—北交點：這是不由自主、有約束力的關係，通常都有不尋常的業力糾葛。兩個人都必須爲對方實現個人的命運，完成這段旅程。雙方都能從互動中有所收穫。雙方都必須實現一個對兩人而言都很重要的理想。這種關係也可能帶有半強迫的色彩，是被環境促成的，但是兩人都能幫助彼此完成更高層的目標。我們可以從宿命點落入的宮位找到線索，看出他們之前的關係，還有目前的共同利益。這是一段互補的關係。

宿命點—南交點：這是一段命中注定的關係，也有業力的互動，兩人都互相需要彼此，才能實現命運的安排。他們彼此能互補，提供對方需要的某種特質，進而活出自己，或是達成某項功績。宿命點和南交點所在的宮位，可以看出這段關係的能量流動。宿命點與南交點的關係有很長遠的過去和未來，會延續許多世。

如果你認識很多人，也有他們的出生資料，就能利用上面介紹的組合來定義許多關係，也能理解你對一些關係的感受，或是爲何你會感受到一些關係中所蘊含的潛在能量。你也可以看出誰虧欠你許多，或是你對誰虧欠很多。你甚至會發現，你會有很多某種特別類型的前世關係。你可能是許多人的老師，可能是一位顧問、權威人士或贊助人。

合盤的宮位和星座

在合盤中，伴侶的北交點落入你的星盤宮位的相關事物，通常都很幸運。舉個例子，你朋友的北交點落入你的七宮，他們可能會介紹你認識新朋友，開啓你的社交圈。如果你遇到一個人，他或她的北交點落入你的四宮，這可能會改善你在情感層面的安全感或是家庭領域。透過這段關係，會爲這個宮位帶來一股激勵、促進和自由流動的能量。至於南交點落入的宮位，則會遭遇到一些擾亂、挫折或犧牲。會有一些與這個宮位有關的事物需要妥協或調整，才能讓這段關係順利發展。但是如果太過妥協，關係可能無法延續。

在行星與月交點的互動中，我們可以根據行星人的星盤，找出行星占據和主宰的宮位，同時根據月交點人的星盤，找出月交點的宮位，由此判斷這段關係影響最強烈的生命領域，或是在這段關係中分享最多的生命領域。

如果一個人的北交點落入的星座和宮位，剛好與對方的北交點落入的星座和宮位形成對立，這是很自然融洽、合得來的關係。舉個例子，如果女生的北交點在牡羊座，男生的北交點在七宮，代表兩人都可以從這段關係中獲得成長，還能超越自己的月交點。她可以學著更獨立，而他也能學會更懂得付出、感謝和支持伴侶。這是天生就很互補的關係，能爲雙方帶來新的成長。在這個例子裡，宮位可以逆向運作，星座也可以逆向運作，或是兩者混合。

如果一個人的北交點剛好跟對方的太陽落在同一個星座，太陽人會在北交點人的生命裡扮演重要角色。太陽人會幫助北交點人解決交點軸反映的課題，培養與北交點星座有關的特質。

合盤的推運月交點相位

當兩個人因爲推運形成月交點的相位時，會出現適時的互動交流。如果比對兩個人的出生星盤，顯示兩人會在某個時間點有業力的互動，那麼當月交點推運把兩個人牽在一起時，就會發生實際的相遇。這時的容許度非常緊，要在一度以內。

我有一對朋友瑪莉和珍，兩人有月交點的相位。瑪莉的金星落在珍的南交點。她們這一世相遇時，就剛好是在珍的推運的天頂，與瑪莉的南交點合相。她們相識已經三十年，至今兩人仍很享受這段友誼。

還有一個異性的例子，鮑伯與蘇兩人的出生星盤有月交點的相位，鮑伯的幸運點和蘇的北交點合相。當她的推運的北交點跟他本命的幸運點相距不到半度時，兩人相遇了。他們一起找到生命中的許多樂趣。由於這是一個持續很久的推進相位，他們的快樂時光應該會延續一生，直到生命的終點。

南茜和黛安娜的出生星盤，有容許度很寬的海王星與南交點的合相，她們認識的時候，是推運的海王星與南交點合相，容許度不到一度時。

我的朋友史蒂夫幫忙整理這本書的表格，設計一些圖表。他是讀了我有關食相的著作後，變成我的朋友。我們的出生星盤有北交點與太陽合相的相位。當我們認識時，我推運的上升點剛好靠近他本命的北交點。

兩個人如果有緊密的月交點相位，又在同一個生活圈活動，就可能會遇到好幾次，或是找不出什麼明顯的原因，就對彼此有很強烈的認同感。舉個例子，房屋仲介肯恩第一次遇到保羅，是保羅搬到這一區時，他們的出生星盤有南交點和木星的合相。當他們認識時，保羅推運的木星與肯恩推運的南交點形成準確的合相。當肯恩替保羅找到一間房子後，兩人就沒聯絡了。十一年後，當保羅的新婚妻子想要找房子，就根據一封信的廣告，打電話給一位房屋仲介。萬萬沒想到，那人竟然就是肯恩。肯恩和保羅馬上認出對方。這一次，保羅推運的天王星和太陽與肯恩本命的北交點合相，兩人從此建立了長期的友誼。

有時兩個人雖然有本命的月交點合相，但除非有推運的相位將兩人牽在一起，否則可能在這一世永遠不會相遇，也不會在一起。我不能說一定如此，因爲這需要很多的研究，但我可以確定的是，當這些相遇發生時，一定都會有些推運的月交點相位。通常都是跟基本點有關，或是跟兩人本命相位裡的行星有關。

很有趣的是，因爲推運形成的一時相位，運作的方式通常跟本命的相位類似。假設你是一位女性，你遇到一位男士，他的推運的金星正通過你的南交點。他可能不知道現在的天象，但他會覺得想要把一切都奉獻給你。他不由自主地想要幫助你，而且正好能幫得上你。你不需要太費力，就能把他迷得團團轉。他也可能對你有感覺，想要先照顧你。他也不能自主。你可以利用這點，讓他付出所有的好處、禮物、善意和愛，把他榨乾。不過這只是一個暫時的階段，之後他可能就沒有同樣的感覺了，感覺絕對會消退。這個相位通常只持續一或兩年，除非剛好他的推運的金星正要接近逆行的停滯期。在這種關係裡，你握有主導權，你可以自我克制，以免造成傷害，讓自己背負了壞的業力。這甚至帶有道德的責任，尤其是你知道了月交點蘊含的奧祕。你可以比對兩人出生星盤的相位。兩人是否有本命的相位，如果有，這代表什麼意義？這是一段持久的關係嗎？在什麼樣的身分互動中，這段關係能有最好的表現？你們的相遇具有宇宙的意義。有時，這可能是就整體而言，他必須對女性做出業力彌補，而男性也虧欠了你一些好處。當你們相遇時，你們可以促成更廣泛的宇宙運作，最終可以爲宇宙眾生帶來啓蒙。

14

其他解讀訣竅

這裡還有一些提醒，幫助你判斷出生星盤中月交點的重要性和月交點的相位，這也可以幫助你看到重要的月交點行運對出生星盤的影響，否則便會被忽略。認眞的占星學學生和中上程度的占星師，最爲珍惜這些提醒和訣竅。有些技巧適用於任何類型的星盤，也可以爲推運盤和回歸盤中的月交點提供深入見解。

不適合過於追溯前世的相位

我必須明說，一個人如果有內行星與南交點合相，我實在不太建議他或她太過陷入追溯過去世的種種，除非此人也有行星與北交點合相。即使如此，還是可能有不好的影響。一個人如果太沉迷於過去，就會阻礙現在的成長。我有一個個案名叫邦妮，她的南交點與金星合相，位於九宮宮頭，北交點與月亮合相，位於三宮宮頭。好了，現在我們有很多資訊了。她是非常成功的採購規劃師，任職於一家超自然類型商品的零售商，負責預測未來的趨勢，針對新產品線給予建議，但是她在人際關係和社交活動方面有一些阻礙。她的北交點非常適合從事這份工作。所以你看，她有開放的管道，可以接收創意性的靈感和過去的知識，但這都來自非常崇高的場域。這就像與一位過去的導師連結，老是想著藝術和美麗的事物。她最想活在過去的狀態裡，不要出來拋頭露面與別人攪和，不需要面對面的經驗，而她的北交點也會鼓勵這種傾向。她從小就有幻想的導師。如今，她在午餐時間花很多時間閱讀、獨處。她獨居，在製作一些美麗的護身符和原型概念的產品時會先冥想。她在入睡前會要求自己的指導靈協助，帶給她某些資訊。她非常沉迷於前世，會做一些鮮明的夢，有些會造成她生病。如此看來，她多半處於催眠狀態，而非活在當下。適度的冥想是好事，特別是這對她的工作有幫助，但是太過沉迷於冥想就不好了。雖然她的月交點軸的兩端都有行星，可以幫助她維持平衡，但她顯然太被南交點吸引而偏向了南交點。她也對恐懼非常執著，無法擺脫，而當我們從月交點軸感受到一些宇宙的訊息時，就會有這種傾向。當有月亮與任何一個月交點合相時，代表會有一些恐懼症。我向邦妮確認這一點，她坦承的確如此。她最大的恐懼就是有一天會與第三度空間完全斷了連結。宇宙用這種方式鼓勵她緊密地參與這世界，與別人保持連結，而這正是她成長的領域。她有太多智慧可以與身旁的人分享，也可以爲社會帶來平靜與和諧。

所以從這個個案我們知道，你要聽內心指導靈說的話。他們可能只是在你的耳邊低語，但是這些內在的感受可以告訴你更多資訊，讓你知道自己在這個更大的宇宙計畫裡的位置，還有你應該做哪些事才是正確的。無論如何，如果這些聲音開始對你尖叫，或是誘勸你去傷害別人，這就不是你的指導靈，也不是你內心的聲音。這是你用某種方式，允許一個惡魔來控制你的心智。它不會帶你到任何美好的境地。所以，如果你的內在聲音告訴你，你可以繼續活在南交點的領域裡，這是很正常、也是很自然的事，不過，這多半只是一廂情願的想法罷了。

海王星如何模糊焦點

我們發現，在研究這些案例時，虛幻不實的海王星也不負迷惑的名聲，導致我們無法清楚分析資料。有許多南交點與海王星合相的名人，也有天王星與南交點合相的相位，這顯然是個特別的組合，特別有藝術天分。這些人有很多都是在一九三二至一九三三年間、或是在一九四九年誕生，都同時擁有這兩個相位。這些人創作了很多偉大的作品，引起世人關注，很大一部分都是因爲這種獨特的相位組合。我們必須等上好一陣子，才會再出現這樣的組合。天王星與南交點合相是在二〇一五年年初，海王星與南交點合相是在二〇一六年年底，但是這兩個相位並不是同時發生。不過在一九九一年年底，有一群人的北交點同時與天王星和海王星合相，他們現在已經成年。我們可以預見這群人中會有許多極具創造力的人，可以促進人類進步，讓世界變得更美好。

隱形的吸引力：映點

如果你的星盤中沒有足夠的資訊可以觀察，我再給你一個線索：若你從月交點軸的行運來看，這是最有趣的資訊。

所謂的映點（Anticision），就是一個行星在巨蟹座／摩羯座軸線另一端反射的位置。我們先算出這個行星與巨蟹座零度或魔羯座零度距離的度數，取距離比較近的一端，然後在軸線的對面，根據該行星的星座扣除距離度數後剩餘的度數，來確定映點的位置。我們可以利用以下的行星組合來確定映點：

- 摩羯座—射手座
- 寶瓶座—天蠍座
- 雙魚座—天秤座
- 牡羊座—處女座
- 金牛座—獅子座
- 雙子座—巨蟹座

簡單地說，出生星盤中一個行星位於摩羯座，映點就在射手座，反之亦然。行星位於寶瓶座，映點就在天蠍座，反之亦然；其他組合依此類推。如果出生星盤的水星位於金牛座七度二十一分，映點就是在獅子座二十二度三十九分，二十二度三十九分是在金牛座剩餘的度數，只是放到巨蟹座—摩羯座軸線的另一邊。你只要用二十九度六十分減去本命行星的度數，就可以在另一個星座中找到映點正確的度數。

當一個行運或推運的行星遇到一個本命行星的映點時，該行星就會被「啓動」。映點就像星盤中的「隱形吸引力」，可讓其所屬的行星的事物引起關注。這就像一個行星會透過映點，吸引外界關注它的重要性。我們可以透過本命行星的本質、其所屬的星座、宮位和相位，來確定會發生哪種類型的事件，因爲這一定與行星本身有關。當發生一些難以解釋的事情時，我們通常可以從一個行運行星通過映點所帶來的影響，找到答案。

所以，你要注意行運的月交點與映點的相位。想要在事件發生前取得先機，你可以參考第十章的介紹，用月交點與行星形成相位的意義來加以解讀。你也可以留意月交點的映點，看看是否有行運的行星通過月交點的映點。

月交點的度數

「位於月交點的度數」指的是，有任何行星或重要的基本點，剛好跟月交點落在同樣的度數——無論是落在哪一個星座，無論兩者之間是否有重要相位。這個行星必須跟月交點位於完全相同的度數，必須準確到分。這代表一個宿命的約定或命運的事件。這個行星兼具北交點的刺激和南交點的麻煩色彩。這個行星的運作方式通常有點瘋狂。該行星在人生中代表的事件通常都有點不尋常、飄忽不定，很容易在無預警的狀況下爆發。

占星作家艾薇・傑寇布森（Ivy Jacobson）對此有些研究，她認爲有行星或基本點的度數與月交點相同，意味著出生星盤裡的大災難、遇難、死亡或悲劇。如果是一個帶有凶險色彩的行星（例如火星、土星或冥王星），影響就可能更加深遠廣泛。

綜觀歷史，有很多本命行星與月交點位於相同度數的人，會有些不尋常的舉止，或是會經歷嚴厲的考驗和問題叢生的事件。刺殺美國前總統林肯的演員約翰・威爾克斯・布斯（John Wilkes Booth）的天王星度數和月交點一樣。還有一些例子也是本命行星與月交點的度數相同：瑪莎・史都華（幸運點）、喬治・W・布希（天王星）、邦妮・李・布萊克利（金星）。

一個行星如果與月交點的度數相同，又與其中一個月交點合相時，通常都是比較負面的意味，特別會承擔與南交點合相的責任義務。

在太陽回歸盤上，我們也能夠同理可證。當我們在解讀一張太陽回歸盤時，如果有任何一個行星與月交點的相位相同，也要將此視爲警訊。這個行星本身、行星的宮位和星座都非常重要，可以看出一個危機可能會在哪裡爆發？會以何種方式？又有誰會涉入？這裡正在醞釀一些麻煩。火星可能代表一位男性會有些摩擦或危險；如果是在十一宮，可能與朋友有關。天王星則代表完全出乎意料的事；如果在七宮，則與夥伴有關。木星代表法律或財務課題，月亮則意味著不愉快的遷移或家裡的改變。這個行星的星座，不如行星的意義和宮位重要。與月交點度數相同的基本點也極具象徵性，當宿命點的度數與月交點相同時，代表這可能是極具宿命色彩的一年。

這種訣竅最好用在出生星盤或太陽回歸盤，雖然你也可以試著用它來解讀其他類型的星盤。任何一個事件總會有無數的指標，當我們應用這個訣竅時，應該跟其他類型星盤中的任何因素一起加以判斷。

擇日盤

我們可以將這本書對月交點的介紹，應用在任何一種事業或計畫的擇日盤上，這應該不令人意外。舉個例子，如果在擇日盤上，北交點與月亮的位置很接近，位在盤的上半部，這一定很適合你正在計畫的某個特殊場合，這將能加強長期的結果。坊間有些專門的原則和書籍，教導你爲一個事件選擇適當的行星位置，這必須謹愼爲之。我們在此舉個例子：

假設你正在計畫自己的婚禮，你已在自己的推運盤上看到適當的相位，可以迎向幸福的結合。這可能是太陽或火星位於某個基本點，七宮的主宰行星位於某個基本點，金星位於天頂，還有推運的月亮通過天秤座，與數個本命行星形成好的相位。你的伴侶的星盤也有重要的月亮相位，還有幾個內行星與基本點的相位。你特別要判斷推運的七宮的主宰行星的狀況，要形成適合結婚的相位。你已經做好所有功課，現在要選擇結婚的日子。這樣重要的人生大事，行運的行星也會與雙方的星盤形成重要相位，所以你也可以藉此來縮小範圍。理應要有數個行運的行星與兩人的星盤形成吉相。你可以選一天，當天行運的太陽和月亮形成和諧相位，也跟兩人的星盤有重要的相位。行運的金星和火星形成和諧相位，同時與你的太陽、你另一半的月亮形成和諧相位。你可以看哪一天金星靠近其中一人的天頂，與另一人的月亮、金星或火星形成三分相。根據這些原則，除非你還可以在前後一天找到更適合的日子，否則這就是最好的結婚日。你也可以試著找一個吉星位於基本點，同時可以獲得其他行星的助力。最後要考慮擇日盤裡月交點的位置和相位。你可以稍微調整幾分鐘，確定月交點與天頂、宿命點或幸運點形成吉相，確保這個結合能帶來更多的好處與喜悅。這些月交點又透露了什麼訊息？

判斷行星與月交點形成相位的力量

你會發現，當行星與月交點形成六分相、四分相和三分相時，影響力並不明顯。這個相位有時不能發揮影響力，導致有些占星師根本就不列入考慮。我發現只有合相，占星師一致認爲具有影響力，雖然其他相位有時也會發揮作用。我在此引述喬治．懷特的一本著作，其中解釋了箇中原因。有時占星學的天文學背景是最難理解的部分，所以我會用一張圖表來輔助解釋。

我們通常是根據行星的經度，關心其位於黃道帶的位置，位於哪個星座的哪個度數。不過我們也可以根據行星是在赤道以北或以南多遠的距離，或者是在黃道以北或以南多遠的距離，來加以判斷。

赤道是一條想像的線，圍繞著地球的中間部分，跟兩極的距離是相等的，而地球是根據兩極轉動。當我們把赤道投射到天上時，就稱爲「天球赤道」（celestial equator）。行星在自己的軌道中，有一半的運轉時間是在赤道之上，一半的時間是在赤道之下。赤緯（declination）就是測量一個行星在某個時間點，在天球赤道以北或以南所在的度數。

黃道是太陽每年在地球周圍的運行軌道。其他行星也會在同樣的軌道附近運行，但通常都是稍微在黃道之上或之下。緯度就是行星在黃道以南或以北的位置。

黃道與地球赤道之間的角度是二十三度二十七分。當太陽位於巨蟹座零度時，位置是天球赤道以北的二十三度二十七分；當太陽在魔羯座零度時，位置是天球赤道以南的二十三度二十七分。這時太陽的位置，剛好分別是一年中最長和最短的日子，也就是夏季和冬季的第一天。天球赤道和黃道交會的位置，就是沿著牡羊座零度（春季的第一天）和天秤座零度（秋季的第一天）拉出的軸線。

月交點永遠指向黃道，緯度永遠是零度。天頂、上升點、幸運點和宿命點也是指向黃道（因此它們沒有緯度），所以，月交點與其中任何一點形成的相位一定會發揮作用。

月交點與發光天體形成的相位也同樣有作用。我們在第七章提過，月亮與月交點形成的相位特別值得注意。當太陽位於緯度零度時，太陽赤緯是二十三點五度。太陽與月交點形成的相位一定會發揮作用。當太陽赤緯與月交點赤緯相距在一度以內時形成的任何相位，都會被強化，這時就形成「平行」，這是類似合相的強烈相位。

當我們在討論月交點與行星的相位時，除了合相，有些相位可能影響力不大，這必須視行星的赤緯和緯度而定。當月交點的

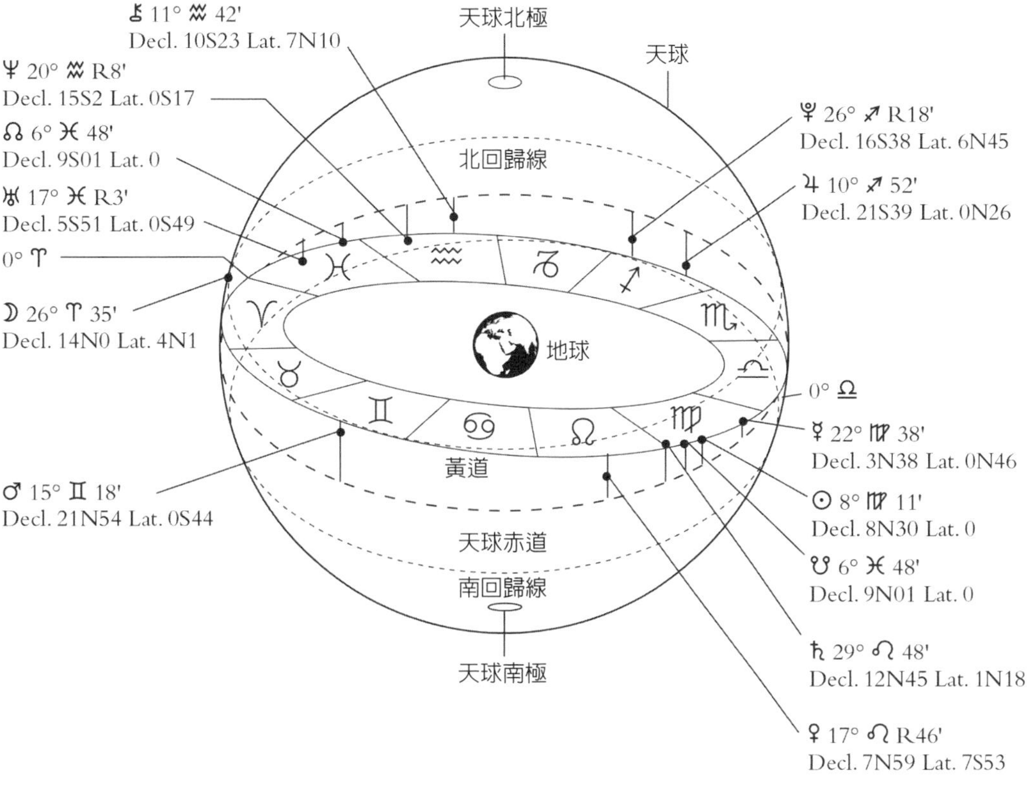

圖36　行星與赤道和黃道的關係

赤緯和行星的赤緯一樣時，差距在一度以內，這就是「平行」。在這種狀況下，即使月交點與該行星沒有形成相位，但這種平行的關係會為該行星注入激勵的力量和能量，而我們可以根據月交點的狀況，還有月交點象徵的允諾，知道該行星會如何受到影響。如果一個行星與月交點形成相位，還有相同的赤緯，這個相位就會帶來額外的影響力，平行會爲這個相位的本質增添更多能量。

當一個行星與月交點的緯度（零度）相距不到零點五度，兩者之間又形成六分相、四分相或三分相，這也是很有影響力的相位。這個行星的緯度如果越高，位於黃道以北或以南，相位的影響力就越弱。

我們可以看一下圖36，天王星和海王星的緯度很低，所以它們與月交點形成的相位就會很強烈，值得注意。（天王星的緯度從來不會太高，所以與月交點形成的相位一定會發揮作用。）不過在這張圖上，它們並未與月交點形成相位。

木星位於射手座十度，與位於雙魚座／處女座六度的月交點形成四分相。木星的赤緯跟月交點的赤緯沒有在一度以內，所以沒有形成平行。但是木星距離黃道不遠，緯度是零度二十六分，所以，木星與月交點形成的四分相是有效的。不過，兩者實際相位有五度的容許度，所以影響力還是不如精準的四分相來得強烈。

我們可以使用星曆，還有一些比較好的占星軟體，查到任何行星在任何時候的赤緯和緯度。我們也可以利用這個訣竅，來判斷出生星盤或其他任何類型星盤中的月交點的相位力量。

【附錄一】

月交點星曆表（一九三五年至二〇五四年）

你可以利用這裡提供的星曆，查詢北交點的星座和度數。你先找到自己出生的年分和月分，找到交會的方格，方格內左邊的數字是日期，右邊的數字是北交點的度數，接著找到最靠近你生日的日期。除非這日期旁剛好有一個星座符號，否則你就往上找，找到上一個星座符號，這樣你就可以知道任何日期的北交點的星座和度數。南交點永遠位於北交點的正對面，同樣度數，相距六個星座。

以下是每個星座的符號：

♈ 牡羊座	♎ 天秤座
♉ 金牛座	♏ 天蠍座
♊ 雙子座	♐ 射手座
♋ 巨蟹座	♑ 摩羯座
♌ 獅子座	♒ 寶瓶座
♍ 處女座	♓ 雙魚座

	1955		1956		1957		1958		1959		1960		1961		1962		1963		1964	
Jan.	05 ♑	05	15 ♐	15	09 ♏	26	04 ♏	07	14 ♎	17	09 ♍	28	03 ♍	09	13 ♌	19	08 ♌	00	03 ♋	11
	20	04	30	15	24	25	19	06	29	17	24	27	18	08	28	19	23 ♋	30	18	10
Feb.	03	04	15	14	08	25	04	06	12	16	08	27	02	08	13	18	08	29	03	10
	19	03	29	13	23	24	18	05	28	15	23	26	17	07	27	17	22	28	17	09
Mar.	05	02	16	12	09	23	06	04	15	14	10	25	04	06	14	16	09	27	02	08
	21	01	30	11	25	22	20	03	30	13	24	24	19	05	29	15	24	26	18	07
Apr.	07	00	16	11	11	22	05	02	15	13	08	24	05	04	12	15	09	26	03	06
	20 ♐	30	29	10	24	21	19	02	29	12	23	23	18	04	28	14	23	25	17	06
May	06	29	13	09	09	20	03	01	14	11	07	22	04	03	13	13	08	24	02	06
	20	28	29	08	24	19	19	00	29	10	23	21	18	02	28	12	23	23	17	04
June	09	27	15	07	10	18	03 ♎	29	16	09	10	20	04	01	12	11	07	22	01	03
	19	26	28	07	23	18	18	28	28	09	22	20	17	00	27	11	22	22	16	02
July	05	26	17	06	11	17	06	28	13	08	08	19	02 ♌	30	12	10	07	21	01	02
																			16	01
	19	25	28	05	23	16	18	27	28	07	22	18	17	29	27	09	22	20	31	00
Aug.	06	24	18	04	10	15	08	26	14	06	07	17	01	28	11	08	06	19	15 ♊	30
	18	23	27	03	22	14	17	25	27	05	21	16	16	27	26	07	21	18	30	29
Sept.	09	22	15	03	12	14	01	24	13	05	10	16	16	26	11	07	04	18	14	28
	17	22	26	02	21	13	16	24	26	04	20	15	30	25	25	06	20	17	29	27
Oct.	12	21	10	01	08	12	01	23	11	03	05	14	17	24	09	05	06	16	13	26
	17	20	26	00	21	11	16	22	26	02	20	13	30	23	25	04	20	15	29	25
Nov.	01	19	10 ♏	30	10	10	19	21	15	01	07	12	16	23	09	03	05	14	14	24
	16	19	25	29	20	10	30	20	25	00	19	12	29	22	24	03	19	14	28	24
Dec.	01	18	12	28	15	09	20	19	10 ♍	30	03	11	13	21	10	02	04	13	14	23
	17	17																		
	31	16	25	27	20	08	30	18	25	29	19	10	29	20	24	01	19	12	28	22

	1965		1966		1967		1968		1969		1970		1971		1972		1973		1974	
Jan.	12 ♊	21	07 ♊	02	02 ♉	13	12 ♈	23	06 ♈	04	01 ♓	15	11 ♒	25	06 ♒	06	15 ♑	17	10 ♐	27
											15	14								
	27	21	22	02	17	12	27	23	21	04	31	14	26	25	21	06	30	16	25	27
Feb.	11	20	05	01	01	12	12	22	06	03	16	13	11	24	06	05	14	15	08	26
	26	19	21 ♉	30	16	11	26	21	20	02			25	23	20	04			24	25
Mar.	13	18	09	29	02	10	12	20	07	01	03	12	13	22	07	03	01	14	10	24
																	17	13		
	28	17	23	28	18	09	27	19	22	00	17	11	27	21	21	02	31	13	26	23
Apr.	14	17	08	28	04	09	14	19	06 ♓	30	01	11	11	21	05	01	15	12	09	23
	27	16	22	27	17	08	26	18	21	29	16	10	26	20	20	00	30	11	25	22
May	16	15	10	26	02	07	12	17	06	28	01	09	11	19	05 ♑	30	16	10	11	21
											15	08								
	27	14	22	25	17	06	26	16	21	27	31	07	26	18	20	29	30	09	25	20
June	17	13	08	24	01	05	12	15	06	26	18	07	13	17	03	28	13	09	09	19
	26	13	21	24	15	05	25	15	20	26	30	06	25	17	19	28	29	08	24	19
July	14	12	10	23	01	04	14	14	07	25	19	05	12	16	04	27	15	07	08	18
					18	03														
	26	11	21	22	31	02	25	13	20	24	30	04	25	15	19	26	29	06	24	17
Aug.	10	10	05	21	19	01	11	12	05	23	16	03	12	14	02	25	13	05	09	16
	25	09	20	20	30	00	24	11	19	22	29	03	24	13	18	24	28	05	23	16
Sept.	15	09	03	20	14 ♈	30	14	11	04	22	16	02	10	13	03	24	11	04	06	15
	24	08	19	19	29	29	23	10	18	21	28	01	23	12	17	23	27	03	22	14
Oct.	17	07	05	18	20	28	13	09	07	20	18	00	11	11	02	22	14	02	08	13
	24	06	19	17	29	27	23	08	18	19	28 ♒	30	23	10	17	21	27	01	22	12
Nov.	07	06	09	16	21	27	08	08	04	18	15	29	10	10	01	20	12	00	05	12
	23	05	18	16	28	26	22	07	17	18	27	28	22	09	16	20	26 ♐	30	21	11
Dec.	09	04	11	15	17	25	06	06	06	17	16	27	07	08	01	19	12	29	07	10
															17	18				
	23	03	18	14	28	24	22	05	17	16	27	26	22	07	31	17	26	28	21	09

	1935	1936	1937	1938	1939	1940	1941	1942	1943	1944
Jan.	01 ♒ 02 16 01	15 ♑ 12 30 11	09 ♐ 23 24 22	04 ♐ 04 19 03	14 ♏ 14 29 13	09 ♎ 25 24 24	03 ♎ 06 18 05	13 ♍ 16 28 15	08 ♌ 27 23 26	03 ♌ 08 18 07
Feb.	01 01 16 00	14 11 29 10	08 22 23 21	03 02 18 02	13 13 28 12	08 24 23 23	02 04 17 04	12 15 27 14	07 26 22 25	02 06 17 06
Mar.	01 ♑ 29 16 28 31 27	15 09 30 08	09 20 25 19	04 01 20 00	14 11 30 10	10 22 24 21	05 03 19 02	15 13 29 12	08 24 24 23	03 05 18 04
Apr.	16 26 30 26	14 07 29 06	06 18 24 18	04 ♏ 29 19 28	17 09 29 09	08 20 23 20	03 01 18 01	13 11 28 11	07 22 23 22	02 03 17 03
May	14 25 31 24	14 06 29 05	09 17 24 16	04 28 19 27	14 08 29 07	08 19 23 18	04 00 18 ♍ 29	15 10 28 09	08 21 23 20	02 02 17 01
June	16 23 30 23	13 04 28 03	08 15 23 14	03 26 18 25	13 06 28 05	09 17 22 16	02 28 17 27	11 08 27 07	07 19 22 18	01 00 16 ♋ 30
July	14 22 31 21	13 02 28 02	08 14 23 13	03 24 18 24	13 05 28 04	10 16 22 15	02 27 17 26	12 07 27 06	07 18 22 17	01 29 17 28 31 27
Aug.	14 20 30 19	12 01 27 00	07 12 22 11	02 23 17 22	12 03 27 02	05 14 21 13	01 25 15 24 31 23	10 05 26 04	06 16 21 15	16 26 30 25
Sept.	13 19 30 18	11 ♐ 29 26 28	06 10 21 10	01 21 16 21	11 01 26 01	07 12 20 12	17 23 30 22	11 03 25 03	04 14 20 14	14 25 29 24
Oct.	01 18 16 17	11 28 26 27	06 09 21 08	01 20 16 19 31 18	12 00 26 ♎ 29	05 11 20 10	15 21 30 20	12 02 25 01	06 13 20 12	13 23 29 22
Nov.	01 ♑ 16 16 15	10 26 25 25	05 07 20 06	15 17 30 17	09 28 25 27	07 09 19 08	16 19 29 19	10 00 24 ♌ 30	03 11 19 10	14 21 28 21
Dec.	01 14 16 13 31 13	10 24 25 24	05 06 20 05	15 16 30 15	13 27 25 26	04 08 19 07	14 18 29 17	08 29 24 28	05 10 19 09	15 20 28 19

	1945	1946	1947	1948	1949	1950	1951	1952	1953	1954
Jan.	12 ♋ 18 27 17	07 ♊ 29 22 28	02 ♊ 10 17 09	12 ♉ 20 29 19	06 ♉ 01 22 00	01 ♈ 12 16 11 31 11	11 ♓ 22 26 21	06 ♓ 03 21 02	15 ♒ 13 30 13	10 ♑ 24 25 23
Feb.	11 17 26 16	06 28 21 27	01 08 16 08	02 19 28 18	05 ♈ 30 20 29	15 10	09 21 25 20	04 02 20 01	15 12	10 23 24 22
Mar.	11 15 28 14	07 26 23 25	03 07 18 06	11 17 27 16	08 28 22 27	02 09 17 08	12 19 27 18	05 00 21 ♒ 29	01 11 16 10 31 09	11 21 26 20
Apr.	11 13 27 13	09 24 22 24	04 05 17 05	13 15 26 15	05 26 21 26	01 07 16 07	10 17 26 17	06 28 20 28	14 09 30 08	11 20 25 19
May	13 12 27 11	06 23 22 22	03 04 17 03	11 14 26 13	07 25 21 24	01 06 17 05 31 04	11 16 26 15	04 27 20 26	14 07 30 06	09 18 25 17
June	11 10 26 09	08 21 21 20	01 02 16 01	12 12 25 11	07 23 20 22	15 03 30 03	09 14 25 14	05 25 19 24	15 05 29 05	10 16 24 16
July	11 09 26 08	06 20 21 19	01 00 16 ♉ 30 31 29	13 11 25 10	06 22 20 21	15 02 30 01	11 13 25 12	03 24 19 23	14 04 29 03	08 15 24 14
Aug.	12 07 25 06	07 18 20 17	16 28 30 27	13 09 24 08	06 20 19 19	16 00 29 ♓ 30	08 11 24 10	04 22 18 21	14 02 28 01	09 13 23 12
Sept.	15 06 24 05	08 16 19 15	17 27 29 26	07 08 23 07	07 18 18 18	16 29 28 28	08 10 23 09	02 20 17 20	12 01 27 ♑ 30	08 12 22 11
Oct.	10 04 24 03	05 15 19 14	18 25 29 24	11 06 23 05	06 17 18 16	17 27 28 26	09 08 23 07	03 19 17 18	12 29 27 28	07 10 22 09
Nov.	13 02 23 02	08 13 18 12	12 23 28 23	10 04 22 04	04 15 17 14	13 25 27 25	09 06 22 06	01 17 16 17	11 27 26 27	05 08 21 08
Dec.	07 01 23 00	09 12 18 11	14 22 28 21	08 03 22 02	06 14 17 13	14 24 27 23	10 05 22 04	01 16 16 15 31 14	11 26 26 25	07 07 21 06

	1995	1996	1997	1998	1999	2000	2001	2002	2003	2004
Jan.	05 ♏ 12 20 11	15 ♎ 22 30 21	09 ♎ 03 24 02	04 ♍ 14 19 13	14 ♌ 24 29 23	09 ♌ 05 24 04	03 ♋ 16 18 15	13 ♊ 26 28 25	08 ♊ 07 23 06	03 ♉ 18 18 17
Feb.	03 10 19 09	15 20 29 19	08 01 23 00	04 12 18 11	12 22 28 21	09 03 23 02	02 14 17 13	13 24 27 23	07 05 22 04	03 16 17 15
Mar.	05 09 21 08	14 19 30 18	10 ♍ 30 25 29	06 10 20 10	16 21 30 20	10 01 24 00	04 12 19 12	15 23 29 22	11 03 24 03	05 14 18 14
Apr.	07 07 20 06	14 17 29 16	08 28 24 27	05 09 19 08	16 19 29 18	08 ♋ 30 23 29	06 11 18 10	15 21 28 20	08 02 23 01	02 13 17 12
May	06 05 20 04	13 15 29 15	09 26 24 25	03 07 19 06	17 17 29 17	10 28 23 27	04 09 18 08	14 19 28 19	11 00 23 ♉ 30	03 11 17 10
June	07 04 19 03	13 14 28 13	08 25 23 24	04 06 18 05	16 16 28 15	09 27 22 26	05 08 17 07	11 18 27 17	10 29 22 28	01 10 16 09
July	05 02 19 01	12 12 28 11	09 23 23 22	02 04 18 03	15 14 28 13	11 25 22 24	02 06 17 05	13 16 27 15	10 27 22 26	01 08 16 07 31 06
Aug.	12 00 18 ♎ 30	13 11 27 10	07 22 22 21	02 02 17 02	14 13 27 12	05 24 21 23	01 04 17 04 31 03	12 15 26 14	06 26 21 25	15 06 30 05
Sept.	08 29 17 28	13 09 26 08	07 20 21 19	01 01 16 00	16 11 26 10	08 22 20 21	18 02 30 01	14 13 25 12	09 24 20 23	15 04 29 03
Oct.	10 27 17 26	14 07 26 07	06 18 21 18	01 ♌ 29 17 28 31 28	10 09 26 09	11 20 20 20	17 00 30 ♊ 30	11 11 25 11	07 22 20 22	16 03 29 02
Nov.	01 26 16 25	12 06 25 05	06 17 20 16	18 27 30 26	12 08 25 07	13 19 19 18	18 29 29 28	14 10 24 09	08 21 19 20	15 01 28 00
Dec.	01 24 17 23 31 22	11 04 25 03	07 15 20 14	16 25 30 24	09 06 25 05	09 17 19 16	17 27 29 27	10 08 24 07	03 19 19 18	13 ♈ 30 28 29

	2005	2006	2007	2008	2009	2010	2011	2012	2013	2014
Jan.	12 ♈ 28 27 27	07 ♈ 09 22 08	02 ♓ 20 17 19	12 ♒ 30 27 29	06 ♒ 11 21 10	01 ♑ 22 16 21 31 20	11 ♑ 02 26 01	06 ♐ 13 21 12	15 ♏ 23 30 22	10 ♏ 04 25 03
Feb.	11 26 26 25	06 07 21 06	01 18 16 17	12 28 26 27	04 09 20 08	15 19	10 00 25 ♐ 30	05 11 20 10	13 21	08 02 24 01
Mar.	14 25 28 24	07 05 23 05	02 16 18 16	12 27 27 26	08 08 22 07	03 18 17 18	13 29 27 28	06 10 21 09	01 20 15 20 31 19	11 01 26 ♎ 30
Apr.	16 23 27 22	09 04 22 03	04 15 17 14	12 25 26 24	07 06 21 05	01 17 16 16	13 27 26 26	05 08 20 07	14 18 30 17	10 29 25 28
May	17 21 27 21	09 02 22 02	02 13 17 12	14 23 26 23	08 04 21 04	01 15 17 14 31 14	11 25 26 25	06 06 20 06	15 16 30 16	09 27 25 27
June	15 20 26 19	06 01 21 ♓ 30	01 12 16 11	10 22 25 21	07 03 20 02	16 13 30 12	11 24 25 23	03 05 19 04	16 15 29 14	08 26 24 25
July	17 18 26 17	06 29 21 28	01 10 18 09 31 08	12 20 25 19	09 01 20 00	18 11 30 11	12 22 25 21	04 03 19 02	15 13 29 13	10 24 24 23
Aug.	20 17 25 16	10 28 20 27	19 08 30 07	13 19 24 18	04 ♑ 30 19 29	21 10 29 09	11 21 24 20	02 02 18 01	14 12 28 11	07 23 23 22
Sept.	17 15 24 14	12 26 19 25	20 06 29 05	08 17 23 16	03 28 18 27	18 08 28 07	09 19 23 18	02 ♏ 30 17 29	13 10 27 09	07 21 22 20
Oct.	13 13 24 13	03 24 19 24	22 05 29 04	10 15 23 15	04 26 18 26	14 07 28 06	11 17 23 17	02 28 17 28	14 09 27 08	08 19 22 19
Nov.	15 12 23 11	05 23 18 22	23 03 28 02	15 14 22 13	04 25 17 24	15 05 27 04	06 16 22 15	01 27 16 26	12 07 26 06	07 18 21 17
Dec.	09 10 23 09	05 21 18 20	13 01 28 01	16 12 22 11	03 23 17 22	17 03 27 03	08 14 22 14	01 25 18 24 31 24	10 05 26 05	06 16 21 16

	1975	1976	1977	1978	1979	1980	1981	1982	1983	1984
Jan.	05 ♐ 08 20 08	15 ♏ 19 30 18	09 ♎ 29 24 29	04 ♎ 10 19 10	14 ♍ 21 29 20	09 ♍ 01 29 00	03 ♌ 12 18 12	13 ♋ 23 28 22	08 ♋ 03 23 03	03 ♊ 14 18 14
Feb.	03 07 19 06	13 17 29 16	08 28 23 27	04 09 18 08	14 19 28 18	08 ♌ 30 23 29	02 11 17 10	13 21 27 20	07 02 22 01	03 13 17 12
Mar.	06 05 21 04	15 15 30 15	09 26 25 25	05 07 20 06	16 17 30 17	10 28 24 27	04 09 19 08	14 19 29 19	08 00 24 ♊ 30	02 11 18 10
Apr.	06 04 20 03	17 14 29 13	11 25 24 24	04 06 19 05	15 16 29 15	07 27 23 26	05 08 18 07	12 18 28 17	08 29 23 28	03 10 17 09
May	09 02 20 01	16 12 29 11	09 23 24 22	04 04 19 03	17 14 29 13	10 25 23 24	04 06 18 05	13 16 28 15	07 27 23 26	02 08 17 07
June	04 00 19 ♏ 30	18 11 28 10	11 22 23 21	06 02 18 02	12 13 28 12	08 24 22 23	05 04 17 04	13 15 27 14	07 26 22 25	01 06 16 06
July	04 29 19 28	14 09 28 08	09 20 23 19	08 01 18 00	15 11 28 10	07 22 22 21	03 03 17 02	12 13 27 12	09 24 22 23	01 05 16 04 31 03
Aug.	10 27 18 26	16 07 27 07	10 18 22 18	02 ♍ 29 18 28	14 09 27 09	11 20 21 20	01 01 16 00 31 ♋ 30	11 11 26 11	05 22 21 22	15 03 30 02
Sept.	12 26 17 25	10 06 26 05	06 17 21 16	01 28 16 27	11 08 26 07	07 19 20 18	17 29 30 28	13 10 25 09	06 21 20 20	14 01 29 00
Oct.	07 24 17 23	12 04 26 03	08 15 21 14	01 26 31 25	16 06 26 05	05 17 20 16	17 27 30 27	15 08 25 07	06 19 20 18	14 ♉ 29 29 28
Nov.	01 22 16 22	09 03 25 02	16 14 20 13	18 24 30 23	10 05 25 04	08 16 19 15	18 26 29 25	09 07 24 06	04 18 19 17	13 28 28 27
Dec.	01 21 15 20 31 19	11 01 25 00	17 12 20 11	16 22 30 21	12 03 25 02	09 14 19 13	14 24 29 23	10 05 24 04	05 16 19 15	13 26 28 25

	1985	1986	1987	1988	1989	1990	1991	1992	1993	1994
Jan.	12 ♉ 25 27 24	07 ♉ 06 22 05	02 ♈ 16 17 16	12 ♓ 27 27 26	06 ♓ 08 21 07	01 ♒ 18 15 18 31 17	11 ♑ 29 26 28	06 ♑ 10 21 09	15 ♐ 20 30 19	10 ♐ 01 25 ♏ 30
Feb.	11 23 26 22	06 04 21 03	01 15 16 14	12 25 26 24	05 06 20 05	16 16	10 27 26 26	06 08 20 07	14 28	08 29 24 28
Mar.	13 21 28 21	07 02 23 01	02 13 18 12	12 23 27 23	08 04 22 04	03 16 17 14	13 25 27 25	07 06 21 06	01 17 16 16 31 16	11 27 26 27
Apr.	14 20 27 19	09 00 22 ♈ 30	04 12 17 11	12 22 26 21	08 03 21 02	01 14 16 13	13 24 26 23	05 05 20 04	15 15 30 14	09 26 25 25
May	14 18 27 17	07 29 22 28	02 10 17 09	14 20 26 19	10 01 21 00	01 12 16 11 31 10	10 22 26 21	06 03 20 02	15 13 30 13	11 24 25 23
June	16 17 26 16	11 28 21 27	01 08 16 08	12 19 25 18	05 ♒ 30 20 29	17 10 30 09	12 21 25 20	03 01 19 00	15 12 29 11	08 23 24 22
July	17 15 26 14	13 26 21 25	01 07 16 06 31 05	13 17 25 16	05 28 20 27	18 08 30 07	14 19 25 18	04 ♐ 30 19 29	15 10 29 09	09 21 24 20
Aug.	10 13 25 13	05 24 20 24	18 05 30 04	10 15 23 15	04 26 19 26	19 07 29 06	11 17 24 17	02 28 18 28	14 09 28 08	09 19 23 19
Sept.	10 12 24 11	04 23 19 22	19 03 29 02	11 14 23 13	05 25 18 24	15 05 28 03	09 16 23 15	03 27 17 26	11 07 27 06	06 18 22 17
Oct.	12 10 24 09	04 21 19 20	16 01 29 00	12 12 23 11	04 23 18 22	16 03 28 03	08 14 23 13	02 25 17 24	13 05 27 05	07 16 22 16
Nov.	14 09 23 08	08 20 18 19	13 ♓ 30 28 29	06 11 22 10	05 22 17 21	15 02 27 01	07 13 22 12	01 24 16 23	13 04 26 03	06 15 21 14
Dec.	16 07 23 06	09 18 18 17	17 28 28 27	08 09 22 08	02 20 17 19	17 00 27 ♑ 29	10 11 22 10	01 22 18 21 31 20	14 02 26 01	07 13 28 12

	2035	2036	2037	2038	2039	2040	2041	2042	2043	2044
Jan.	05 ♍ 18 20 17	15 ♌ 28 30 27	09 ♌ 09 24 08	04 ♋ 20 19 19	14 ♋ 00 29 ♊ 29	09 ♊ 11 24 10	03 ♉ 22 18 21	13 ♉ 02 28 01	08 ♈ 13 23 12	03 ♓ 24 18 23
Feb.	03 16 19 16	13 26 29 26	08 07 23 07	04 18 18 18	14 28 28 28	09 09 23 09	02 20 17 20	12 00 29 ♈ 30	06 11 22 11	03 22 17 22
Mar.	05 15 21 14	15 25 30 24	10 06 25 05	06 17 20 16	16 27 30 26	09 08 24 07	04 19 19 18	13 29 29 28	10 10 24 09	02 21 18 20
Apr.	07 13 20 12	17 23 29 22	11 04 24 03	05 15 19 14	15 25 29 24	08 06 23 05	05 17 18 16	12 27 28 27	09 08 23 07	03 19 17 18
May	06 12 20 11	16 22 29 21	11 03 24 02	04 14 19 13	15 24 29 23	07 05 23 04	04 16 18 15	13 26 28 25	08 07 23 06	02 18 17 17
June	09 10 19 09	14 20 28 19	10 01 23 00	06 12 18 11	15 22 28 21	07 03 22 02	05 14 17 13	12 24 27 23	08 05 22 04	01 16 16 15
July	04 08 19 08	16 19 28 18	08 ♋ 30 23 29	07 10 18 10	14 21 28 20	09 01 22 00	03 12 17 12	13 23 27 22	08 03 22 03	01 14 15 14 31 13
Aug.	09 07 18 06	12 17 27 16	11 28 22 27	06 09 17 08	13 19 27 18	06 ♉ 30 21 29	01 11 16 10 31 09	12 21 26 20	07 02 21 01	14 12 30 11
Sept.	10 05 17 04	10 15 26 15	05 26 21 25	01 07 16 06	11 17 26 17	06 28 20 27	17 08 30 08	11 19 25 19	08 00 20 ♓ 30	15 10 29 10
Oct.	09 04 17 03	12 14 26 13	07 25 21 24	01 06 17 05 31 04	13 16 26 15	10 27 20 26	18 07 30 06	12 18 25 17	05 29 20 28	13 09 29 08
Nov.	01 02 16 01	14 12 25 11	14 23 20 22	19 03 30 02	15 14 25 13	11 25 19 24	16 05 29 04	12 16 24 15	04 27 19 26	13 07 28 06
Dec.	01 00 15 ♌ 30 31 29	17 11 25 10	15 21 20 21	20 02 30 01	14 13 25 12	04 24 19 23	15 04 29 03	14 15 24 14	05 26 19 25	13 06 28 05

	2045	2046	2047	2048	2049	2050	2051	2052	2053	2054
Jan.	12 ♓ 04 27 03	07 ♒ 15 22 14	02 ♑ 26 17 25	12 ♑ 06 27 05	06 ♐ 17 21 16	01 ♏ 28 15 27 31 26	11 ♏ 08 26 07	06 ♎ 19 21 18	15 ♍ 29 30 28	10 ♍ 10 25 09
Feb.	10 02 26 02	06 13 21 13	01 24 16 24	11 05 26 04	05 15 20 15	15 26	10 07 25 06	06 17 20 17	14 28	08 09 24 08
Mar.	15 01 28 00	07 12 23 11	02 23 18 22	12 03 27 02	08 14 22 13	03 25 17 24	13 05 27 04	07 16 21 15	01 27 16 26 31 25	11 07 26 06
Apr.	12 ♒ 29 27 29	09 10 22 09	04 21 17 20	12 01 26 00	08 12 21 11	01 23 16 22	13 03 26 03	05 14 30 13	14 24 30 24	09 05 25 05
May	15 28 27 27	06 09 22 08	02 20 17 19	11 ♐ 30 26 29	07 11 21 10	01 22 16 21 31 20	10 02 26 01	06 13 20 12	16 23 30 22	11 04 25 03
June	17 26 26 25	08 07 21 06	01 18 17 17	14 28 25 27	07 09 20 08	18 19 30 18	09 00 25 ♎ 30	03 11 19 10	15 21 29 20	10 02 24 01
July	16 25 26 24	10 05 21 05	01 16 17 16 31 15	12 27 25 26	08 08 20 07	18 18 30 17	11 29 25 28	04 10 19 09	14 20 29 19	09 00 24 ♌ 30
Aug.	17 23 25 22	11 04 20 03	19 14 30 13	13 25 24 24	05 06 19 05	18 16 29 15	12 27 24 26	02 08 18 07	13 18 28 17	09 29 23 28
Sept.	10 21 24 21	04 02 19 02	19 12 29 12	11 23 23 23	06 04 18 04	14 14 28 14	10 25 23 25	03 06 17 06	14 16 27 16	07 27 22 27
Oct.	12 20 24 19	04 01 19 ♑ 30	20 11 29 10	15 22 23 21	04 03 18 02	15 13 28 12	16 24 23 23	02 05 17 04	13 15 27 14	08 26 22 25
Nov.	09 18 23 17	09 29 18 28	19 09 28 08	17 20 22 19	05 01 17 00	18 11 27 10	10 22 22 21	01 03 16 02	10 13 26 13	06 24 21 23
Dec.	08 17 23 16	11 28 18 27	20 08 28 07	12 19 22 18	02 ♏ 30 17 29	19 10 27 09	12 21 22 20	01 01 20 00 31 ♍ 30	13 12 26 11	06 23 21 22

	2015	2016	2017	2018	2019	2020	2021	2022	2023	2024
Jan.	05 ♎ 15 20 14	15 ♍ 25 30 24	09 ♍ 06 24 05	04 ♌ 17 19 16	14 ♋ 27 29 26	09 ♋ 08 24 07	03 ♊ 19 18 18	13 ♉ 29 28 28	08 ♉ 10 23 09	03 ♈ 21 18 20
Feb.	04 13 19 12	14 23 29 22	07 04 23 03	02 15 18 14	13 25 28 24	08 06 23 05	03 17 17 16	11 27 27 27	07 08 22 07	02 19 17 18
Mar.	05 12 21 11	15 22 30 21	12 03 25 02	06 14 20 13	16 24 30 23	09 05 24 04	04 16 19 15	13 26 29 25	10 07 24 06	03 18 18 17
Apr.	07 10 20 09	14 20 29 19	11 01 24 00	05 12 19 11	15 22 29 21	08 03 23 02	04 14 18 13	14 24 28 23	09 05 23 04	02 16 17 15
May	05 08 20 08	16 19 29 18	09 ♌ 30 24 29	06 10 19 10	14 21 29 20	10 01 23 00	05 12 18 12	12 23 28 22	07 03 23 03	03 14 17 14
June	03 07 19 06	13 17 28 16	12 28 23 27	04 09 18 08	14 19 28 18	07 ♊ 30 22 29	04 11 17 10	13 21 27 20	08 02 22 01	01 13 16 12
July	05 05 19 04	15 15 28 15	11 26 23 25	06 07 18 06	15 17 28 17	06 28 22 27	05 09 17 08	12 19 27 19	07 00 22 ♈ 30	01 11 16 10 31 10
Aug.	09 04 18 03	17 14 27 13	13 24 22 24	07 06 17 05	11 16 27 15	10 27 24 26	01 08 15 07 31 06	12 18 26 17	08 29 21 28	14 09 30 08
Sept.	11 02 17 01	21 12 26 11	08 23 21 22	01 04 16 03	13 14 26 13	09 25 20 24	18 05 30 04	12 16 25 15	06 27 20 26	13 07 29 06
Oct.	10 00 17 ♍ 30	14 11 26 10	09 22 21 21	01 02 17 02 31 01	15 13 26 12	11 24 20 23	15 04 30 03	12 15 25 14	07 26 20 25	13 06 29 05
Nov.	01 29 16 28	09 09 25 08	14 20 20 19	18 00 30 ♋ 29	10 11 25 10	04 22 19 21	16 02 29 01	14 13 24 12	04 24 19 23	14 04 28 03
Dec.	01 27 16 26 31 26	11 07 25 07	15 18 20 18	22 28 30 28	16 09 25 09	04 20 19 19	17 00 29 ♉ 30	10 11 24 11	04 22 19 22	12 02 28 02

	2025	2026	2027	2028	2029	2030	2031	2032	2033	2034
Jan.	12 ♈ 01 27 00	07 ♓ 12 22 11	02 ♒ 23 17 22	12 ♒ 03 27 02	06 ♑ 14 21 13	01 ♐ 25 15 24 31 23	11 ♐ 05 26 04	06 ♏ 16 21 15	15 ♎ 26 30 25	10 ♎ 07 25 06
Feb.	11 ♓ 30 26 29	05 10 21 09	01 21 16 20	11 01 26 00	06 12 20 11	16 22	09 03 25 03	05 14 20 13	13 24	10 05 24 05
Mar.	14 28 28 27	08 09 23 08	02 20 18 19	12 ♑ 30 27 29	07 11 22 10	03 22 17 21	12 02 27 01	06 13 21 12	01 24 15 23 31 22	11 04 26 03
Apr.	13 26 27 25	08 07 22 06	04 18 17 17	10 28 26 27	07 09 21 08	01 20 16 19	11 00 26 ♏ 29	05 11 20 10	14 21 30 20	09 02 25 01
May	15 25 27 24	10 05 22 05	02 16 17 16	12 27 26 26	08 08 21 07	01 18 16 18 31 17	11 29 26 28	06 10 20 09	16 20 30 19	09 00 25 ♍ 30
June	13 23 26 22	10 04 21 03	01 15 16 14	09 25 25 24	07 06 20 05	17 16 30 15	10 27 25 26	03 08 19 07	14 18 29 17	08 29 24 28
July	15 21 26 21	11 02 21 02	01 13 16 13 31 12	11 23 25 23	09 04 20 04	16 14 30 14	12 25 25 25	04 06 19 06	15 16 29 16	10 27 24 27
Aug.	12 20 25 19	05 01 20 ♒ 30	17 11 30 10	13 22 24 21	05 03 19 02	18 13 29 12	13 24 23 23	02 05 18 04	14 15 28 14	08 26 23 25
Sept.	14 18 24 17	04 29 19 28	19 09 29 08	15 20 23 19	06 01 18 00	15 11 28 11	11 22 23 21	03 03 17 02	12 13 27 13	07 24 22 23
Oct.	13 17 24 16	04 28 19 27	18 08 29 07	16 19 23 18	03 ♐ 30 18 29	14 10 28 09	12 21 23 20	02 02 17 01	13 12 27 11	08 23 22 22
Nov.	15 15 23 14	09 26 18 25	19 06 28 05	06 17 22 16	04 28 17 27	17 08 27 07	07 19 22 18	01 ♎ 30 16 29	14 10 26 09	05 21 21 20
Dec.	09 13 23 13	10 24 18 24	17 05 28 04	08 15 22 15	06 26 17 26	18 07 27 06	11 17 22 17	01 28 16 28 31 27	12 09 26 08	07 20 21 19

【附錄二】

占星詞彙解釋

- **基本點（Angle）**：上升點和下降點被稱爲基本點，天頂和四宮宮頭也被稱爲基本點。這四個點在星盤中形成一個十字架，代表敏感的個人位置。其他的基本點包括宿命點／反宿命點。這些都是一張星盤中非常關鍵的點——非常個人的點，需要精準的出生時間才能確定。
- **反宿命點（Anti-Vertex）**：類似上升點。請參閱第三章。
- **上升點（Ascendant）**：一宮的開始，主宰言行舉止和外貌。
- **合相（Conjunction）**：有力的相位，有兩個行星或點落在同樣的黃道區，相距僅幾度。如果度數完全一樣，就最具影響力。
- **倒轉（Converse）**：一種用於預測的推運方法。請參閱第九章。
- **下降點（Descendant）**：七宮的開始；代表他人。
- **龍頭（Dragon's Head）**：北交點，也稱爲羅睺。
- **龍尾（Dragon's Tail）**：南交點，也稱爲計都。
- **星曆（Ephemeris）**：一本書或表格，依年分順序列出每日的行星位置。
- **幸運點（Fortuna）**：也稱爲福點，代表喜樂和幸運的位置。
- **吉星（Fortune Planets）**：木星、金星和太陽。

- **天底**（**Imum Coeli，IC**）：四宮宮頭。
- **業**（**Karma**）：過去世作爲的回報，包括正面和負面的回報。業是存在於宇宙精神中一種客觀的、非個人的平衡機制。
- **計都**（**Ketu**）：吠陀占星家將南交點稱爲計都。
- **優勢線**（**Line of Advantage**）：一條想像的線，橫跨星盤的二宮及八宮，如果北交點位於這條線之上，就意味具有特別的優勢。請參閱第二章。
- **平均的月交點**（**Mean Node**）：一種計算月交點位置的方法。請參閱第一章。
- **天頂**（**Midheaven或Medium Coeli，MC**）：星盤的最頂端，象徵世俗的名聲和地位。天頂是十宮的開始。
- **容許度**（**Orb**）：一個準確相位可以允許的誤差，像是合相（零度）、六分相（六十度）、四分相（九十度）或三分相（一百二十度）。每一章都有提到建議的容許度，這會因爲應用或討論的月交點相位的類型而有所不同。
- **推運**（**Progression**）：可以透過「二次推運」的技巧，從星盤中看出生命的進程。請參閱第九章一開始的介紹。
- **羅睺**（**Rahu**）：吠陀占星家把北交點稱爲羅睺。
- **逆行**（**Retrograde**）：從我們在地球上的角度來看，除了太陽和月亮，其他行星都會在一年的某些時間退行。它們並不是眞正退行，只是從地球的觀點來看，好像在黃道上往後移動。
- **六分相**（**Sextile**）：兩個行星或天體的點在黃道上相距六十度。友善的關係或相位。

- 四分相（Square）：兩個行星或天體的點在黃道上相距九十度。緊張的關係或相位。
- 三分相（Trine）：兩個行星或天體的點在黃道上相距一百二十度。友善的關係或相位。
- 精確的月交點（True Node）：一種計算月交點位置的方法。請參閱第一章。
- 宿命點（Vertex）：類似下降點。請參閱第三章。

【附錄三】

參考書目

Braha, James T. *Ancient Hindu Astrology for the Modern Western Astrologer*. Hong Kong: Liang Yu Printing Factory, Ltd., 1993.

Goldstein-Jacobson, Ivy M. *The Way of Astrology*. Pasadena, CA: Pasadena Lithographers, 1967.

Koparker, Mohan. *Lunar Nodes*. Rochester, NY: Mohan Enterprises, 1977.

Schulman, Martin. *Karmic Astrology: The Moon's Nodes & Reincarnation*. New York, NY: Samuel Weiser, Inc., 1975.

Teal, Celeste. *Eclipses: Predicting World Events & Personal Transformation*. Woodbury, MN: Llewllyn Publications, 2006.

____.*Identifying Planetary Triggers*. St. Paul, MN: Llewllyn Publications, 2000.

____.*Predicting Events with Astrology*. St. Paul, MN: Llewllyn Publications, 1999.

Trivedi, Prash. *The Key of Life*. New Delhi: Sagar Printers & Publishers, 2002.

White, George. *The Moon's Nodes*. Tempe, AZ: American Federation of Astrologers, 1989.

國家圖書館出版品預行編目（CIP）資料

月之南北交全書：從占星看今生業力之路／瑟萊絲托．提爾（Celeste Teal）著；韓沁林譯. -- 初版. -- 臺北市：橡實文化出版：大雁出版基地發行，2019.03
面： 公分
譯自：Lunar nodes : discover your soul's karmic mission
ISBN 978-957-9001-87-8（平裝）

1. 占星術

292.22 108000973

BC1067

月之南北交全書：從占星看今生業力之路

Lunar Nodes : Discover Your Soul's Karmic Mission

作　　者　瑟萊絲托．提爾（Celeste Teal）
譯　　者　韓沁林
責任編輯　田哲榮
協力編輯　劉芸蓁
封面設計　斐類設計
內頁構成　歐陽碧智
校　　對　蔡昊恩

發 行 人　蘇拾平
總 編 輯　于芝峰
副總編輯　田哲榮
業務發行　王綬晨、邱紹溢
行銷企劃　陳詩婷
出　　版　橡實文化 ACORN Publishing
地址：10544臺北市松山區復興北路333號11樓之4
電話：02-2718-2001　傳真：02-2719-1308
網址：www.acornbooks.com.tw
E-mail信箱：acorn@andbooks.com.tw
發　　行　大雁出版基地
地址：10544臺北市松山區復興北路333號11樓之4
電話：02-2718-2001　傳真：02-2718-1258
讀者傳真服務：02-2718-1258
讀者服務信箱：andbooks@andbooks.com.tw
劃撥帳號：19983379　戶名：大雁文化事業股份有限公司

印　　刷　中原造像股份有限公司
初版一刷　2019年3月
初版三刷　2020年12月
定　　價　420元
I S B N　978-957-9001-87-8